政治科学研究丛书

中国乡村治理
从自治到善治

邓大才 著

中国社会科学出版社

图书在版编目(CIP)数据

中国乡村治理：从自治到善治 / 邓大才著 . —北京：中国社会科学出版社，2019.9（2022.10重印）

ISBN 978-7-5203-5005-1

Ⅰ.①中… Ⅱ.①邓… Ⅲ.①农村—群众自治—研究—中国 Ⅳ.①D638

中国版本图书馆 CIP 数据核字（2019）第 200597 号

出 版 人	赵剑英
责任编辑	冯春凤　刘亚楠
责任校对	张爱华
责任印制	张雪娇
出　　版	中国社会科学出版社
社　　址	北京鼓楼西大街甲 158 号
邮　　编	100720
网　　址	http://www.csspw.cn
发 行 部	010-84083685
门 市 部	010-84029450
经　　销	新华书店及其他书店
印　　刷	北京君升印刷有限公司
装　　订	廊坊市广阳区广增装订厂
版　　次	2019 年 9 月第 1 版
印　　次	2022 年 10 月第 2 次印刷
开　　本	710×1000　1/16
印　　张	20
插　　页	2
字　　数	326 千字
定　　价	118.00 元

凡购买中国社会科学出版社图书，如有质量问题请与本社营销中心联系调换
电话：010-84083683
版权所有　侵权必究

目　录

前言 …………………………………………………………………（1）

上篇　自治有效实现的条件—形式

第一章　利益相关：村民自治有效实现形式的产权基础 ………（3）
　一　利益相关是村民自治的经济基础 ……………………………（3）
　二　村民自治源于利益相关的产权演变 …………………………（9）
　三　以利益相关为核心探索自治的有效实现形式 ………………（17）

第二章　利益相关：居民自治有效实现形式的动力基础 ………（20）
　一　利益相关是居民自治的基本动力 ……………………………（20）
　二　利益相关决定居民自治的有效实现形式 ……………………（28）
　三　以相关利益为核心探索居民自治的有效实现形式 …………（35）

第三章　村民自治有效实现的条件研究 …………………………（38）
　一　利益相关：村民自治有效实现的经济基础 …………………（39）
　二　地域相近：村民自治有效实现的空间基础 …………………（42）
　三　文化相连：村民自治有效实现的心理基础 …………………（45）
　四　规模适度：村民自治有效实现的组织基础 …………………（48）
　五　群众自愿：村民自治有效实现的主体基础 …………………（53）
　六　结论与进一步的讨论 …………………………………………（56）

第四章　规则—程序型自治：农村集体资产股份权能改革的治理效应 ……………………………………………………（58）
　一　问题提出与概念界定 …………………………………………（58）
　二　立规则：构建有效自治的基础 ………………………………（61）
　三　建程序：构建有效自治的框架 ………………………………（64）

四　规则—程序型自治：决定因素与基本类型 …………（66）

第五章　利益、制度与有效自治：一种尝试的解释框架 …………（69）
　　一　文献梳理和问题意识 ……………………………（69）
　　二　利益对应：有效自治实现的关联机制 …………（71）
　　三　制度供给：有效自治实现的保障机制 …………（76）
　　四　结论与进一步思考 ………………………………（79）

第六章　"链式参与"：村民自治有效实现的递次保障 ………（83）
　　一　参与意愿 …………………………………………（84）
　　二　参与能力 …………………………………………（87）
　　三　参与条件 …………………………………………（90）
　　四　参与制度 …………………………………………（93）
　　五　参与保障 …………………………………………（96）
　　六　基本结论和深入讨论 ……………………………（98）

第七章　规则型自治：迈向2.0版本的中国农村村民自治 ……（101）
　　一　文献梳理与提出问题 ……………………………（101）
　　二　规则自治中的规则与程序 ………………………（103）
　　三　以规则为核心的村民自治 ………………………（109）
　　四　规则型自治的产生与有效实现 …………………（115）

第八章　程序性自治：村民自治有效实现的规则基础 ………（120）
　　一　议事、改革、交易的程序与类型 ………………（121）
　　二　规则性程序中村民自治及类型 …………………（125）
　　三　程序性自治的决定因素及有效自治 ……………（129）

中篇　基层治理单元的创设逻辑

第九章　中国农村村民自治基本单元的选择：历史经验与理论建构 …………………………………………（135）
　　一　治理基本单元的研究进展 ………………………（135）
　　二　基层自治基本单元的理论建构 …………………（141）
　　三　中国农村村民自治基本单元的历史演进 ………（146）
　　四　中国农村村民自治基本单元的新选择 …………（156）
　　五　基本结论和进一步讨论 …………………………（159）

第十章　多单位治理：基层治理单元的演化与创设逻辑 （163）
  一　文献梳理与理论假设 （163）
  二　中国农村基层治理单元的变迁 （167）
  三　多单位治理：中国农村基层单元的裂变 （175）
  四　进一步讨论和结论 （178）

第十一章　复合政治：自然单元与行政单元的治理逻辑 （183）
  一　文献梳理与问题意识 （183）
  二　自然型基本单元的形成与治理功能 （187）
  三　行政型基本单元的形成及治理功能 （196）
  四　基本结论和进一步讨论 （201）

第十二章　均衡行政与自治：中国农村基本建制单元选择逻辑 （206）
  一　文献梳理与问题意识 （206）
  二　扩大治理单元：湖南的选择与逻辑 （210）
  三　缩小自治单元，重定片区功能：清远的选择与逻辑 （213）
  四　调整治理单元：日本并村与自治 （215）
  五　结论与深度讨论 （217）

第十三章　"合并浪潮"：农村基本建制单元重组与民主争议 （221）
  一　发达国家农村基本建制单元的"合并浪潮" （221）
  二　发达国家农村基本建制单元的"合并道路" （225）
  三　发达国家农村基本建制合并的原因与民主争议 （229）
  四　发达国家农村基本建制单元"合并浪潮"的启示 （233）

下篇　中国乡村治理的善治转型

第十四章　中国乡村治理研究的传统及新的尝试 （239）
  一　中国乡村治理研究的范式 （239）
  二　范式下的不同视角 （243）
  三　一种新的尝试：社会化范式和视角 （246）

第十五章　分权式治理何以形成 （248）
  一　文献与问题意识 （248）
  二　分权治理：六个案例 （253）
  三　进一步分析和讨论 （257）

四　基本结论 ……………………………………………………（260）
第十六章　走向善治之路：自治、法治与德治的选择与组合 ……（262）
　　一　文献梳理与问题提出 ………………………………………（262）
　　二　自治、法治、德治的关系 …………………………………（267）
　　三　走向善治的组合类型 ………………………………………（271）
　　四　走向善治的多维路径 ………………………………………（274）
第十七章　治理的类型：从"良序"到"善治" …………………（277）
　　一　善治的定义及类型 …………………………………………（277）
　　二　"良好的秩序"：道德与规制建构的治理类型 …………（280）
　　三　"基本型善治"：良序与参与建构的治理类型 …………（283）
　　四　"改进型善治"：成本与稳定性建构的治理类型 ………（285）
　　五　几个基本的结论 ……………………………………………（288）
结语 ……………………………………………………………………（290）

附　录

附录一　下移、回归、拓展：村民自治的转型发展 ……………（295）
附录二　巨变乡村该如何治理 ………………………………………（297）
参考文献 ………………………………………………………………（302）

前　言

2003年，我来到了村民自治、基层治理研究重镇——华中师范大学中国农村研究院，但是由于学科基础较弱，起初我并没有进入到研究院最重要的领域——村民自治和基层治理领域，依然在小农领域做研究，如社会化小农、小农问题等。2011年，我院与广东省云浮市、云安县开展合作研究，我开始进入到基层治理研究领域。2013年，徐勇老师建议我进入村民自治领域，将我院村民自治研究的大旗扛起来。此后，我才开始带领团队在前辈基础上开始对村民自治进行全方位的、新的探索。对于村民自治的研究，我主要在三个方面展开。

一　自治条件—形式的探索

在云浮调查时，我们团队就发现，云安县在自然村建立理事会的成效相当好。后来湖北省秭归县以村民小组为单位建设"幸福村落"；清远市更是将自治单元从行政村下移到自然村；以及村民自治发源地广西河池市也将自治单元缩小，下移到屯。这些问题引起我们的思考。为什么要将自治单元下移到自然村、村民小组等更小的单元？为什么下移后自治成效比较好？我们认为，村民自治需要条件，没有条件，或者条件不具备，自治难以有效实现。

在调查中发现，村民自治要有效实现，一是要有共同利益，即自治是利益相关人的一种集体行为。中国农村土地为集体所有，所以有着天然的共同利益、相关利益；二是规模适度，即自治单元的规模不能太大，也不能太小。太大无法自治，太小了自治成本太高；三是地域相近，相近地区的人们容易形成自治；四是文化相同，有共同的习惯、习俗、语言的地方容易形成自治；五是群众自愿，自治是一种自我的治理，一定要人们自愿，否则难以形成。最初在徐勇教授指导下，我们团队进行多个视角、多方位的研究探索，取得了一系列的研究成果，并推动自治的条件—形式研究。徐勇教授更认为，条件—形式的研究才使村民自治有了理论元素。

有了自治的条件，如何进行自治，即采用什么方式的自治呢？我在研究中发现，有些地方是直接民主，有些地方是间接民主；有些地方是理事会，有些地方是议事会，有些地方是一种协商议事会。当时我认为，自治的条件可能决定着自治的形式，采取什么样的自治形式与自治条件相关。自治形式根据条件可以直接民主，也可以间接民主，也可以采以组合方式。在某种程度上，自治条件决定自治的形式。

珠三角地区的佛山市、东莞市等经济发达地区的一些变化，使我对自治形式进行了一些新的思考。由于治理主体的多元化、社会结构的深度分化，即使一个很小的单元，人们之间也出现了较大的差异，同质性的村庄差异化，传统的以村庄为单元的自治可能无法满足人们的需要。特别是中国人口规模如此之大，地区差异更大，人们需要多种多样，因此需要有更加丰富的自治形式。在研究中，我提出可以有村庄整体自治，也可以有经济自治、村务自治，还可以有项目自治、邻里自治、楼栋自治等多种形式的自治，甚至国家的公共服务、公共设施的建设都可以纳入村民自治范畴，以自治的方式实施，即服务自治、工程自治等。

村民自治的条件—形式考察和研究，为本书最主要的研究内容，既有整体性的考察，也有从利益、制度、产权等角度的专题性研究。

二　自治规则—程序的探索

在条件—形式研究中，我发现很多地方有了自治的条件，可是依然无法形成有效自治。为什么有了自治条件还无法形成有效自治呢？这让我不禁进一步思考，有了条件后，如何让人们参与自治，使自治有效运转呢？

在参与农业农村部的集体产权股份权能改革过程中，我发现改革政策中有一个很明确的规定，即所有的改革必须以村民自治来推进和实施，否则改革是不合法。从国家、省、县的改革方案，到村庄的实施方案都明确规定了自治的规则和条款。在改革程序中也规定，没有完成上一个改革程序，下一个改革程序就不能启动，即使启动也是无效的；如果没有公示，就不能进入到下个程序；公示时间不到，也不合法。在实践中，我也发现这些政策在很多地方被基层政府和村庄执行。我判断，要让人们参与，要使自治有效，除了要具备自治条件，还得有规则和程序内置安排，否则就会束之高阁。

在东莞、佛山调查集体经济发展时，政经分开后的经济自治，即股份社的运作相当有效，股权大会、股东代表大会定期召开，决定股份社的投资、分配等大事。同时集体资产的处理必须经过村民自治程序后才可以实施，如拍卖集体资产，必须由村民代表会议或者村民大会投票通过，而且要公示一定的时间，才可以上线进行交易，否则资产不能进入到资产交易平台，即使交易了也不合法。这些内设的村民自治规则和条款，推动了村民自治的发展，有利于村民自治的有效实现。

在研究中，我发现规则与程序虽然有交叉部分，但是两者仍然有不同的地方。纵使有规则，如果没有程序保障，规则可能不会实施；仅有程序，但是如果没有相应的规则要求，或者规则比较抽象，也很难形成有效的自治。因此，我觉得，村民自治要有效实现既需要规则，也需要程序，两者配合使用才会有助于村民自治的有效实现。

为此我展开对村民自治有效实现的规则性、程序性的研究。如果说条件—形式研究有一个团队，但是进入到规则—程序性研究，我就比较孤独了。一方面，大量的力量投入到深度的历史调查，研究团队无暇再与我一起探讨；另一方面，要逐渐理解规则—程序与自治有效实现的关联可能还需要一段时间。

在随后的研究中，我发现在很多地方已经出台了不少自治的规则、程序，如四川成都及广东南海、蕉岭等地，都有很完备的自治规则和程序。但是在调查中我发现，虽然这些地方出台了自治的规则和程序，但是执行得并不理想，如南海区的议事会规则、蕉岭县的协商规则并没有完全执行，很多还停留在文本上，停留在设计者的头脑中。虽然议事会成效并不彰显，但是因为股份社按照股份制经济要求运行，经济自治还是有效实现。这引起我进一步思考，规则—程序只是村民自治有效实现的保障条件之一，可能还有其他的因素在起重要的作用。

三 自治空间—执行的探讨

有了规则—程序，也不见得能够有效自治，如农村集体资产股份权能改革，在有些地方形成了有效自治，提升了自治水平，但是这些地方依然无法有效自治。我觉得可能与政府类型及治理方式有关。因此，我的研究视角开始从村庄向上转移到地方政府，考察政府类型和治理方式对自治有效性的影响。

首先，考察政府类型与自治空间的关系。自治要有效实现，需要有一定的权力，需要有自主的空间，而自治空间的确定是由党和政府所决定。比如在农村集体经济的处理方面，党和政府给村民有多少决策空间；在农村集体产权改革中，村民有多大的自主空间，特别是在涉及农村集体经济、集体资产层面，村庄和村民的自治程度与政府类型紧密相关。有些地方政府比较强势，根本没有给村民自治的权力，村民只能按照政府政策执行，这就无自治空间可言，更不可能实现有效自治。有些地方政府比较开明，赋予村民较多的自主空间，这就为有效自治提供了条件。

其次，考察治理方式与自治政策的执行关系。村民自治有专门的法律，很多地方也有自治的条件，还出台了不少自治的规则、程序，但是这些法律、规则、程序能否执行，执行是否到位，将会影响到村民自治的有效性。如果规则、程序甚至法律都停留在文本上，没有执行，或者没有完全执行，或者选择性执行，村民自治可能都无法运转，或者无法有效运转。因此，自治规则、程序的执行也是有效自治的重要条件。

围绕着自治规则、自治程序的执行与自治成效有关系，我进行了一些思考，认为政府的类型决定着村民自治的空间，决定着村民自治相关规则、程序的执行。当然不同时期，政府的政策也会影响村民自治，有些阶段政府重视村民自治，有些阶段则弱化村民自治。

本研究的探索是对传统村民自治探索的继承性发展，只是一些专题性的探索，系统性、框架性不足。虽然徐勇教授对此评价很高，认为这些研究属于2.0版的中国农村村民自治。但是我个人认为，我们要全面超越前辈的研究为时尚早。我们应进一步立足中国农村村民自治的实践，既考察其创新，也研究其困境，在此基础上进行学理性的解释，才有可能进一步推进中国农村村民自治的学理性研究。

在此要进一步说明，不管是条件—形式、规则—程序，还是空间—执行，其实都是考察村民自治有效实现的条件，因此可以将本书的研究概括为"基于条件—形式分析框架的研究"，即本书的研究的所有专题都是以"条件—形式"为分析框架，考察村民自治的有效实现。

上 篇
自治有效实现的条件—形式

第一章　利益相关：村民自治有效实现形式的产权基础*

2014年中央"一号文件"提出要"积极探索在不同条件下村民自治有效实现形式"，这说明村民自治的有效实现存在一些问题，需要进一步改进和完善。① 改进和完善村民自治有效实现形式首先要厘清两个问题：一是什么因素决定自治；二是在什么条件下村民自治能够有效实现。自人类社会产生以来，自治就是基层社会的重要治理方式，曾经产生过家庭自治、民族自治、部落自治、城邦自治等形式，不管哪类形式都基于利益，而在这些相关利益中又以产权相关的利益最为重要。中国农村村民自治的产生、形成和发展，与利益，特别是与以产权为基础的利益相关性密不可分，它决定村民自治的形式、范围和效果，并因此奠定村民自治的基础。

一　利益相关是村民自治的经济基础

利益是人类一切行动的起点，也是一切行动的归宿。著名史学家司马迁早在两千多年前就说过："天下熙熙，皆为利来；天下攘攘，皆为利往。"马克思也认为："人们奋斗所争取的一切，都同他们的利益有关。"② 很多政治现象、政治行为都可以从利益这个最根本、最基础、最核心的因素中找到根源。正如马克思从商品着手研究资本主义一样，研究中国农村村民自治也必须从利益着手，寻找自治的利益根源和产权基础。

---

* 本章作为独立论文发表于《华中师范大学学报》（人文社会科学版）2014年第4期。

① 村民自治有效实现面临三个主要问题：无吸引力、无动力、无意愿。"三无"的实质问题是自治事项没有利益相关性、自治主体之间没有共同的利益联结。

② 《马克思恩格斯全集》第2卷，人民出版社1957年版，第103页。

（一）利益与治理方式紧密相关

利益的核心是经济利益，它是一种人与人之间的经济关系，是经济关系的集中体现。经济关系是生产关系的重要组成部分，决定着国家的法律乃至整个上层建筑。马克思认为，生产关系的总和构成社会的经济结构，这些经济结构决定着法律的和政治的上层建筑。[①]"每种生产形式都产生出它所特有的法权关系、统治形式等。"[②] 马克思从物质利益、经济利益出发，根据生产关系的核心——所有制形式将人类社会分为五种社会形态，五种社会形态是由不同的所有制所决定的。[③] 所有制决定利益关系，利益关系决定政治制度和治理方式。

马克思主义从利益这个唯物论观点出发，研究利益关系与社会形态、政治体制之间的因果关联。非马克思主义同样从利益出发进行分析。史学家理查德·派普斯认为，财富在谁手里，主权迟早会到谁手里。"财富孕育着统治权"，而统治者与民众之间的财富分配决定了政府的构成。[④] 派氏的观点是，利益关系决定谁统治，决定政体、政府的性质。哈林顿在《大洋国》中将财产看作是政府的基础，"产权的均势或地产的比例是怎样的，国家性质也就是怎样的"[⑤]，认为国家权力是"财产的自然产物"，国家性质和政府的形式是由"产权均势"决定的。[⑥] 我国学者唐贤兴也认为，土地这一最主要的财产分配决定政府的形式。[⑦] 以上观点说明，一个社会的利益关系、利益格局，特别是以土地产权为核心的所有制关系决定社会的形态、国家体制和治理方式。

---

① ［德］马克思：《政治经济学批判》序言，载《马克思恩格斯选集》第2卷，人民出版社1972年版，第82页。
② 同上书，第91页。
③ 马克思在《政治经济学批判》序言中将人类社会形态分为亚细亚的、古代的、封建的和现代资产阶级的生产方式，后来进行了调整。
④ ［美］理查德·埃德加·派普斯：《财产论》，经济科学出版社2003年版，第40页。
⑤ ［英］詹姆士·哈林顿：《大洋国》，商务印书馆1996年版，第10页。
⑥ 唐贤兴：《产权、国家与民主》，复旦大学出版社2001年版，第145页。
⑦ 同上书，第92页。

（二）利益相关是自治的基础

利益、利益关系及经济关系与政体、治理方式紧密相关。利益及经济关系的核心是所有制①，所有制结构的核心是产权结构。以所有制结构、产权结构为核心的利益相关性不仅仅影响国家政体、地区治理结构②，而且直接决定自治结构。恩格斯认为，部落产权的共有制决定部落的共产制和共同经营制，"家庭经济都是由若干个家庭按照共产制共同经营的，土地乃是全部的财产，仅有小小的园圃归家庭经济暂时使用"③。金雁认为，"事实上自从15—17世纪土地公有型村社占统治地位之后，俄国农村便在很大程度上成了'公社世界'"④。两个例子均说明，如果实施共有财产制度，必定要求以自治的方式共同管理部落或者村社，实施部落自治或村社自治。也就是说，产权共有或者土地共有制对实施自治有着强烈的内生需求。

恩格斯也有同样观点："耕地仍然是部落的财产，最初是交给氏族使用，后来交给家庭公社使用，最后便交给个人使用，他们对耕地或许有一定的占有权，但是更多的权利是没有的。"⑤"耕地最初是暂时地，后来便永久地分配给各个家庭使用，它向完全的私有财产的过渡"，这种过渡炸毁了"旧的共产制家庭公社"，也炸毁了"共同耕作制"。氏族的自治管理机构就从"人民意志的工具转变为旨在反对自己人民的一个独立的统治和压迫机关了"。⑥恩格斯认为，土地共有决定了氏族或家庭或亲属团体的自治，一旦土地私有，自治就瓦解，城邦或者国家的公共权力就会取

---

① 按照制度经济学的说法，所有制关系是产权关系的一种形式，是产权关系中的核心关系，在传统农耕社会中土地是产权关系最重要的因素，有时土地关系等同于所有制关系，所有制关系等同产权关系。

② 治理分为他治和自治，利益、利益关系决定治理体制，以所有制结构、产权结构为核心的利益关系对自治有着直接的要求。

③ ［德］恩格斯：《家庭、私有制和国家的起源》，《马克思恩格斯全集》第4卷，人民出版社1974年版，第92页。

④ 金雁、秦晖：《农村公社、改革与革命》，东方出版社2013年版，第69页。

⑤ ［德］恩格斯：《家庭、私有制和国家的起源》，载《马克思恩格斯全集》第4卷，人民出版社1974年版，第157页。

⑥ 同上书，第160—161页。

代自治权力。

从上可知，共有产权或共有土地使公社成员具有很强的利益相关性，由此形成紧密型的利益共同体——公社，必然要求实施成员自我管理的自治制度，一旦共有土地私有化，相关利益便被"炸毁"，实施自治的条件就不存在，势必让位于其他治理制度。可见，共有产权、共有土地是自治的基础。

（三）利益相关程度决定自治程度

利益决定自治，体现为不同的利益相关度决定不同的共同体，不同的共同体决定不同的自治程度。人类学家沃尔夫从三个维度分析利益相关度与共同体的关系，利益数量（分为多线和单线联系）、结合人数（二元和多元结合）、社会地位（水平和垂直结合），他得出了中国的亲属制度共同体比较持久，地中海式的村落法人制度不太持久，而印度兼具两种特性，共同体也比较持久；[①] 滕尼斯将地区共同体分为父权制共同体、农业地区共同体、城市共同体，其中比较紧密的是土地共有的父权制共同体。[②] 两位学者都探讨了利益与共同体的关系，但没有探讨共同体与自治的关系。恩格斯比两位学者研究更深入，他认为，家庭共同体、家族氏族共同体、国家共同体因为所有制的变化即共同利益的逐渐减少而依次更替，治理方式也从家长制到自治制，再到国家制。[③]

恩格斯只研究了利益相关程度决定治理方式或自治程度，但他没有比较不同的利益相关度与共同体的关系，也没有比较不同利益相关度的共同体与自治程度的关系。其实，我们可以将共同体分为共同生活、共有产权、共同生产、共同消费，以共同体拥有四者的程度来划分利益相关程度（见表1—1），我们可以发现：家庭拥有四类活动，利益关联度最大；家族和氏族拥有三类活动，利益相关程度较高；村落拥有两类活动，利益相关度次之；城邦或者地区则只有共同生活，利益相关度最低。家庭共同生

---

① ［美］沃尔夫：《乡民社会》，台北巨流图书公司1983年版，第106—126页。
② ［德］滕尼斯：《共同体与社会：纯粹社会学的基本概念》，北京大学出版社2010年版，第240页。
③ ［德］恩格斯：《家庭、私有制和国家的起源》，载《马克思恩格斯全集》第4卷，人民出版社1974年版，第170—175页。

产、生活、消费,共同拥有财产,成员之间利益相关度最高,自治水平也最高。沃尔夫认为传统社会的农民"极端倾向于家庭的自治自足"。① 利益相关度较高的氏族公社(包括氏族、胞族和部落),自治程度也比较高。② 血缘或地缘结合的村落,因为无法共同生产,但在一定程度上共有产权和村落共同生活,其自治程度较氏族、部落低。城邦或地区只有共同生活,因此需要更多强制性的公权力治理,自治程度最低。

可见,利益相关度决定利益共同体的紧密程度,以利益相关度为核心的利益共同体决定成员的自治程度。其实在现代社会共同消费、共同生产已经极少,但地区共同生活和共有产权依然存在,它们对自治的决定性作用将越来越重要,越来越突出。

表1—1　　　利益相关程度、利益共同体与自治程度

	家庭	家族或氏族	村落	城邦或地区
共同消费	有	否	否	否
共同生产	有	有	否	否
共有产权	有	有	有	否
共同生活	有	有	有	有
利益相关程度	高	较高	较高	一般
共同体类型	最紧密型	紧密型	较紧密型	一般
自治程度	高	较高	较高	一般

(四) 基于利益相关的产权结构决定村民自治

基于利益相关性的产权结构对自治的决定作用,不仅限于古代的氏族、家庭公社、亲属团体,还适合于俄罗斯的传统村社和实施生产资料集体所有的中国农村。20世纪80年代以来,国家对农村进行经济体制改革,土地为集体所有,农户承包经营,俗称统分结合的双层经营体制。统分结合的双层体制要求在村庄实施村民自我管理、自我服务、自我教育的村民自治制度。

基于利益相关的产权结构为村民自治奠定了经济基础。中国农村生产

---

① [德]恩格斯:《家庭、私有制和国家的起源》,载《马克思恩格斯全集》第4卷,人民出版社1974年版,第106—126页。

② 同上书,第92—93页。

资料（主要指土地）为集体所有。集体可以是村庄、自然村、村民小组，在此基础上按照不同的所有制单位——行政村或自然村、小组将土地按照人口平均分，农户承包经营。土地集体所有使集体成员有了利益联结，结成统一的利益共同体。这个利益共同体不像家庭自治，无法实施由血缘关系所确定的家长制；也不像城邦或者区域自治，无法建立凌驾于村民之上的公共权力实施强制统治，只能根据农民的意愿，按照自愿、平等、权利义务对等的原则实施村民自治。中国独特的集体所有制为中国农村村民自治的实施提供了产权基础。

基于利益相关的产权结构为村民自治提供了内在需求。承包农户分散生产、自主经营可以有效地应对市场，解决生产经营的积极性，但仍有许多问题农户无力单独解决，需要在公共层面统一解决。在公共服务方面，水利设施、公路建设的生产需求使集体成员形成服务共同体，以自治的方式解决公共服务问题。在生活服务方面，纠纷调解、邻里互助、防火防盗、环境卫生及有些地区宗族仪式、地方习俗等共同生活需求使集体成员形成了生活共同体，以自治的方式解决集体难题。所以，中国独特的集体所有制及统分结合的双层经营体制要求农民既要以家庭为单位自主经营，又要以集体为单位统一经营，两者都需要集体成员结成共同体，按照自愿、平等、民主的原则实施群众自治。

基于利益相关的产权结构为村民自治提供了持久动力。家庭联产承包责任制确认了农民的个人利益，集体所有制则促使集体成员以产权为纽带构成利益共同体。为了维护和实现个人利益，农民要求更多地参与公共事务。[①] 为了保障自己在共同体中的权利，维护在共同体中的利益，农民要求通过村民自治拥有更多的知情权、参与权、决策权、监督权。按照徐勇教授的观点，在承包责任制的早期，村民自治只是为了满足和实现农民个人利益，在中期是为了维护和保障个人利益，在当前则更多的是为了创造、发展新的利益。[②] 可见，只要实施集体所有制，以产权为核心的

[①] 徐勇：《中国农村村民自治》，华中师范大学出版社1997年版，第34页。
[②] [德]滕尼斯：《共同体与社会：纯粹社会学的基本概念》，北京大学出版社2010年版，第34页。

利益相关性就能够为村民自治提供持久的动力。

　　生产资料的集体所有制与农户承包经营制并存的这一特殊国情决定了中国农村实施村民自治制度。日本农村町村范围内的"集落""自治会""町内会"等是建立在私有制之上的一种生活共同体，这种生活共同体无法解决以产权为基础的利益共同体所面临的问题。① 中国农村也不能采用印度农村的"潘彻亚特制"，因为这种制度既是自治组织，又是一级政府，有强大的行政功能。② "潘彻亚特制"是一种行政服务共同体，无法解决共有产权和共同利益占有、分配问题，也不适合生产资料集体所有制的中国农村。中国农村村民自治要具有多种功能，既能够解决生活共同体的问题，也能够解决服务共同体的问题，还能够解决产权共同体的问题。可以说，中国农村的村民自治是一种具有中国特色、适应农村共有产权结构的"超级自治体"（见表1—2）。

表1—2　　　　中国农村村民自治与日本、印度自治的对比

	中国农村村民自治	日本町内会、自治会	印度潘彻亚特
服务共同体	有	部分	有
生活共同体	有	有	有
产权共同体	有	无	无
结论	三类共同体	一类共同体	两类共同体

　　注：1. 因为当前各国的农村不可能存在消费共同体，因此没有必要将消费共同体作为对比对象。

　　　　2. 此表来源于徐勇《中国农村村民自治》，华中师范大学出版社1997年版，第46页。

二　村民自治源于利益相关的产权演变

　　中国农村村民自治不仅是以产权为基础和核心的经济利益关系发展的必要结果，还具有悠久的历史渊源。这是对强制的、外生的农村人民公社

---

① ［德］滕尼斯：《共同体与社会：纯粹社会学的基本概念》，北京大学出版社2010年版，第46页。

② 同上书，第48页。

制的一种反思性纠偏和自治回归。总体而言，中国农村村民自治源于利益相关的产权关系的演变，是产权结构演变的必然结果。

（一）传统家庭私有制下的自治

从战国末期开始，中国传统的井田制就开始衰落，土地私有制逐渐建立。在1949年以前，中国大部分的土地私有，一家一户分散经营，但是在一个村庄或者家族、宗族内，还存在祠田、族田、庙田、学田等乡族共有的土地，这些共有土地为自治提供了经济基础。

土地私有条件下的自给自足。在传统中国实施土地私有制，对于大部分农民来说，要么是拥有小块土地的自耕农，要么是租赁土地的小佃农。不管是自耕农还是佃农，都属于自给自足的小农户。刘创楚、杨庆堃认为："小农经济基本上自给自足，商业活动限于地区市场，农民大多独自耕种，这种孤立而乏竞争的状态，造成了相对安定的局面。"[①] 费正清在《美国和中国》中曾经说道："中国家庭是自成一体的小天地，是个微型的邦国。社会单位是家庭而不是个人，家庭才是当地政治生活中负责的成分。"[②] 可见，在私有制下，分散小规模经营是传统社会的主要特点，它决定了家庭、农户的自给自足的性质。

村庄治理相对独立于国家。农户自给自足，赖以生存、生活的村庄、村落相对独立。人们常说"皇权不下县"，即从国家层面来看，只要能够完成国家的税费任务，不给国家"添乱"，村庄就是独立的、自主的。韦伯认为："事实上，正式的皇权统辖只施行于都市地区和次都市地区。……出了城墙之外，统辖权威的有效性便大大地减弱，乃至消失。"[③] 村落"是一个散沙似的街坊、分层化了的社团和闭塞的共同体"[④]"由乡土束缚，很容易就发展出家族中心的特性……家族便成社会组织的骨干，人与人之间就靠血缘的关系，同姓互相维护。"马克斯·韦伯将中国形容为"家族结构式的国家"。魏特夫将中国南方的村落形容为"氏族家庭主

---

① 刘创楚、杨庆堃：《中国社会：从不变到巨变》，香港中文大学出版社1989年版，第90页。
② [美] 费正清：《美国与中国》，世界知识出版社2003年版，第22页。
③ [德] 马克斯·韦伯：《儒教与道教》，江苏人民出版社1993年版，第110页。
④ 黄宗智：《华北的小农经济与社会变迁》，中华书局2000年版，第27、229页。

义"。由此可见中国乡村宗族对农民和村庄的影响。宗族组织是传统中国乡村唯一的组织和小农的依靠。"农业将人束缚于土地，家族便成为社会组织的骨干，人与人的关系也就靠血缘的关系，同姓互相维护，将社会分成无数个自我团体。"① 可见，农村是以宗族、家族为主导的村落、村庄共同体。这种共同体能够联结起来除了血缘因素外，还有祠田、族田、庙田、学田等乡族共有土地的因素，血缘与共有财产构成了维系宗族、家族共同体的纽带，这种共同体相对于国家来说是独立的、自治的。

精英主导下的威权自治。农民自给自足，村落以宗族、家族为主导形成共同体，这些共同体为有知识、有地位、有财富的士绅、长老所控制。"在过去 1000 年，士绅越来越多地主宰了中国人的生活，以致一些社会学家称中国为士绅之国。"② "士绅可摆布社会的命运，最终可以摆布农民的命运。"杨懋春曾经感叹："普通村民或农户从未主动提出、研究或制订计划。大体而言，民众在公事上，皆属无知、驯顺、怯懦之辈。"③ 萧公权也有同感，"许多人过着朝不保夕的糊口日子，遑论有财力或闲暇关心公事"。可见，传统农村村庄相对于国家来说是独立的、自治的，但是相对于农民来说，则是权威的、强势的，并不是建立在权利和义务平等基础上的成员自治，而是一种精英强势主导下的威权自治。④

在传统中国，小私有制下的农民实施家庭自治。祠田、族田、庙田、学田等乡族共有的土地在一定程度上促进了宗族、家族共同体的产生，在北方某些地方还因水利建设而形成水利共同体、因市场交易而形成市场共同体。这些共同体相对独立于国家，具有自治的性质，并且具有自治的传统。但是在这些自治的共同体中，垄断着知识、拥有大地产、掌握大财富的精英、长老、族长起主导作用，是一种典型的威权自治。可见，中国农村村庄或者村落自治有一定的传统，这个传统由个人私有制和家族共有制

---

① 徐勇：《中国农村村民自治》，华中师范大学出版社 1997 年版，第 82 页。
② ［德］滕尼斯：《共同体与社会：纯粹社会学的基本概念》，北京大学出版社 2010 年版，第 32 页。
③ 杨懋春：《一个中国村庄：山东台头》，江苏人民出版社 2001 年版，第 234 页。
④ 所谓威权自治是对于共同体的精英来说，具有协商、民主的因素，具有一定的自治性质；从与国家的关系来看，也是村庄自我管理，也具有一定的自治性质。只是这种自治是一种有限度的自治，普通的农民并没有自治的权利，而是一种精英自治。

共同决定。

(二) 共有体制下农村人民公社体制

中华人民共和国成立以后,农村实行了土地改革,将地主的土地分配给无地、少地的农民,建立了农村土地个人所有制,农民的生产积极性大为提高。1953 年,国家开始实施互助社,随后建立初级合作社、高级合作社。在初级合作社时期,农民与自己土地、其他生产资料有着实物的联系;而在高级合作社阶段,农民与土地只有股份的联系,按股份分红。农村土地制度的大变革导致以土地制度为基础的传统乡村治理制度失效,出现了治理真空,需要建立适应新的经济体制的治理制度。

执政党利用政权的优势直接进入农村的最基层,将政权建立在行政村,行政村有完整的党政组织系统,设立了村人民代表会议和村人民政府,从而形成村级政权。在高级合作社时期,合作社承接了行政村的职能,经济与行政合二为一,村庄开始实施"村社合一"的管理体制。村级政权的强势导致乡村社会与国家政权的高度一致性。[1] 这段时间比较短,但是制度变革尤其剧烈。[2] 这种急剧的变革基本上是由政府强制推动的,产权制度或者利益关系对乡村治理制度的影响无法表现出来。在这一特定的历史阶段,在理论上,村庄还存在自治的法律基础(高级合作社是农民自己的组织),有一定的利益需求,但是国家政权直接下沉到行政村,打破了"皇权不下县"的传统,国家对乡村社会的渗透和控制前所未有,乡村社会的自治空间被大大压缩了。

1957 年,开始了"大跃进"和实施农村人民公社制度。在所有制上,实施"三级所有,队为基础",包括土地在内的农村生产资料由人民公社、生产大队、生产队三级所有,经济核算以生产队为基础,生产队直接组织生产和收益分配。与所有制相对应建立"政社合一""队社合一"的

---

[1] 陈锡文、赵阳、陈剑波、罗丹:《中国农村制度变迁 60 年》,人民出版社 2009 年版,第 333 页。

[2] 村级政权的存在时间不长,1954 年 9 月,《中华人民共和国宪法》和《地方各级人民代表大会和地方各级人民委员会组织法》规定,取消行政村建设。行政村的职能由高级合作社所承接,依然具有很强的行政性。

管理制度，在生产大队建立大队管理委会员，由社员代表选举产生；在生产队设队委大会，实施民主办队，队委成员由社员选举产生。但是这些制度只停留在文本上，现实中生产大队和生产队的干部均由上级任命，群众少有发言权和选举权。

因为"政社合一"的管理体制使国家对农民的控制从最终端的收益控制转向全领域的生产控制，农村各种经济行为均纳入国家直接控制的范围之内。[1] 国家的全面渗透再度压缩乡村社会的空间，集体所有制又使农民的自治空间进一步压缩，行政完全取代自治。不管是生产大队还是生产队在性质上均属于一种"不是政权的政权机构"。农村的经济体制和治理体制都发生了翻天覆地的变化，农民个人所有制变成了农村集体所有制，乡村治理制度从合作社变成了"政社合一""队社合一"的命令型管理制度。经济体制和治理制度的共变与本文提出的"产权制度决定治理制度"的假设一致。

从理论上讲，农村人民公社可以控制公社的所有资源，在全公社范围内统一生产、统一分配，但是在历史上形成的以村庄、自然村为产权所有单元和经济单元的利益格局并没有因行政制度的改变而改变。"一大二公"的人民公社从一开始就受到以村庄、自然村为单元的利益格局的巨大挑战，出现了"社队瞒产私分"等现象。最后国家不得不让步，既承认社员的家庭利益，也承认社队的利益，"承认管理区和生产队在资金、物质、农具、林木、牲畜等方面的利益边界"。[2] 这一观点也被不少西方学者的研究所证实，施坚雅认为，"现在的正统做法是把集体化单位和自然系统明确地联系起来。""小队和公社的系统已被嫁接在农村生活的古老根基之上。"[3] 斯特朗认为，生产和分配的责任集中于农村最古老、最稳定的单位，即生产小队。也就是说将自然与村生产小队结合。[4] 这说明了强大的行政力量或者说以国家力量为支撑的农村人民公社制度，也无法

---

[1] 徐勇：《中国农村村民自治》，华中师范大学出版社1997年版，第336页。

[2] 同上书，第339页。

[3] ［美］施坚雅：《中国农村的市场和社会结构》，史建云、徐秀丽译，中国社会科学出版社1998年版，第172页。

[4] 陈锡文、赵阳、陈剑波、罗丹：《中国农村制度变迁60年》，人民出版社2009年版，第185页。

改变历史上形成的以村落、自然村为单元的产权结构，无法改变以村落、自然村为单元的既定利益格局。基层的治理方式、社会管理体制必须适应历史上自然形成的产权单元、利益格局，否则会损害经济和社会发展的基础。

国家政策对理想主义制度、对农民的反抗做出的调整及施坚雅和斯特朗等的研究都说明，基层治理要适应产权单元、相关利益格局。这个单元可能是村庄，也可能是自然村或者村落。当然不同的地域、不同的文化传统，治理单元会有差异。尽管农村人民公社时期实施集体所有制，但这个集体大多是以自然村为核心的生产队，超越这个单位建立的生产、分配共同体都会失败。这说明治理单元要与自然经济体系一致。它是由共同的利益相关性所决定的：一是共同的集体产权；二是共同的生活习惯；三是共同的生产服务需求，产权单元、利益单元决定治理单元。虽然以自然村为核心的生产队成为基层的治理单元，但是"政社合一"的管理体制排斥了农民实施自治的可能性。按照法律规定，农民有选举权、参与权，但民主只沦落为完成行政任务的工具，自治没有实施的任何可能。

（三）农村双层经营体制的自治

农村人民公社的后期，治理单元逐渐与产权单元、利益单元一致，从公社下放到生产大队，再从生产大队下沉到生产队，但是农民依然没有生产、经营、分配的自主权利，家庭和个人的积极性依然无法调动起来，农村经济几乎面临崩溃的边缘。这说明权力过分集中的农村人民公社的生产、经营、分配和治理体制不适合生产力的发展，需要进行重大调整。20世纪80年代初期，在农民自发突破和国家自觉领导的双重推动下，农村兴起了以家庭联产承包责任制为主要内容的经济体制改革，这一改革为村民自治提供了契机。

农村土地依然为集体所有，① 但是土地等生产资料由农户承包，以农户为单位进行生产经营和分配。承包制的核心是将生产经营权下放给

---

① 这个集体可以是村集体，也可以是自然村集体、村落集体。

农民，使农民成为生产经营的主体。① 集体作为所有者统一经营，一方面，经营集体所有的生产资料，如土地、企业；另一方面，集体为分散经营的农户提供统一的公共服务。这种经营体制又称为统分结合的双层经营体制。

家庭联产承包责任制取代农村人民公社时期的生产经营方式，使人民公社时期的管理体制已失去了经济支撑，需要形成与新经济体制相匹配的治理模式。② 在广西的罗山、宜县两县的农村，出于社会治安管理的迫切需要，农民自发地组建了一种全新的基础性权力共同体——村民委员会，以取代正在迅速瓦解之中的生产大队、生产队组织，后来这一组织逐渐发育为对农村基层的经济、政治、社会、文化生活中诸多事务进行自我管理的机构，村民委员会的性质也逐步向群众性自治组织演变。③ 全国其他地方也出现了类似的管理共同体。1982年，国家新宪法确认了村民委员会的法律地位，将其定位于农村基层群众性的自治组织。1987年，《中华人民共和国村民委员会组织法（试行）》明确规定村民委员会实行村民自治，由村民群众依法办理自己的事情，由此在农村建立了与家庭承包责任制相适应的农村治理制度。

在这一阶段，利益关系依然决定着治理制度。首先，村民自治制度的产生就是农村经济体制变革的结果，没有家庭联产承包责任制就不会有村民委员会及其治理制度的产生；另外，农村双层经营体制要求农民群众实施自治。集体拥有所有权，农民拥有承包经营权，前者要求群众平等协商解决问题，后者要求集体成员结成服务共同体。

若土地完全实施共有共营，在国家力量不强大的情况下，可能会形成原始氏族或公社自治制度；国家力量强大，则会形成农村人民公社制度或者苏联的集体农场管理制度；如果土地完全私有，只会围绕着生产、生活需求产生一定程度上的自治，形成如日本和中国台湾的一样"浅度自治"

---

① [德] 滕尼斯：《共同体与社会：纯粹社会学的基本概念》，北京大学出版社2010年版，第25页。
② 同上书，第26页。
③ 白钢、赵寿星：《选举与治理》，中国社会科学出版社2001年版，第35页。

形式。①

如果大部分土地私有，部分土地共有，在国家力量不强大的情况下，则会形成类似于中国传统农村乡村社会的精英自治或者士绅自治。这种自治既具有日本和中国台湾农村社会所具有生产服务、经营服务、生活服务特征，也具有围绕宗族产权关联形成精英自治的特点。这属于一种"中度自治"形式。

如果土地为部落成员共同占有，部落成员共同生产、共享成果，甚至还实施共同消费，如原始社会的氏族公社。从历史上来看，这种高度的共占、共有、共享制度在无国家社会实行比较典型的自治，恩格斯称之为"原始共产主义社会"。② 本文称之为"特殊自治"。这种高度的共占、共有、共享制度在有国家社会则演变为1958年"刮共产风"的农村人民公社，属于与自治背道而驰的"命令治理"。

1978年以后，中国农村实施家庭承包责任制，土地集体所有。这个集体可以是乡镇集体，也可以是村集体，还可以是自然村或组集体。生产资料的集体所有使集体成员有了高度的利益相关性，这要求"深度自治"，这就涉及生产资料的配置、处置及集体成果的分配。当今中国农村村民自治不同于纯粹以私有制为基础的日本、中国台湾地区乡村社会的"浅度"自治，也不同于以私有制为主体并有部分共有产权的宗族、家族精英的"中度自治"，更不同于共占、共有、共享的氏族公社"特殊自治"（见表1—3），而是一种基于以产权为利益纽带的"深度自治"。

表1—3　　　　农村村民自治的需求、利益相关度对比表

利益相关内容	日本、中国台湾地区农村自治	中国传统村庄自治	中国农村村民自治	氏族公社自治
共同生产服务需求	有	有	有	有
共同经营服务需求	有	有	有	有

---

① 本文在此用的一组概念：浅度、中度、深度自治，是指由利益相关度和自治内容数量决定的自治的程度。这一组概念与自治水平的高低、自治程度的高低有一定的区别。

② 《共产党宣言》，载《马克思恩格斯全集》第1卷，人民出版社1974年版，第251页。

续表

利益相关内容		日本、中国台湾地区农村自治	中国传统村庄自治	中国农村村民自治	氏族公社自治
共同生活服务需求		有	有	有	有
共同消费需求		无	无	无	无
利益关联	产权关联	无（私有制）	只对族田等共有生产资料	有（集体所有）	有（成员集体所有）
	资源配置	无	本族精英决定	有（土地分配）	集体经营
	集体收益分配	无	有些福利	有（集体福利）	集体分配
	产权处置	无	本族精英决定	有（土地买卖）	不准买卖
自治类型		浅度自治	中度自治	深度自治	特殊自治

利益相关程度一般，则形成"浅度"村民自治，如日本、中国台湾地区的农村自治；如果利益关联较强，如传统中国农村有宗族、家族共有的族产、族田，则属于"中度"利益关联，在国家不强势的情况下会形成"中度"村庄自治；如果利益关联很强，农民拥有共同的生产资料，如当前农村生产资料集体所有，农民利益高度关联，结成紧密型的利益共同体，则会形成"深度"自治（见图1—1）。可见，农村村民自治的发生、发展是以产权关系为基础的利益关联程度演变的结果。

三 以利益相关为核心探索自治的有效实现形式

农村经济体制改革后，国家以法律的形式决定在农村实施村民自治，以原有的生产大队为基础组建村民委员会，生产队改为村民小组，以村庄为单位实施农村村民自治。这一改革是适应农村经济体制改革和产权制度变化的需要而出现的，它有利于农民自我管理，有利于农民当家做主。但是生产资料的集体所有制各不相同，有的地方归村集体所有，有的归小组

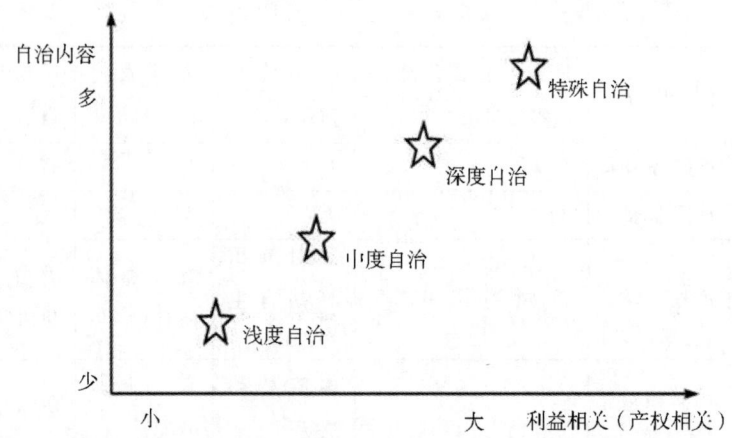

图1—1 利益相关与自治的关系

所有,有的归自然村所有,在实践中以村庄为单位的村民自治出现了一些问题。在生产资料集体所有的村庄,产权结构与自治范围相适应。在大多数地区生产资料为村民小组所有或者村落所有,自治范围与产权结构的范围不一致。这样就导致农民参与意愿不强、吸引力不大、积极性不高和村民自治"空转""形式化""难落地"等问题。为此,2014年中央"一号文件"提出:"探索不同情况下村民自治的有效实现形式,农村社区建设试点单位和集体土地所有权在村民小组的地方,可开展以社区、村民小组为基本单元的村民自治试点。"这说明以行政村为单位的自治还需要根据产权结构、利益相关性进行调整,以使产权结构与自治结构、利益相关范围与自治范围基本相适应。从各地实践来看,可以从以下三类利益关联探索村民自治的有效实现形式。

第一,以产权为基础的利益关联探索村民自治有效实现形式。产权结构决定治理结构、产权范围决定自治范围。有效的村民自治单元的选择可根据产权结构、产权范围进行。在中国南方不少村庄,土地属于自然村、村落或者村民小组所有,村庄以自然村、村落或者村民小组为单位分配承包土地、林地,农民以家庭为单位自主经营。村民因为共同拥有集体的土地产权而结成紧密型利益共同体。这些地区可以采取以自然村、村落或者村民小组为单元的自治形式,以增强村庄共同体对农民的吸引力、关注度、认同感和增强农民参与村务管理、决策、监督的积极性。而北方地区村庄人口比较多，以村庄为自治单元则规模比较大，故可根据产权与各个村民小组的紧密度考虑缩小自治单元，真正实施直接自治、直接民主。

第二，以产业为核心的利益关联探索村民自治有效实现形式。以产权为基础探索村民自治有效实现形式对于大部分的村庄、村落或自然村都比较适宜。但是在产权变动不大，基于产权的利益变化不多或者变动不明显的地区，自治同样会陷入"无吸引、无动力、无意愿"的"三无"状态，这就需要寻找其他的利益关联。如有些地区虽然以小组或者村落为单位共有生产资料，但是单位内部相距比较远，自治成本高、代价大，因此这些地区可以在产权的基础上再根据产业的相近、利益相关来选择自治单元，相近产业可以追求规模效应，相关产业可以追求上下游产业利益关联，由此，利益相关、产权相连能够形成利益共同体。另外也有少数村庄，其产业发展规模超越了村庄范围，多个村庄都因产业相互关联，产业又因规模而具有一定的知名度或品牌优势，从而形成一定的无形产权使农民结成利益共同体，其自治单元可以超越村庄范围，以联村的方式进行自治。

以治理为载体的利益关联探索村民自治有效实现形式。有些村庄既无很强的产权利益关联，也无很强的产业关联，则可以以治理要件为载体，探索村民自治的有效实现形式。在实践中，通过探索和创新，农民发现了多种自治新方式：以道路建设和维修为利益关联载体组织自治；以河流治理和建设为利益载体组织自治；以生产、生活用水的解决和营运为利益关联来组织自治；以宗族活动、祭祀活动为内容进行自治，等等。这些形成新的共有产权或者共有财产、公共空间，村民自治围绕着共有产权、财产、公共空间的管理、维护而展开。因此，治理载体也是选择有效自治单元的重要依据。

自治因产权而需要，因利益而设置。由于产权、利益因地区、时期不同而产生差异，在实践中应因地制宜，遵循以产权为基础的利益相关的原则，寻找有效实现村民自治的最适合单元。

第二章　利益相关：居民自治有效实现形式的动力基础[*]

2014年中央"一号文件"提出要"积极探索在不同条件下村民自治有效实现形式",虽然中央文件是对村民自治提出的探索要求,其实城市更需要探索居民自治有效实现形式。长期以来,城市居民自治并不尽如人意,居民参与积极性不高,自治形式化、文本化、悬浮化,难以落地,制度设计与制度实践有较大偏差。笔者认为,城市居民自治难以落地、难以实施的主要问题在于居民之间的生活没有相关利益,利益相关性不强。对此,本章将研究两个问题:一是利益相关性与居民自治有效性的关系;二是居民自治如何保障相关利益的实现。

一　利益相关是居民自治的基本动力

农村村民自治能够被较好地实施,特别是在利益和资源比较丰富的地区,如广东顺德、东莞等地,这与同一村庄的农民共有产权、共占土地的集体所有制紧密相关。可是城市居民并没有这种集体所有制,要有效推动居民自治就必须发现、激活相关利益、建构利益相关性,让利益引导居民参与,让利益引导居民自治,通过自治保障居民利益的实现。

（一）相关利益和利益相关性

城市居民参与热情不高,自治不落地,与社区内部缺少相关利益,居民之间的利益没有相关性有较大的关系。因此,寻找居民之间的相关利

---

[*] 本章作为独立论文发表于《东南学术》2014年第5期。

益，建构居民之间的利益相关性是居民有效自治的关键环节。那么，居民的相关利益又有哪些？①

1. 城市居民利益的类型。从利益的类型来看，城市居民从国家、城市、城区、社区、小区内获得的利益有不同的类型，这些不同的利益共同构成了居民的利益体系。

（1）产权性利益。产权性利益是城市居民因为购买房产而获得的住房产权和附属土地产权，以及因产权而形成小区设施和服务而获得的利益。产权性利益是居民的一种核心利益，这种利益与农民的宅基地和集体土地类似，对于同一小区的居民来说，具有直接的关联性，属于相关利益。只不过这种产权是用来生活、居住，不能用来生产、经营，与农村产权有重大的区别。如果不整体性交易、拆迁，没有重大的维修或者面临着重大损失，产权性利益将会处于一种潜伏状态，无法转换成现实的利益联结，它需要在变迁、变动、变化中被激活。

（2）配置性利益。配置性利益是因资源配置而使居民获得的利益。②资源配置性利益主要有三种：一是因为公民权而获得的利益，即居民因为是国家公民而从政府获得的利益，如国家提供安全、秩序和制度而获得的利益；二是因为城市居民权而获得的利益，即居民因居住在某一城市而获得的社会保障、社会福利、公共服务等利益；三是因为社区居住权而获得的利益，即居民落户于某个社区而享受的该社区资源配置的利益。三类主体或者三类共同体的范围、规模不同，其利益也有差异。因为公民权获得的利益与全国居民具有共同性，城市居民权获得的利益与整个城市或者城市某个区的居民具有共同性，社区居住权获得的利益与整个社区居民具有共同性。三种利益均属于相关利益，但是利益相关程度不同。

（3）奉献性利益。奉献性利益是因个人为社区、城市做义工、志愿者而获得的尊重和满足。这种利益是一种直接的荣誉性利益。因为义工、

---

① 居民都能够获得利益，如工资收入、炒股收入等，这些利益在小区、社区内并没有相关性。相关利益，是指居民之间有相关性的利益，相关利益是一个数量概念；而利益相关性是指某一种利益在居民之间的相关程度，这是一种程度概念。

② 这种分类法借鉴于吉登斯的配置性资源和权威性资源。[英]安东尼·吉登斯：《民族—国家与暴力》，胡宗泽、赵力涛译，生活·读书·新知三联书店1998年版，第14页。

志愿者本身就是为社会、社区服务，其个人行为直接与其他居民相关联，可以说是"一投两利"，即某些居民的奉献性投入获得两种利益：居民本身获得满足感这种荣誉性利益，其他居民因为自己的义工、志愿者服务而获得的利益。这种利益的相关性非常高，直接将投入者与接受服务者连接起来。投入者获得的利益和接受服务者获得的利益是等值的，相关利益等于共同利益，其利益相关性达到了百分之百。

（4）公共性利益。如果说配置性利益是在较大范围内的资源配置而产生的利益，那么公共性利益则是同一小区内部因公共设施或者公共服务而共享的利益。主要有如下几类：一是环保性利益，如保洁、绿化等服务给小区、社区居民带来的利益；二是安全性利益，如小区的保安、政府的治安给居民带来的生命、财产上的安全性利益；三是管理性利益，即因为小区、社区良好的管理而产生的利益，如车位管理给居民带来的方便性、秩序性、公平性；四是消失性利益，即因小区或者社区内某项公共设施或者服务消失而产生的利益，这种利益只有在消失时才会显现，反之则不会引起居民们的注意；五是品牌性利益，即因为优质的服务、良好的设施或者好的周边条件、环境而形成的品牌效应。这种品牌效应能够带来利益。这种利益只有在房产交易时、租赁时或者遇到外部破坏时才能显现。

2. 城市居民利益的层次。施坚雅认为，传统的市场可以分为初级、中间、中心市场，不同层级的市场，其利益不同。[①] 其实，城市居民的利益和相关性也是有层级的，可以以居民为中心从下至上或者从内到外来进行分类和排序。

城市居民相关利益有层级之间的差异。城市居民的利益可以分为从国家、城市、城区、社区、小区和个人奉献等方面获得的利益，居民获得的国家、城市利益要通过社区来体现或者执行。从内向外来看，就如费孝通先生所说的"差序格局"一样，[②] 城市居民的利益也有"差序"之分，可以称之为"差序利益"，包括通过小区产权产生的核心利益，通过社区设施、服务及其管理而获得的直接利益，通过城市居民权而获得的城市管

---

① [美]施坚雅：《中国农村的市场和社会结构》，史建云、徐秀丽译，中国社会科学出版社1998年版，第7页。

② 费孝通：《乡土中国》，上海人民出版社2006年版，第20页。

辖利益，通过国家资源配置产生的资源配置性利益，① 以及通过自己的付出和奉献而获得的利益——荣誉性利益，这是对社会服务、投入的一种自我满足感。其利益相关程度从低到高依次为从国家、从城市和城区、从社区和从个人奉献而获取的利益，即单元越小，或者越接近利益获取主体，利益相关性越大。

城市居民利益数量的集中程度也有差异。国家配置资源或者因为公民权而获得的利益属于普惠性利益，与从其他渠道获得的利益相比较，居民从国家获取的利益比较少。城市或者区级政府配置资源以及因为城市居民权获得的利益，主要是社会保障利益、社会福利利益及便利的公共服务，齐备的公共设施带来的方便性的利益。中国城市居民的社会保障及社会福利是由城市政府提供的，这种利益因为城市或者城市各区的财力不同而有较大差异。社区没有资源，但它是城市或区政府资源配置的承接者或者执行者，因此居民因社区的居住权而获得社区的利益，这种利益与城市或者区政府大致相同，主要是社会保障、社会福利，也有一定程度的社区设施和服务利益。在小区内，居民因为产权获得利益，可以称之为小区公共利益，主要包括环保性、安全性、品牌性、消失性和管理性利益。可以发现，居民获得相关利益的数量随着空间规模扩大而逐渐减少，从国家获得的相关利益最少，从小区获得的相关利益最多。

城市居民利益的重要性也有差异，居民利益的类型比较多，但并不是所有利益对居民都同等重要，不同利益的重要性不同。一是核心利益，产权性利益是核心利益，直接关系到居民的财产，而且与同一小区内的居民利益相关程度最高；二是重要利益，小区公共性利益是一种重要利益，能够在小区居民之间形成共同性，使小区居民之间产生相关性，其利益相关程度很高；三是直接利益，社区主要是执行区政府或者城市资源配置政策，再加上社区有一定的服务，这些利益均由社区内居民直接获取、共同享受，构成了直接利益，这些利益在居民之间有较高的相关性；四是管辖利益，从城市和区政府获得的社会保障、社会福利等属于管辖利益，不同的城市有不同的社会保障和社会福利水平，管辖利益是居民选择就业、工

---

① 居民因为拥有国家的公民权利和城市居民权利而获取的利益。

作的重要依据，全城或全区居民均可以享受管辖利益，利益相关性较为一般；五是一般利益，主要是居民因为拥有公民权而获得国家配置资源或者权利而形成的利益，这种利益为全国居民享受，所以称为一般利益。从家庭、小区、社区、区政府、城市到国家，城市居民利益的重要性、相关性依次降低。

(二) 利益相关是居民自治的动力

霍尔巴赫认为，利益是人类行动的一切动力。推动城市居民自治离不开利益。城市居民有多样式、多层次、多类型的"差序利益"。这些利益只要适当引导，恰当激活，就能够变成居民自治的基本动力。

利益是政治产生的基础。亚里士多德在《政治学》开篇就说："一切社会团体的建立，其目的总是为了完成某些善业。"① 城邦的存在是为了"优良的生活"。② 亚里士多德认为，国家、政治的目标就是为了城邦居民的利益，为了过上好的群居生活。霍布斯也认为，人类有自私自利的本性，因此需要将一部分自然权利转让给一个共同体，这个共同体就是国家，由这个共同体调节和保护人们的利益。③ 卢梭认为，"他只是为了自己的利益，才会转让自己的自由"④ "要寻找出一种结合的形式，使它能以全部共同的力量来卫护和保障每个结合者的人身和财富"⑤。他提出国家、政治是为了调节和保护人们的利益而产生的。洛克则更直接："政治权力就是为了规定和保护财产而制订法律的权利，……而这一切都只是为了公众福利。"马克思也认为："人们奋斗所争取的一切，都同他们的利益有关。"⑥ 可见，利益需要政治调节，需要公权力保护。利益产生政治，利益造就公权力，政治和公权力调节和保护人们的利益。城市居民、社区居民只要有利益存在就需要政治，有政治就需要一定的政治形式、治理形式与之相适应。

---

① [古希腊] 亚里士多德：《政治学》，吴寿彭译，商务印书馆1965年，第3页。
② 同上书，第7页。
③ [英] 霍布斯：《利维坦》，黎思复、黎廷弼译，商务印书馆1985年版，第131—132页。
④ [法] 卢梭：《社会契约论》，何兆武译，商务印书馆1980年版，第6页。
⑤ 同上书，第19页。
⑥ 《马克思恩格斯全集》第2卷，人民出版社1957年版，第103页。

第二章 利益相关：居民自治有效实现形式的动力基础

相关利益是自治的动因。利益需要政治，利益产生政治，利益造就公权力。这个公权力从大方面讲是国家，从小的方面说是利益共同体，或者自治共同体。卢梭认为："如果说个别利益的一致才使得社会的建立成为可能，那么，就正是这些个别利益的一致才使得社会的建立成为可能……因此，治理社会就应当完全根据这种共同的利益。"① 拿破仑曾说，世界上有两根杠杆可以驱使人们的行动——利益和恐惧。利益特别是共同利益、相关利益将会促使人们采取政治行动——要么将权利交给国家，要么自己管理自己。在城市社区、居民小区，在国家公权力无法或者不好施展的区域，共同利益、相关利益将会促使人们采取联合的自治行动。恩格斯在《家庭、私有制和国家的起源》中通过对易洛魁人、希腊人、罗马人、克尔特人、德意志人的历史研究，得出了一个结论：只要存在土地公有，就会存在自治。这个自治可能是家庭自治，也可能是氏族自治，或者其他亲属集团自治。"家长制家庭公社乃是母权制共产制家庭和现代的孤立的家庭之间的中间阶段，它虽不是到处流行，但是流行很广。"② 私有制的产生导致了公社自治被"炸毁"，"当新的土地占有者彻底摆脱了氏族和部落的最高土地所有权这一桎梏的时候，他也就挣断了迄今把他同土地不可分割地连在一起的纽带。"③ "同一氏族内部的财产差别把利益的一致变为氏族成员之间的对抗。"④ 恩格斯的观点可以用一句话概括：公共产权产生自治，私有制炸毁了自治。对比而言，完全的私有制没有一致的利益，不易产生自治；只要有共同的利益、相关的利益就会有自治的需要，就会产生利益共同体，才会需要自治形式与之相对应。

利益相关性决定自治的有效性。自治需要相关利益，自治的有效与否则需要利益相关性支持。农村自治比城市更加有效主要在于村民之间有共同的集体产权——土地，农民之间因共有产权而有了相关利益，从而产生了利益相关性。根据研究，农民之间利益相关性程度越大，居民

---

① [法]卢梭：《社会契约论》，何兆武译，商务印书馆1980年版，第31页。
② [德]恩格斯：《家庭、私有制和国家的起源》，载《马克思恩格斯全集》第4卷，人民出版社1974年版，第137—138页。
③ 同上书，第163页。
④ [德]马克思：《摩尔根〈古代社会〉一书摘要》，人民出版社1965年版，第191页。

认同感越强,参与率就越高,自治就越有效。[①] 如中国的村庄、俄罗斯的公社、印度农村的"潘彻亚特制"、日本农村町村范围内的"自治会""町内会",就因利益相关性不同导致自治有效性差异。在中国的村庄、俄罗斯的公社,农民有集体土地,因此有共同利益,农民之间的利益较为相关,形成较为紧密的利益共同体,村庄和公社自治程度最高。日本农村町村和印度的村庄都是私有制,没有共同的产权,在村庄内部只有共同的生活需求,因此利益相关性没有中国村庄和俄罗斯农村公社高,其自治程度也没有后者高。[②] 可见,自治由相关利益决定,自治有效程度由利益相关性决定。

中国城市居民具有多样化、多层次、多类型的相关利益,其相关性或者共同性也因方式、层次、类型的差异而不同。从利益的层次来看,从国家、城市、城区、社区和小区获得的利益相关性随着管理空间和规模的缩小而增强;从利益的性质来看,不同权利形成的利益相关性也不同,因个人产权、共有产权、居住权、居民权和公民权而形成核心利益、重要利益、直接利益、管辖利益和一般利益,其相关程度依次降低;从利益的类型来看,产权性利益、公共性利益、配置性利益和奉献性利益的相关性依次下降。利益相关性决定居民自治的有效性,可以肯定小区内部的产权性利益、公共性利益将会导致更有效的自治;社区内部的配置性利益或者因居民权所形成相关利益的利益相关性较前两者低,其自治的有效性也会低;城市或者区政府的配置性利益的相关性又较小区、社区低,其自治的有效性也会更低。

(三) 居民自治保障利益的实现

居民之间的相关利益和利益相关性可以产生政治、产生自治;同理,居民自治也能够产生利益、维护和保障利益,而且自治程度越高,保障程度也会越强。

居民自治可以产生利益。居民自治,特别是有效的居民自治能够产生

---

① 邓大才:《利益相关:村民自治有效实现形式的产权基础》,《华中师范大学学报》2014年第4期。
② 同上。

利益，使居民之间产生更多的共同性和相关利益。一是居民自治可以共同开发、管理小区和社区内资源，通过资源的开发和管理，产生秩序利益、品牌利益以及物质利益，如无物业小区通过自治管理公共空间形成车位，从而增加居民之间的共同利益、相关利益。二是居民自治可以通过义工、志愿者的服务创造新的利益，让居民或者部分居民能够享受义工、志愿者的服务，这种利益对实施者来说是精神利益，对享受者来说则是物质利益。三是居民自治能够引进各地的慈善组织、社会企业，让小区、社区老人、病人、残疾人等特殊人群享受到相应的服务，获得服务利益。

居民自治可以调节利益。居民自治不仅能够产生利益，还能够调节利益。按照霍布斯和卢梭的观点，政治的目的就是调节利益。居民自治也能够调节居民之间的利益关系。一是居民自治可以调节居民之间的利益冲突，如调节居民之间因边界、车位、资源占用等引起的利益纠纷和冲突、调节居民广场舞的场地争议及其他的纠纷；二是居民自治可以调节居民与物业之间的利益冲突，小区居民与物业经常产生冲突，居民自治组织如业主委员会可以居中调节；三是居民自治可以调节居民与周边其他主体之间的利益关系，当居民或者小区与周边的企业、社区、机关发生了利益冲突后，居民自治组织也可以作为小区代理人进行利益调节。

居民自治程度决定利益保障程度。居民自治最大的功效就是保障利益、维护利益。一是保障现有利益。居民自治保障居民的房屋产权，包括房屋维修金的使用；保障小区内公共设施的合理有效使用，保障小区居民的服务利益；同时维护小区的声誉，维护小区的品牌价值。二是维护应得利益。居民自治就是一个社会组织，可以代表小区、社区居民与社区、政府进行沟通、对话，争取自己应得的利益，特别是有关城市居民应该获得的社会保障、社会福利、公共服务利益等。三是争取可得利益。居民自治可以通过组织或者制度渠道参与城市政府、社区的决策，影响政府、社区的资源配置，获取配置性利益。总之，如果居民不能自治，不能建立自治组织，将会变成"一盘散沙"，[①] 或一堆堆的"流沙"，[②] 既无法保障自己的现有利益，也无法争取更多的应得利益。

[①] 孙中山：《三民主义》，九州出版社2011年版，第86页。
[②] 徐勇教授在居民自治有效实现形式的学术讨论会上所说。

综上所述，可得出如下结论：城市居民的相关利益是多样化、多层次、多类型的体系，这些相关利益要求城市居民在小区、街巷、楼栋、邻里实施自治。自治实施的有效性与利益相关性程度紧密相关，利益相关性越大，自治将会越有效。此外，城市居民的自治能够产生新的利益，还能够调节、保障居民的共同利益。城市居民现有的利益只有通过自治才能得到保障。

二 利益相关决定居民自治的有效实现形式

相关利益决定居民自治，利益相关程度决定居民自治水平，决定居民自治有效实现形式。在寻找居民自治有效实现形式的过程中，沿海一些发达城市进行了实践探索，根据利益的层次、类型、形式确定自治最有效的实现形式。①

（一）多层的相关利益决定多层次的自治

城市居民的利益层次可以分为从国家、城市、城区、社区及小区获得的利益。这些相关利益及利益相关性决定着治理方式。居民从国家获得的是一般性利益，一般性利益相关性很弱，其相关性只能构成民族国家。从城市和城区政府获得的是管辖利益，这种管辖利益主要是社会保障、社会福利和公共服务，居民享受彼此不排斥，相关性虽强于国家，但是依然较弱，所以城市、城区只能形成自上而下的政府"他治"。但是在社区及以下各单元，相关利益越来越多，利益相关性越来越强，自治成分越来越多，于是形成了多层次的自治体系。

1. 以社区为单元的自治。社区规模一般比较大，大的社区几万人，小的社区也有几千人。一个社区可能跨几条街道，几十个楼盘。相较于小区，社区居民之间的相关利益或者共同利益并不多，只有一些以社区为单元的配置性资源利益：一是城市、城区政府资源配置的利益，即社区承接、执行上级政府的资源配置政策，这是一种普惠性的管辖利益，属于个

---

① 受教于徐勇教授的指导和徐勇教授的未刊稿《培育自治：对居民自治有效实现形式的探索》。

人性的获取行为；二是社区本身的资源配置和建设行为导致的利益，这些建设行为或者资源配置行为直接关系居民的利益，相关性比较大，这类利益可以称为直接利益。社区的直接利益会形成居民的共同性和共同利益，因此居民之间会有自治的需求。国家也根据这种共同性、共同利益和利益相关性要求在社区实施自治。只是社区产生的直接利益因社区规模之大而被摊薄，利益相关性也随之降低，所以在实践中，社区一般是实施代表制（或代议制），居民选出代表以社区为单元进行自我管理、自我教育和自我监督。在现实中，以社区为单元的自治因为缺少直接参与机制和渠道而表现出形式化、文本化、悬浮化的特点，悬浮于社区层面难以落地，因此需要更小单元的自治来作为基础。

2. 以小区为单元的自治。小区是城市居民利益比较集中的地区，空间规模比较适当，是最适合居民实施自治的单元。一些已经进入中等收入社会的城市，如厦门市、深圳市、广州市开始探索将自治下沉到小区，以小区为单元实施自治。自治需要相关利益，小区的相关利益比较多，利益相关程度也比较大。小区相关利益主要包括两方面：一是共有社区产权，主要是房产权和土地产权，这些产权使小区内的居民具有了共同利益，它是居民的核心利益，是推动自治最重要的动因；二是社区公共设施和服务的利益，这些设施和服务是面向小区全体居民的，关系到居民生活的方便性、舒适性和生命财产的安全性，这些利益是居民的重要利益，因此促使居民主动关心和参与。如在厦门市海沧区，在绿苑小区、文圃花园等小区建立小区理事会等自治组织，对共有产权、共占设施、共享服务等相关利益进行自我管理、自我监督。从实践的情况来看，小区居民的参与积极性很高，居民的认同感很高，真正实现了居民自治。

3. 以邻里楼栋为单位的自治。一些小区，特别是无物业小区，居民仍然比较多，规模比较大，居民之间差异性也大，依然存在参与难和不愿意参与的现实。于是一些城市如厦门市海沧区将自治单元进一步缩小到街巷、楼栋、邻里，实施街巷、楼栋、邻里自治。街巷、楼栋、邻里自治也是基于相关利益和利益相关性的原则。这种自治有三种主要形式：一是从居民关心的利益组织自治，如安全门、卫生费、车位、小区巡逻等与居民利益非常相关的事情着手，引导居民实施自治；二是在自治的基础上梳理居民的共同利益，建立制度化的自治组织，如理事会、议事会、监事会，同驻理事会等处理居民的共同利益、共同关切的自治组织；三是通过物质利益的自治引导精神层面的联结和自治，如义工、社工进户，建立趣缘性的文体协会，实现街巷、楼栋、邻里之间的全方位的自治。街巷、楼栋、邻里是最小单元的自治，但是其利益最相关，所以最容易实施自治，也是最有效的自治形式。

从上面的分析可以看出，城区、社区、小区、楼栋和邻里之间因为相关利益和利益相关性逐渐增加，自治程度也越来越强，自治的形式更加有效。社区规模大、共同利益较少、利益相关性较低，因此实施直接的自治有一些难度，需要实施以代议制为主的自治；小区规模相对较小，有共同的产权，有共同的利益，居民之间的利益相关性比较强，适合采用直接参与的自治，小区是最适合的自治单元，也是最有效的自治形式；在小区内部还可以根据情况进一步缩小自治单元，以街巷、楼栋、邻里为单元实施自治，利益更加直接、更加相关，因此也是一种最有效的自治形式。

（二）多样式的相关利益决定多元化的自治

随着市场经济体制的进一步完善，城市居民进一步分化，经济结构和社会结构的多元化、复杂化使得居民之间的利益需求也呈现多元化。这种多元化的利益需求，单单依靠政府治理已经难以为继。因此，多元化的利益需求需要多元化自治予以应对和满足。

以项目为载体自治。厦门市海沧区政府发现居民如一盘散沙，难以整合，也难实施自治，决定以项目的形式切入，以项目为载体来引导，推动居民自治。该政府引导当地居民对房前屋后的公共设施、公共空间进行自主讨论、自主设计、自主筹资，形成一个自治方案向区里申请"以奖代补"经费。这种以居民需求为导向，以项目为载体的自治，项目本身就具有较强的利益相关性，另外有些项目还需要居民筹资，进一步加强了居民之间的利益相关性，自治效果更好。按照项目设计要求，只有居民全程参与、自治管理和自我实施，项目才能够得到批准，经费才能到位，便民工程才能完成。海沧区将这种自治称为"微自治"，也称为"项目自治"，它不仅推动了居民自治，而且培养居民的参与精神、责任精神，为更大范围、更大区域的有效自治创造了条件、夯实了基础。

以活动为载体自治。随着居民经济收入的提高，居民的精神需求更多、更多元化，居民的社会参与需求也增多。一些较为发达的城市，如厦门市海沧区决定以活动为载体推动居民自治。活动包括三大类：一是娱乐活动，如舞蹈、龙舟、舞狮等活动；二是培训和教育活动，如健康讲座、体育沙龙等；三是志愿者活动，如环保活动、家访活动、帮扶活动等。这些活动缺少经费，缺少组织者，因此政府和社区采取"以奖代补"的方式资助活动，鼓励有公益心的人士出面组织，引导大家参与，形成"活动自治"。参与"活动自治"可获得的精神利益和政府或社区的"以奖代补"政策建构了居民之间的共同利益，加强了其利益相关性，因而有了自治的经济基础。"活动自治"是居民的内在需求，也是培育居民自治精神和公民精神的好渠道，更是让居民熏陶自治精神的好学校。

以平台为载体自治。社区或者小区要实施有效的自治，需要找到居民共同的关注点，共同的利益。厦门市海沧区采取平台方式推动自治。以平台为载体的自治主要包括三种形式：一是小区或者社区的公共空间交给居民管理、管护，如小型广场、海沧兴旺社区的"话仙场"；二是小区或者社区的老年人大学，或者一些活动室交给居民自己组织和自我管理，如海沧区的"新厦门人综合体"；三是小区或者社区的一些绿化区交给居民认领、认养、认管，有时对于一些小公共设施还采取认捐方式，如海沧区兴旺社区就鼓励居民参与"共同缔造"，建设自己的家园。这些平台将居民与居民联结起来，将居民与小区、社区连接起来，形成了一定的相关利益和利益相关性，从而实现"平台自治"。"平台自治"是小区自治的重要组成部分，它是因部分居民之间的共同利益而形成的自治，是一种较为有效的自治形式。

多样化的利益需要多样化的自治形式，但是在这些自治形式之中，相关利益不同、利益相关程度也有差别。以项目为载体的自治是一种物质利益的共享，因此利益相关程度很大。以活动、平台为载体的自治主要是一种精神的、参与性的自治，属于一种奉献性的利益，在政府或社区的"以奖代补"推动下后两种自治也具有了一定的物质利益，只不过这种物质利益是为了奉献而投入的，因此主要是一种精神利益，其自治是以精神利益推动下的自治。从利益相关性来看，"平台自治"的利益相关性大于"活动自治"，其自治的有效性也是前者高于后者。

(三) 多类型的相关利益决定多类型的自治

城市居民的利益不仅多层次、多样式，而且多类型，不同的人群有不同的利益，不同的资源关注者有不同的利益，不同的服务者有不同的利益。因此，社区、小区或者街巷、楼栋、邻里也要根据利益的类型组织多种形式的自治。

以趣缘利益为核心引导自治。随着物质生活的逐渐富裕，居民对精神、健康、娱乐的需求增多，因此，有些城市和社区根据居民的需求，寻找趣缘利益，组织趣缘组织，以趣缘利益和组织引导人们自治，如广场舞蹈协会、太极拳协会、音乐协会等。在城市小区，特别是高档小区中，市场化服务程度比较高，居民一般不愿意下楼，不愿意参与。因此，有些城市如厦门市海沧区就通过小朋友的趣缘组织引导中年人，通过老年人的趣缘利益引导年轻人，即他们总结的"以两头带中间"。小区、社区通过趣缘组织、趣缘利益以点带面、以少带多，引导群众从生活自治、社会自治走向小区、社区自治。

以业缘利益为核心引导自治。城市某些区域或者某些社区、小区是某种职业群体集中居住的区域，如产业工人集中居住区域，教师集中居住区域，党政机关、企事业干部集中居住区域，还有商家集中居住区域。因此，一些城市如厦门、东莞等地就以业缘利益引导居民组织起来，建立理事会、商会、议事会等业缘组织，在业缘组织内部实施自治并通过业缘组织参与小区、社区、街巷的自治。如厦门市海沧区，小区以产业工人为主建立社企共驻理事会进行自我管理；海沧街道的文辅花园，以教师为主体建立理事会进行自治；绿苑小区的某三栋楼，以上岸渔民为主建立议事会进行自治。这些业缘组织参与者有共同的职业、爱好、经历，更重要的是有共同的利益，容易实施自治。

以奉献利益为核心实施自治。随着居民对于物质生活的进一步满足，一些有知识、有公益心的群体希望能够利用自己的知识、技能奉献社会、社区。一些城市就利用这种利他心理和奉献需求，因势利导，建立义工组织、志愿者组织，引导人们服务社会、服务社区。一方面，参与者组成各种类型的义工、志愿者组织，在组织内部实施自治；另一方面，政府引导这些义工、志愿者组织参与社区、小区的自治。义工、志愿者是以自己的劳动、服务获得精神上的满足,因此参与者获得的是一种精神上的奉献利益。这些志同道合的人联结在一起也能够推动自治的发展,丰富自治的内容。

趣缘利益、业缘利益和奉献利益都是一种精神方面的利益,但正是这种精神需求的一致性、相关性、向心性,引导大家走在一起,共同参与、共同组织,参与自治。这种多类型的相关利益也是构成城市自治体系的重要组成部分。

(四) 多样多层多类自治面临的新困难和新问题

毛泽东曾经说:"一切空话都是无用的,必须给人民以看得见的物质福利。"[①] 在推进、实施、组织居民自治过程中,最重要的是利益问题,特别是居民之间的相关利益问题。没有利益就没有治理,没有相关利益就没有自治,没有利益相关性就没有自治的有效性。目前类似这种相关利益及利益相关性还有很多没有被发现、被激活。从一些城市的新探索、新实践来看,城市居民之间的"利益障碍"仍是影响、阻碍自治的最重要因素。

利益有无的问题。利益决定自治,利益的相关性决定自治的程度。唐忠新教授持类似的观点,"利益是(居民自治的)一个基础,要推动形成共同利益"[②],关信平也认为"没有共同利益就没有公共事务"[③]。正如两位教授所言,城市社会面临一个最大的问题是缺少利益,缺少相关利益,缺少利益相关性。城市与农村不同,没有集体资源,没有集体土地,也没有社区情感,自治缺少相关利益和利益相关性的支撑。在社区内只有资源配置产生的一些公共设施和公共服务;在小区虽然有共有产权,但是这些产权并不用来经营,也不会以集体的名义交易,只是一种潜在的利益。因此,在城市社会深化自治还需要发现利益、挖掘利益、建构新利益。

利益激活的问题。虽然城市居民的相关利益和利益相关性不大,但并非不存在。在社区存在资源配置性利益,在小区存在核心利益和直接利益,只是现在没有人体察到这种潜在的利益,或者将这些资源交给物业来

---

① 毛泽东:《经济问题与财政问题》,载《毛泽东选集》,东北书店1948年版,第876页。
② 唐忠新:《关于社区居民自治》,载《中国社会报》2003年4月9日。
③ 关信平:《关于社区居民自治》,载《中国社会报》2003年4月9日。

管理，小区、社区居民的利益没有被激活。政府和学界很多人都将激活寄托在物业的身上，其实物业只是一个企业性质的组织，是一个市场的组织，它无法解决、无法应对社会性的需求、公共性需求，社区、小区性的公共性、社会性需求需要自治组织来解决。也有学者、官员受居民委员会组织法的误导将自治定位于社区，因此将激活居民利益的任务交给社区。其实前者是一种市场性引导，后者是一种行政性引导，真正的自治需要寄希望于社区、小区居民本身，将自治定位于社区以下的单元。

利益大小的问题。城市居民之间有了相关利益，但是这些相关利益可能不足以吸引居民参与。因为相当大一部分居民的需求，要么通过单位解决，要么通过市场解决，社区、小区的资源供给或者服务无法吸引居民参与。有些社区、小区即使发现了相关利益，激活了公共利益，仍然不足以吸引居民参与。特别是对一些高档小区，一些高收入小区而言，没有特定的相关利益足以吸引居民下楼、吸引居民参与。这部分居民对什么利益都"无所谓"。因此，"利益大小问题""利益无所谓"问题也是一些城市在探索自治新方式、新形式的过程中面临的一个重大问题。

利益相关的问题。不少城市政府、社区通过资源配置为居民提供了不少服务，居民也获得了很多利益。但问题是，政府和社区提供的利益是一种纯粹的给予型利益，或者是一种借助市场或社会组织单向度的给予利益，个人能够直接获取，不需要与其他居民商量，也不需要与其他居民合作。虽然每个居民都得到了好处，但是他们无法参与，无法选择，无法合作，而且政府提供的这些服务和利益，没有在居民之间形成一种利益联结，没有在居民之间创造共同性。因此，尽管政府创造、给予了更多的利益，但居民之间没有建立利益相关性和联结性。政府投入的越多，居民也觉得无所谓，或者更加不珍惜。

利益持久的问题。为了解决利益有无、利益激活、利益大小、利益相关等问题，一些城市的政府采取"以奖代投""以奖代补"的方式，甚至采取直接投资的方式在社区、小区内建立公共设施，提供公共服务，并以此要求、吸引居民参与。这种外部带动型利益建构方式，形成了不同类型的自治组织，并成功激活了小区、楼栋、邻里的相关利益，形成了小区、楼栋、邻里自治。但随着项目完成且政府撤离后，居民之间持久的相关利益和利益相关性的维持问题的解决日益迫切。

沿海发达城市对居民自治有效实现形式的探索为城市居民自治的发展指明了方向，但是城市居民自治新探索产生的新问题说明了城市还需要根据新探索进行调整，特别是需要以相关利益为核心探索有效的居民自治形式。

三 以相关利益为核心探索居民自治的有效实现形式

根据各个城市探索中遇到的一些问题，下一阶段可以从以下四个方面探索居民自治的有效实现形式。

（一）发现相关利益

现在学界和政府官员普遍认为，城市与农村不同，没有共同利益，难以实施自治。其实，这是一种静态的观点，一种消极的观点。对于单位制下的居民而言，确实很少有相关利益，利益也很少有相关性，但是随着单位制的解体，特别是市场经济体制的建立，生产与生活分开，居民的生活逐渐回归到社会——社区和小区。居民有了自己的利益，而且在同一社区、小区、楼栋还产生了共同利益，居民之间的利益有了相关性。这些共同的利益，既有物质利益，也有精神利益，只是这些利益在过去相当长的时间内因为被忽视而沉睡着，需要被激活、被唤醒。

同时也要认识到，首先，利益并非是同质的，不同的行政层次或者不同的空间规模，相关利益、利益相关性是不同的，居民从国家、城市、城区、社区、小区、楼栋、邻里获得的相关利益不同，利益相关性也不同。因此，治理与自治的形式也会不同，自治的水平和强度也会有差异。其次，利益具有多样性，由于社会分化，居民需求不同，不同的群体或者同一群体在不同的时期会有不同的利益需求，要根据这些利益需求选择相应的自治形式。最后，要根据不同类型的利益，如核心利益、重要利益、直接利益、管辖利益等选择不同的自治形式。

（二）激活相关利益

现在城市居民自治形式化，是由于政府、社区没有尊重自治的规律：利益决定治理，相关利益决定自治，利益相关性决定自治有效性。一是将利益单元固化，以社区为单元实施自治，利益相关性不强；二是将自治固化，以为自治就是"三自""四民主"，① 均是根据外部想象强加给社区的，其实，自治形式因为利益不同而会有差异，自治有效性会因利益相关性不同而不同。因此，要根据不同的空间、不同的规模、不同的群体、不同的需求来认识相关利益、发现相关利益，在认识、发现的基础上激活相关利益，在居民之间挖掘相关利益，建构利益相关性，为自治寻找动因。

从目前的实践来看，可以从如下几个方面激活相关利益：一是激活社区的资源配置性利益、直接性利益，进一步巩固社区的代议制自治；二是激活小区的产权性利益和共享性公共利益，大力发展以小区为单元的小区居民自治或者业主自治；三是激活社区楼栋、邻里的共占性利益，大力发展以楼栋、邻里为单元的居民微自治。激活的方式可以是政府、社区和小区的外部引导，也可以是社区、小区居民的自觉行动。总之，自治需要内部与外部共同的力量引导触发形成。

（三）建构相关利益

发现利益、激活利益是对现在已经存在的利益采取的行动，但是仅仅依靠这些行动，还是无法建立多元化、多类型、多层次的自治体系，也无法建立各类覆盖整个城区的自治体系。因此，政府、社区还需要适当建构相关利益来引导、组织自治。建构相关利益主要包括两个方面：一是建构利益，即在缺少利益的社区、小区、群体之间建构新的利益。如政府通过项目投资，通过组织活动，通过建立或者资助社会组织来建构新的利益，通过这些新利益来联结居民。二是建构相关性，即利益已经存在，只是散落着或者没有发生横向联系。因此需要政府或者社区通过引导或者从外部投入，在各利益主体之间建立利益联结。如通过资助居民的娱乐活动、兴趣活动来建立相关性，通过"以奖代补""以奖代投"来建立居民之间的连接性。其实，居民之间有很多利益，只需要政府顺势而为引导就能够促成新的自治。

---

① 所谓"三自"就是自我管理、自我服务、自我教育。所谓"四个民主"就是民主选举、民主决策、民主管理和民主监督。

（四）寻找有效自治的相关利益

基层治理需要自治，当然自治也有"度"的问题。这里有一个选择，我们追求最高水平的自治，还是追求起码水平的自治？或者说，自治的有效性是一种什么样的有效性？这就对自治的有效性与相关利益、利益相关性的"度"提出了要求。自治的有效性是指居民能够利用自治解决问题，能够利用自治保障权益的程度。要使自治能够实现上述两个目标，要使自治有效，就要处理好"相关利益"的大小和"利益相关性"的组合问题，即"相关利益"的大小和"利益相关性"的程度问题。能够解决居民的自身需求的自治程度，这个程度就是最优自治水平。

有效的自治不是自治水平越高越好，也不是自治水平越低越好，而是能够解决居民自治需求的自治水平。特别是因为利益的多样性、多层次性、多类型，所以不能僵化、固化地看待自治的有效性，只要自治能够解决问题，能够满足居民的需求，就是有效的自治。我们要寻找的是能够解决问题的途径、机制，协调需求各方的相关利益，建构各行为主体之间的利益相关性，建立与多样式、多层次、多类型利益体系相适应的居民自治体系。

第三章　村民自治有效实现的条件研究*

　　村民自治是中国农民的一项伟大创举，也是中国政治发展的重大成就。它实践了40多年，引起了国内外的广泛关注，并成为中国基本政治制度的组成部分。但是，村民自治的实施和运行并不完全令人满意。当前，除了广东、浙江、福建等少数经济发达地区的村民自治运行得有声有色外，其他大部分地区均遇到了较大的困难①：村民自治形式化、墙头化、悬浮化、干部化，自治难以落地、难以下墙、难以实施，难以担当村庄治理的重任。因而，有人认为"中国人根本就不适合搞自治"，还有人认为"中国没有实施自治的条件"，更有甚者认为"自治已死，改革无望"。② 其实，这些观点均有些偏颇，因为任何一项制度的实施都需要一定的条件。这一制度在广东、浙江、福建的一些村庄能够实施得较好，并且还出现了多层次、多类型和多样化的自治形式，说明中国有实施村民自治的沃土，只要条件具备，就能实现。2014年，中央从村民自治的实践中发现了问题所在：村民自治需要条件，应该根据不同的条件探索不同的

---

* 本章作为独立论文发表于《政治学研究》2014年第6期。

① 在中国广大的中西部地区，甚至包括东部的一些经济欠发达地区，村民自治演变成了单纯的选举，村民决策、管理、监督环节不存在，村民自治变成了干部自治。有的地方，选举也变成了一种形式，主持选举的工作人员挨家挨户收集选票，亲属代投票比重较大，干部代填选票现象也比较常见。华中师范大学中国农村研究院依托"百村观察"调研数据所完成的《当前农村基层民主选举的状况、问题与对策》《农村基层政治参与的瓶颈亟待突破》《中国农民政治参与状况研究》等系列咨询报告中对此进行了实证分析和研究。

② 可参见沈延生《村政的兴衰与重建》，《战略与管理》1998年第6期；党国印：《"村民自治"是乡村民主政治的起点吗？》，《战略与管理》1999年第1期；党国印：《中国乡村民主政治能走多远》，《中国国情国力》1999年第3期；冯仁：《村民自治走进了死胡同》，《理论与改革》2011年第1期等研究成果。

实现形式。那么村民自治的条件是什么，有什么样的形式，如何才能够有效实现等问题，则需要学界从理论层面进一步深入研究。

对于自治有效实施的条件，经典理论曾经有所涉及。柏拉图和亚里士多德认为，自治的单元不能太大，大了无法实施直接的民主。① 约翰·洛克认为，政治社会起源于人们"自愿的结合"，共同体源于"同意"和"协议"。② 孟德斯鸠认为，"小国寡民"最易实施自治。③ 让·雅克·卢梭认为，民主制适宜于小而贫穷的地区。④ 亚历克西·德·托克维尔认为，美国乡镇能够实施自治与传统和文化有关，即蕴含在新教伦理中的自律精神和自足精神。⑤ 恩格斯认为共有产权是自治的基础。⑥ 马克思指出利益是自治和治理的基础。⑦ 经典作家的研究涉及自治有效实施的条件，如规模、利益、产权、文化、自愿等，但是这些研究大多是以城邦和民族国家的治理为对象，没有专门研究自治的单位及其有效实现的条件，学界也鲜有学者专门研究中国农村实施村民自治所需要的条件和基础。鉴于此，本文将根据中国农村的实际，研究中国农村村民自治有效实现的形式和条件。

一 利益相关：村民自治有效实现的经济基础

利益决定政治。作为政治一部分的自治同样由利益决定，只不过它是由相关利益和利益相关性决定的。相关利益和利益相关性是自治有效实现最根本的条件和最深厚的基础。

利益相关是自治形成的首要条件。自治是人们对具有一定人口、地域规模的单位进行自我管理、自我服务和自我教育的行为。有学者将其内涵

---

① ［古希腊］柏拉图：《法律篇》，上海人民出版社2002年版，第148页；［古希腊］亚里士多德：《政治学》，商务印书馆1965年版，第356页。
② ［英］约翰·洛克：《政府论》（下），商务印书馆1996年版，第63页。
③ ［法］孟德斯鸠：《论法的精神》（上），商务印书馆2012年版，第328页。
④ ［法］让·雅克·卢梭：《社会契约论》，商务印书馆2005年版，第100—101页。
⑤ ［法］托克维尔：《论美国的民主》（上），商务印书馆2006年版，第355页。
⑥ 《马克思恩格斯选集》第4卷，人民出版社2012年版，第109—110页。
⑦ 《马克思恩格斯全集》第2卷，人民出版社1995年版，第82页。

定义为自主、自立和自律。① 如何才能够让人们自治呢？利益、相关利益是首要条件。马克思认为："人们奋斗所争取的一切，都同他们的利益有关。"② 恩格斯也认为，氏族公社的自然形成"最初只是为了维护共同利益"③。这些观点只说明了利益是政治行动的原因，并没有说明自治与相关利益的关系。卢梭认为："个别利益的一致才使得社会的建立成为可能。正是这些不同利益的共同之点，才形成了社会的联系……因此，治理社会就应当完全根据这种共同的利益。"④ 马克思认为，"公社的存在本身自然而然会带来地方自治"⑤，他又引用《爪哇史》的记载，指出虽然印度饱受战争、饥荒和疾病的损失、影响，但是"地方自治的形式"和"同一种利益"还是世世代代保存下来了。⑥ 马克思的引用间接说明了，自治与"同一种利益"是有关联的，或者说自治需要相关利益。有学者通过直接的观察发现，"有关农民利益的社会治安、公共设施、……需要由地域共同体的成员共同决定"，⑦ 即村庄公共利益必须由村民自治实现。可见，利益是自治的首要前提，利益相关是自治的首要条件。

　　以产权为核心的相关利益是自治的经济基础。利益关系的核心是产权关系，共同利益的核心是产权共有或者相关。如果产权私有，人们之间缺少利益相关性，难以产生利益共同体；如果共有产权，则占有者之间就会形成很强的利益相关性。这种产权的相关性将为共同体的形成和自治提供强大的经济基础。马克思认为，在"农业公社"中，土地是"共同体的基础"⑧"公有制以及公有制所造成的各种社会联系，使公社基础稳固"⑨。在原始公社、氏族公社、农业公社一般实施财产共有，同时实施直接民主。可见，产权共有与自治有一定的关联性。恩格斯在《家庭、私有制和国家的起源》中通过对易洛魁人、希腊人、罗马人、克尔特人

---

① 在一次内部学术讨论会上，徐勇教授认为自治的核心就是自主、自立和自律。
② 《马克思恩格斯全集》第 2 卷，人民出版社 1995 年版，第 82 页。
③ 《马克思恩格斯选集》第 3 卷，人民出版社 2012 年版，第 527 页。
④ [法] 让·雅克·卢梭：《社会契约论》，商务印书馆 2005 年版，第 31 页。
⑤ 《马克思恩格斯选集》第 3 卷，人民出版社 2012 年版，第 101 页。
⑥ 《马克思恩格斯选集》第 1 卷，人民出版社 2012 年版，第 853 页。
⑦ 徐勇：《中国农村村民自治》，华中师范大学出版社 1997 年版，第 25 页。
⑧ 《马克思恩格斯选集》第 2 卷，人民出版社 2012 年版，第 729 页。
⑨ 《马克思恩格斯选集》第 3 卷，人民出版社 2012 年版，第 824 页。

和德意志人的历史研究,得出了一个结论:只要存在土地公有就会存在自治。① 这些均说明,只要是产权共有,就会存在很强的利益相关性,就有可能形成利益共同体及社会自治。因此,产权共有或者产权相关是自治形成的经济基础。

  以产权为核心的利益相关程度决定自治程度。共有产权的利益相关为自治提供了经济基础,那么不同的利益相关性对自治的程度会有什么样的影响呢?人类学家艾瑞克·沃尔夫在研究共同体的持久性时涉及过两者之间的关系。他认为,中国的亲属制度共同体比较持久,地中海式的村落法人制度不太持久,而印度兼具两种特性,共同体也比较持久。② 因为亲属制度的利益相关程度很高,而村落法人制度只对公共空间和公共设施具有共同利益,其相关性不及亲属制度。印度的村落共同体则兼具两种性质,利益相关性大于地中海式村落法人共同体,但是小于亲属制度共同体。斐迪南·滕尼斯将地区共同体分为父权制共同体、农业地区共同体、城市共同体,其中比较紧密的是存在着对土地共同占有的父权制共同体。③ 马克思认为,日耳曼的公社具有"天赋的生命力",俄罗斯能够在"全国范围内"保存公社制,就在于共有产权。④ 三位学者虽然并不直接研究利益相关程度与自治程度的关系,但是他们的研究和资料证明,以共有产权为基础的共同体和具有共同利益的村落共同体能够持久。这就说明了利益相关性较大的共同体比较持久,而持久的共同体必然有较为有效的自治,否则共同体就会解体。中国传统社会家族、宗族共占部分田地,能够形成"精英自治"。印度上层可以变化,国家甚至变得荒芜,但是以共同利益为基础的地方自治却世世代代保持不变。⑤ 根据上述观点可以得出如下结论:利益相关性越强,自治程度越高,产权共有程度越高,自治越容易形成;反之亦然。

---

  ① 邓大才:《利益相关:居民自治有效实现形式的经济动因》,《东南学术》2014 年第 5 期。
  ② [德] 沃尔夫:《乡民社会》,台北巨流图书公司 1983 年版,第 106—126 页。
  ③ [德] 滕尼斯:《共同体与社会:纯粹社会学的基本概念》,北京大学出版社 2010 年版,第 240 页。
  ④ 《马克思恩格斯选集》第 3 卷,人民出版社 2012 年版,第 821 页。
  ⑤ 《马克思恩格斯全集》第 23 卷,人民出版社 1972 年版,第 395—396 页。

从国内外历史和经典理论来看，自治需要利益相关性，并且利益相关程度决定自治的有效程度。共有产权的利益相关性最大，最易形成自治。当前中国农村土地为集体所有，农户承包、统分结合双层经营。产权集体所有是世界上比较特殊的一种所有制形式。这一制度使同一产权单位的农民产生了利益关联性，为农村村民自治提供了经济基础。除了集体产权产生共同利益外，农民在生产生活过程中还会产生相关利益，如公共服务的需求、公共设施的建设以及卫生、环保、灌溉、治安等，这些都需要村庄或者村落共同体以自治方式解决。

既然中国农村有实施村民自治的条件和利益需求，为什么现在很多地方的农村村民自治却流于形式呢？最重要的原因是自治单元与产权单元错位，集体成员之间的利益相关性不强。中国大部分的村庄以村民小组或者自然村为产权分配单元，但是《村民委员会组织法》要求以行政村为自治单元。农民只与本小组、本自然村、本村落的农民有着较强的利益相关性，与行政村其他小组、其他自然村、其他村落农民的利益相关性较弱。产权单元与自治单元错位导致了村民自治难以落地。现在广东清远、湖北秭归、广西河池等地尝试将自治单元从行政村下移到小组、村落、自然村，使自治单元与产权单元、利益单元一致，取得了较好的成效。① 这充分说明，只要有利益相关性且利益单元或产权单元与自治单元较为一致，就能够为自治有效实现提供经济基础。

二 地域相近：村民自治有效实现的空间基础②

利益相关是村民自治有效实现的经济基础，但是仅有利益相关仍然无

---

① 广东清远市将自治下沉到村落，而在村庄建立公共服务中心，实施双轨治理；湖北秭归在小组一级设立"一长八员"以此为核心推动组民自治，受到农民的拥护；广西河池在屯一级实施"党领民办"方式推进屯自治，也取得了较好的成效。对此现象 2014 年《华中师范大学学报》（人文社会科学版）刊发了徐勇《找回自治：对村民自治有效实现形式的探索》；邓大才：《利益相关：村民自治有效实现形式的产权基础》等文章。文章发表后引起国家有关部门重视。

② 胡平江博士曾经写过一篇文章《地域相近：村民自治有效实现形式的空间基础》，但是他的文章将地域界定为一定的空间，这个空间既有自治规模空间，也有自治的地理空间。而且研究侧重于民主其实民主与自治是有区别的［载于《华中师范大学学报》（人文社会科学版）2014 年第 4 期］。本文将两者分开，在地域相近中主要研究地理条件、地形条件对自治的影响。

法形成有效的自治。因为自治的形成，特别是有效自治的形成需要更多的条件，其中地域相近就是村民自治有效实现的重要空间条件。所谓地域相近就是地域的适应性，即指地势、地形等地理条件相近或者因地理而形成的聚集性和聚落性。从地势来讲，如果一个村庄村民之间有共同利益，但是一部分在山顶，一部分在山下，自治也难以形成；从地形来讲，一口水井、一条河流、一个池塘都可能因为地理的相近而具备自治载体。因此，作为自然条件的地势、地形及地理聚集、聚落也是影响村民自治的重要因素。

地域相近是治理的重要自然条件。对于地域特别是地势、地形对政治体制、政治行为及治理的影响经典理论也有不少研究。亚里士多德是最早研究地势、地形等地理条件与治理关系的学者。他认为："一个城邦的地理环境应该是敌军难于进入而居民却容易外出的。……中心城市的位置，照我们的理想应有海陆方面的通道。"[1] 孟德斯鸠认为，政体与土壤、地形有关，"山民拼死要求平民政体，平原居民主张建立权贵政体，而沿海居民则希望建立兼具上述两种性质的政体"[2]。托克维尔的研究结论是，美国民主和地方自治能够有效实施主要因为三个因素：地理位置、法制和民情。[3] 卡尔·科恩在论述民主的条件时也涉及地理条件。他认为，民主"要求能使社会成员普遍参与的地理条件""气候、地形等，一定不要为参与带来太大的障碍"[4]。艾伦·麦克法兰在研究英国民主和商业时也谈到过地理位置的影响，他认为英国与欧洲其他国家的差异主要在于"岛国地理位置的结果"[5]。这些经典理论都说明了地理位置、地形对政治体制和自治有重要的影响，但是它们并没有说明相近、相似的地形或者相应的地形组合决定此地域的治理形式和自治方式。

地域相近是自治的空间基础。从实践来看，地域相近主要在两个方面影响自治：一方面，相近的地势、地形等地理条件形成了人们生产、生活的共同空间和外部环境，人们与地势、地形相互依存、相互依赖。这种共

---

[1] ［古希腊］亚里士多德：《政治学》，吴寿彭译，商务印书馆1965年版，第357页。
[2] ［法］孟德斯鸠：《论法的精神》（上），商务印书馆2012年版，第328—329页。
[3] ［法］托克维尔：《论美国的民主》（上），商务印书馆2006年版，第354—355页。
[4] ［美］卡尔·科恩：《论民主》，商务印书馆1998年版，第108页。
[5] ［英］艾伦·麦克法兰：《英国个人主义的起源》，商务印书馆2008年版，第65页。

同空间、共同环境包含了一定的共同利益，需要人们共同珍惜、爱护和治理。珍惜、爱护和治理需要地域相近的人们共同参与，共同参与就为自治提供了条件。如孟德斯鸠认为，山民被征服的危险小，政体比较宽和，人民多自由，易建平民政体。① 岛民面积小，不易形成压迫、暴政，自由、民主更多。② 另一方面，相近地域的人们形成一定的村落聚集。卡尔·科恩认为，"大的山脉、河流在历史上形成社会的天然界限"，阻碍国家、地区民主的发生。③ 其实如果从自治角度来看，地形、地势的障碍可能更有利于自治，即实施直接民主。如广西的"屯"、湖北的"湾"、湖南的"冲"、贵州的"寨"、四川的"坝"、河南的"庄"，等等。人们长期生活在同一个地理、地形环境下，聚集和聚落过程使人们形成了对地势、地形等自然条件的依赖。④ 地势、地形等自然条件与村落互构，形成了特定的空间聚集、聚落区域，进而形成特定的自然和人文边界，以及人们对区域的认同感。这种长期互构的聚集、聚落区域及认同感就为自治提供了前提条件。

地域的近似性决定自治的有效性。地域与自治的关系主要有三个变量：范围、相近、开放。从地域概念来看三个变量都会影响自治及其有效性。一是地域的大小。一般而言，地域越大，越难形成自治；地域越小，自治越有效。即使地域相近，但是如果地域范围过大也难以形成自治。二是地域的近似性。如果在一个地域中人们面对完全相同或者相近的地势、地形，则比较容易形成共同的空间、环境和认同，进而比较容易形成自治。三是地域的开放性也会影响自治。如果相近的地域是封闭的，如在山谷、河湾或小岛上，则自治就比较容易形成，而且越封闭，自治程度会越高，自治也会越有效。如地理相对隔绝的美国、英国，等等。

多样的地域形成不同的自治单元。中国地域差异大，多样的地域能够形成不同的自治单元，产生不同的自治形式。从地域相近的三层含义来看，三种地域概念有助于形成三类自治单元和自治形式：一是不同的地势

---

① ［法］孟德斯鸠：《论法的精神》（上），商务印书馆2012年版，第328页。
② 同上书，第331页。
③ ［美］卡尔·科恩：《论民主》，商务印书馆1998年版，第108页。
④ 胡平江：《地域相近：村民自治有效实现形式的空间基础》，《华中师范大学学报》（人文社会科学版）2014年第4期。

决定不同的自治单元。在湖北秭归等山区，就因地势形成不同的自治。因为在山顶、山腰和山下，农民的需求不同，因而自治单元和自治形式也就不同。二是不同的地形决定不同的自治单元。四川的坝子，贵州的山寨，湖南、湖北的湾冲，北方的庙、庄、集、屯，等等。因不同的地形而形成的多样自治形式，如坝子自治、山寨自治、湾冲自治、集自治、屯自治，等等。三是不同的地形、地理聚集、聚落决定不同的自治单元。施坚雅提出基层市场治理单元①，杜赞奇也提出"权力的文化网络"②。这都是地域相近形成的治理单元。这些治理单元现在依然存在，如有些地方以一口饮水井、灌溉的堰塘、池塘或者一座桥所辐射的区域为自治单元。

可见，地域是影响自治的重要因素，地域相近为村民自治提供了空间基础。不同的地域，包括地势、地形及村落聚集、聚落会形成不同的自治单元，不同的自治单元又会形成不同的自治形式。另外，地域的大小、近似性以及封闭性也会影响自治的程度和有效性。这要求我们在推进村民自治时要充分考虑地域条件的影响，并利用地域相近的条件激活自治、提升自治水平。

三 文化相连：村民自治有效实现的心理基础

地域相近事实上内含文化因素，因此文化及其相似性、相连性也是影响村民自治的重要因素。文化有不同的定义，最权威的定义是爱德华·B. 泰勒的定义："包括知识、信仰、艺术、道德、法律、习惯以及人作为社会成员之一所获得的各种能力和习惯。"③ 威廉·A. 哈维兰则认为："文化不是可观察的行为，而是共享的理想、价值和信念。"④ 莫里斯·迪韦尔热将加布里埃尔·A. 阿尔蒙德与西德尼维巴的文化概括为认识、感

---

① [美] 施坚雅：《中国农村的市场和社会结构》，中国社会科学出版社1998年版，第40页。
② [美] 杜赞奇：《文化、权力与国家》，江苏人民出版社2004年版，第4页。
③ [美] 爱德华·B. 泰勒：《人类学：人及其文化研究》，广西师范大学出版社2004年版，第1页。
④ [美] 威廉·A. 哈维兰：《文化人类学》，上海社会科学院出版社2006年版，第36页。

情和判断三个方面,[①] 他最认可涂尔干对文化的定义,即文化就是"思维、感觉和行动方式"。[②] 笔者将这些学者对文化的定义综合为:文化就是一种情感、思维、信仰、习惯与行动方式和技术。所谓文化相连主要指一定地域内的人们情感相通、习俗相同、信仰相继、价值相似以及行为方式大体一致。相连的文化与自治有着紧密的相关性。

文化与民主有着直接的关联。经典理论并没有专门研究文化与自治的关系,但是研究文化与民主关系的文献则比较丰富。马克斯·韦伯就认为,新教伦理是资本主义及其制度产生的重要原因。[③] 阿尔蒙德和维巴则直接研究政治文化与民主之间的关系。他们认为,民主要有文化基础,在公民文化、臣民文化和村民文化中,公民文化最有利于民主的实现。[④] 罗伯特·D. 帕特南通过对意大利的研究认为,北方能够快速发展和建立有效的民主机制与历史上的社会自治传统密不可分。[⑤] 民主蕴含着自治,或者说民主与自治有一定的重叠关系,同时民主又与文化有一定的关联,那么作为民主重要内容的自治与文化也有一定的关联。

文化相连是村民自治的重要思想条件。[⑥] 文化与民主关系密切,与自治也有一定相关性。但是对于中国农村村民自治来说,文化特别是相近的文化与之有着更直接的关联。一是相连的文化为村民自治凝聚基本共识。迪韦尔热认为:"一切文化都趋向于共识。"[⑦] 按照阿尔蒙德的观点,村民文化是一种地域文化,地域认同高于国家认同。中国农村的文化也是一种地域文化,农民对本村、本族有着共同的认知、认同。这为村民自治提供了基本的共识条件。二是相连的文化为村民自治提供了活动场景。迪韦尔

[①] [法]莫里斯·迪韦尔热:《政治社会学:政治学要素》,东方出版社2007年版,第71页。

[②] 同上书,第59页。

[③] [德]马克斯·韦伯:《新教伦理与资本主义精神》,上海人民出版社2010年版。

[④] [美]加布里埃尔·阿尔蒙德、西德尼·维巴:《公民文化——五国的政治态度和民主》,东方出版社2008年版,第421—423页。

[⑤] [美]罗伯特·D. 帕特南:《使民主运转起来》,江西人民出版社2001年版,第188—189页。

[⑥] 任路:《文化相连:村民自治有效实现形式的文化基础》,《华中师范大学学报》(人文社会科学版)2014年第4期。

[⑦] [法]莫里斯·迪韦尔热:《政治社会学:政治学要素》,东方出版社2007年版,第74页。

热认为,"文化是指更广泛的集合体"①,即文化本身就是一个共同体。这种共同体以区分"你和我""我们和他们",而且建构了一种你和我、我们和他们的区分边界,在边界内大家情感相通、习俗相同、信仰相继和思维相同。三是相连的文化为村民自治提供整合机制。迪韦尔热认为,文化是一种"共同体协调系统"②。其实,在中国农村,文化既是连接农民的重要机制,也是整合农民的重要内容。在乡土文化下,村民愿意接受乡规民约的规范,也愿意按照乡规民约参与。因此,相近的乡土文化为村民自治提供最重要诱因——自愿参与。

文化相连的程度决定自治的有效程度。文化相连与村民自治具有直接的因果关系,但是因果关系的大小则与"相连"的紧密程度有关。文化相连可以分为文化相同、文化相似、文化相关。一是文化相同,指农民之间有着一模一样的文化。这种连接程度最紧密,吻合程度最高,这种相连文化存在于比较贫困、比较封闭的山区村庄,在这种相同的文化、封闭的环境下,村民自治程度也最高;二是文化相似,在农民之间大部分的文化都相同,但是也出现了一些差异,这些差异主要体现在外出者与非外出者、年轻人与老年人之间,相似文化一般出现在比较开放、流动性比较大的村庄,而在相似文化的村庄,以村庄主体文化为主导影响村民自治,但是差异部分也会对自治产生一定的影响,自治的难度比相同文化的村庄要大些;三是文化相关,指农民之间、农民群众之间的亚文化,这种亚文化本身比较相同或相似,与其他的亚文化有一定的关联,但不相似、不相同,文化相关的情况在城郊村庄或者外来人口比较多的村庄比较常见,与相同文化、相似文化相比,相关文化连接的紧密程度较低,因此,自治实施难度要更大些。

文化相连程度不同对村民自治的影响不同,不同的相连文化也会产生不同的自治形式。一是多层次的相连文化。农民文化认同是有层次的,有国家和民族认同,还有地方认同,村落认同。农民文化相连程度与区域规模相关,规模越小,相连程度越高,村落认同越紧密,因此在村落实施自

---

① [法]莫里斯·迪韦尔热:《政治社会学:政治学要素》,东方出版社2007年版,第67页。

② 同上书,第58页。

治最有效,如广西的屯自治、湖北秭归的村落自治、湖南的冲自治。以行政村为单元的自治成效不佳,就与文化相连程度低有关系。二是多类型的相连文化。不同类型的相连文化会形成不同的自治形式,这些类型包括信仰相继、习俗相同、价值相似和情感相通。首先,信仰相继,是指文化在代际具有接续性,特别是同一地区的同一宗族之间这种文化的相继最易形成宗族、家族自治;其次,习俗相同,主要指围绕着如庙会、祭祀、婚丧嫁娶等习惯、民俗活动开展的自治,这类自治一般会形成"活动自治",如庙会自治、祭祀自治、"钱会"自治和水利自治等;再次,价值相似,主要是指人的价值观、人生观的相似程度。相似的文化比较容易形成国家和民族自治,对于与日常生活相关的自治,价值相似的文化比不上信仰相继和习俗相同的文化;最后,情感相通,主要是指人们之间在感情上能够沟通,这种感情上的沟通可能并不涉及价值、信仰方面的内容,所以情感相通对自治的影响还要借助其他三类文化,如外出打工的农民有着共同的打工文化,但要以此形成自治还比较困难。从相连文化对村民自治的影响程度来看,信仰相继、习俗相同、价值相似、情感相通的影响力依次降低。

可见,文化是村庄共同体能够形成的纽带。这种纽带为村民自治提供了坚实的社会基础和心理基础。文化相连能够为村民自治凝聚共识、提供场景和整合机制。文化相连的程度决定村民自治的程度。在其他因素不变的情况下,文化相同、文化相似、文化相关的相连程度依次下降,对村民自治有效性的影响程度也依次下降。

四 规模适度:村民自治有效实现的组织基础

为什么现在以行政村为单元的自治成效不太好,而以村落、自然村为单元的自治却比较有效?因为前者规模太大,后者规模适度,可见规模也是影响自治的重要因素。曾经有一位学者从人口规模、地域范围和人口密度三个维度来考察规模与自治有效性的关系。[①] 但是作者未对规模数量进

---

① 参见白雪娇《规模适度:居民自治有效实现形式的组织基础》,《东南学术》2014年第5期。其实,将规模分为三类没有必要,因为三个变量就是个变量,即人口密度,人口规模除以地域范围就是人口密度。作者在文章中并没有具体探索三者对自治的影响,这样也就避免了三者之间的关系的重叠问题,也就是说规模、自治虽有分类,但是并没有探讨它们之间的影响和模型组合。

行分类，即考察不同数量的规模与自治有效性的关系，特别是对规模与自治有效性的"度"的问题并没有进行深入的研究。其实自治规模主要包括两个方面：一是人口规模，人口太多，无法参与自治；二是空间规模，地域太大，无力参与自治。两者对自治有效实现都有着重要的影响。[1]

村民自治需要充分考虑人口规模问题。参与人数不能太多，人口过多，则无法共同参与。这主要体现在没有机会参与，人们之间不熟悉无法参与，参与成本太高等方面。参与人数也不能太少，人口太少，没有规模效益，公共服务也就成了问题。对于自治与人口规模的关系，经典作家也进行过探索。柏拉图认为，适当的团体规模就是能够让所有的公民都相互认识和彼此了解，最佳的规模是5040人。[2] 亚里士多德根据对希腊半岛众多城邦的研究认为，适当的规模是"足以达成自给生活所需要而又是观察所能遍及的最大数额"[3]。卢梭、孟德斯鸠认为，治理或自治还是以小单元为好，以公民的有效参与为好。[4] 约翰·密尔则认为，通过代议制可以突破规模限制。[5] 亚历山大·汉密尔顿、詹姆斯·麦迪逊则强调大规模的民族国家也可以通过代议制实施民主。[6] 达尔则是以专著探讨"规模与民主"的第一人，他认为规模影响民主、治理。[7] 虽然经典作家以城邦、国家为研究对象，但是与村民自治的道理是相通的，即规模问题也是影响村民自治的关键变量。对于没有外部压力，也不存在自给自足问题的村民自治，规模适度非常重要，规模决定着治理、自治的可能性和有效性。

自治需要考察地域规模问题。经典理论只研究了人口规模与治理和自

---

[1] 亚里士多德认为，理想城邦主要包括两个方面，"公民群众和土地（挽界）就是所谓各种条件中的重要事项"，而且他认为，人口数量比土地规模更重要。见［古希腊］亚里士多德《政治学》，顺寿彭译，商务印书馆1965年版，第352页。

[2] ［古希腊］柏拉图：《法律篇》。

[3] ［古希腊］亚里士多德：《政治学》，吴寿彭译，商务印书馆1965年版，第356页。

[4] 卢梭就认为，公民有效参与决策的机会总是与政体规模呈反比：公民数量越多，平均分配给公民的决策权就越少。平等、参与、对政府的有效控制、政治理性、友善和公民同质性都会随着国家人口数量和地域面积的增加而大打折扣。

[5] ［英］约翰·密尔：《代议制政府》，商务印书馆1992年版，第55页。

[6] ［美］亚历山大·汉密尔顿、约翰·杰伊、詹姆斯·麦迪逊：《联邦党人文集》，商务印书馆1980年版，第39—51页。

[7] ［美］罗伯特·A. 达尔、爱德华·R. 塔夫特：《规模与民主》，上海人民出版社2013年版，第12—15页。

治的关系，事实上地域规模与治理、自治也有关系，即空间大小也会影响村民自治。村民自治若单位比较大，则参与成本就高，难度也就增大，因此自治规模不能太大。按照湖北省秭归县村落自治的准则：步行不超过40分钟，否则人们不会愿意参与。① 亚里士多德也得出类似的结论，"远近相望，里间相逢""平时集会可以朝至夕归""战时征召可以朝令夕合"。② 从上述分析可以得出如下结论：村民自治规模，包括人口规模、地域规模与自治、自治有效实现有着紧密的关系，只有规模适度才能够实现有效的村民自治。其原因在于：一是适度的规模能够促进公民的有效参与，特别是能够将参与成本控制在可接受范围之内；二是适度的规模能够维持共同体有效的自治秩序；三是适度的规模能够保障自治的效度和质量。

规模程度决定自治的有效性。按照经典作家的研究，自治单元不能太大，也不能太小，那么有效区间应该多大，最有效的位置在哪里？经典作家企图用定性、定量两种方法确定自治的适度规模，如5000人左右，"远近相望，里间相逢""朝至夕归"，既能自足，又能舒适，既能维持秩序，又能够保持活力。定量限得太死，定性又很模糊，特别是随着交通、通讯的发展，相望、相逢等都不成为问题。从理论上讲，自治规模是自治有效性的函数，当自治规模越过最低要求后，随着规模的扩大，自治的有效程度会逐渐提高，而自治到了一定程度，规模继续扩大，有效程度则会逐渐下降。从图3—1我们可以清楚地看到，EF是自治有效的规模区间，BC是自治有效的最低限和最高限的区间，A为最有效自治的规模。用模型表示后，我们还可以界定一下规模适度的区间，规模最低限度是公民能够分摊自治单元公共产品的人数和区域；规模最高限度为适合自治，愿意参与和有效参与的人数和区域，如果越过这个最高限度，自治将无法有效实施和运行。

不同的规模与多样的自治形式。规模是自治的函数，但是不同的规模与自治又是什么关系呢？规模可以分为人口规模和空间规模（或地域规

---

① 秭归县委副书记黄传窑同志在介绍村落自治的地域规模时的话语。2015年3月笔者带领研究团队前往秭归调查时，黄传喜同志在给我们介绍情况时根据当地改革实践和经验提出了此观点。

② [古希腊]亚里士多德：《政治学》，吴寿彭译，商务印书馆1965年版，第356页。

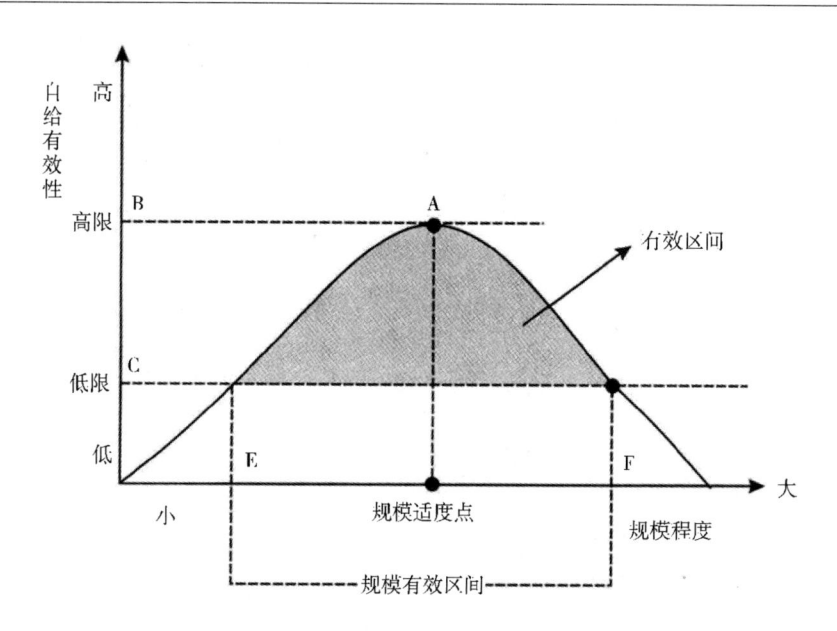

图 3—1 规模与自治有效性的关系

模),两者各自与自治的关系也是一个二次函数,但是两者不同的组合却会形成不同的自治形式(见图 3—2):一是大的人口规模和小的空间规模,形成一种高密集型自治形式;二是小的人口规模和大的空间规模,形成一种空疏型自治形式;三是小的人口规模和小的空间规模,形成小型单元自治;四是大的人口规模和大的空间规模,形成一种大型共同体治理,这种共同体可能是直接参与式的自治,也可能是间接参与式的代议制;五是适中的人口规模和适中的空间规模,形成一种适宜性自治。另外,在一定的自治程度下,人口规模与空间规模是可以互换的,即可以减少一定的人口规模,扩大一定的空间规模,或者减少一定的空间规模,扩大一定的人口规模。

自治规模适度性受其他因素影响。前述规模与自治的关系是在其他因素不变情况下的关系。然而,规模还受其他因素的影响,这种影响因素也会导致不同的自治实现形式。一是人口同质程度,有学者认为,同质的人口可以对应较大自治规模;[①] 二是文化相同程度,地域文化越相同,居民

---

① 白雪娇:《规模适度:居民自治有效实现形式的组织基础》,《东南学术》2014 年第 5 期。

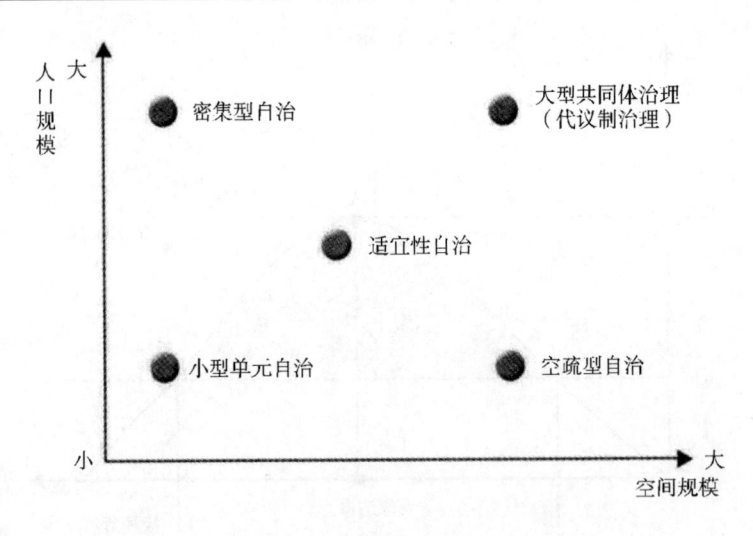

图 3—2 人口、空间规模决定的不同自治形式

之间的共识程度就越大，其有效自治的规模可以变大点；三是利益相关程度，利益相关性越大，地域居民越紧密，其有效自治的规模也可以变大点。因此，自治规模适度性是在其他因素不变条件下的规模要求，如果其他因素发生变化，规模适度性和有效自治规模区间也会发生变化。可见规模与村民自治之间的关系可以用函数关系表述，而非毫无弹性的数字表述。

综上所述，自治有效性与自治规模紧密相连。当前中国农村村民自治大多以行政村为单位，人口多、地域广，地域之间没有共识，农民认同感不强，参与机会少，参与成本高，参与质量比较低。因此以村庄为单位的村民自治大多走向了形式化、文本化、悬浮化。但是随着湖北秭归、福建海沧、广东清远等地将自治单元从行政村下沉到村落、自然村或者村民小组，自治规模减少了，村民自治有效性反而提高了，自治开始真正有效运转起来了。[1] 实践证明，自治规模是村民自治最重要的影响因素，它决定

---

[1] 福建海沧的西山村民小组、广东清远的大回村民小组、湖北秭归的大部分村民小组都开始建立新的自治组织，在小组一级实施村民自治。华中师范大学中国农村研究院根据调研完成的《激活社会，让自治运转起来——厦门市海沧区"美丽厦门·共同缔造"试点项目的调查与思考》《自治重心下移，助推农民参与——广东省清远市佛冈县新农村建设试验区的经验启示》《村落自治：村民自治的有效实现形式——基于湖北省秭归县创新村民自治的调查与思考》等系列调研报告对此进行了详细研究。

了村民自治的成效和形式。

五 群众自愿：村民自治有效实现的主体基础

村民自治要有效实现，既需要重视外部条件，也需要尊重农民的意愿，不能强迫群众参与，更不能纯粹依靠政治动员，而是需要农民自愿参与。只有建立在农民自愿参与基础上的自治，才是真正的自治，才有可能找到最好的自治形式，实现有效自治。

群众自愿是自治的主体基础。自治的"自"，既包含自主、自为和自律，也包含自愿。因此自愿参与是自治的题中之意。自治离不开自愿，而自愿的前提是自由，认识是自觉的，行动是自主的。亚里士多德认为，"人类自然是趋向于城邦生活的动物"①。"趋"字说明人都会自愿地趋向于共同体的生活。卢梭认为，人们脱离依附还要继续结合在一起，就不再是自然，而是志愿的。②强制要求人们形成联合体是一种"聚合"，人们自由组合成联合体则是"结合"③。他认为，不管是城邦，还是国家都是人们自愿结合的结果。洛克也持同样的观点，他认为，"政治社会都起源于自愿的结合和人们自由地选择他们的统治和政府形式的相互协议"④，即政治社会创始以个人的同意为依据，起源于自愿结合和人民自由地选择。马克思在研究亚细亚生产方式时指出："在东方，由于文明程度太低，幅员太大，不能产生自愿的结合，因而需要中央集权的政府进行干预。"⑤随着阶级的消灭以及国家的消亡，将出现一个自由人的联合体，在这个联合体中"每个人的自由发展是一切人的自由发展的条件"⑥。经典作家的结论说明了同一个道理：联合体、共同体是公民自愿形成的，自愿是自治的基础，强制的"聚合"难以持久。

自愿与自治的关系可以归纳为四个方面：一是自愿的前提是自由，只

---

① [古希腊]亚里士多德：《政治学》，吴寿彭译，商务印书馆1965年版，第7页。
② [法]让·雅克·卢梭：《社会契约论》，商务印书馆2012年版，第5页。
③ 同上书，第19页。
④ [英]约翰·洛克：《政府论》（下），商务印书馆1996年版，第63页。
⑤ 《马克思恩格斯选集》第1卷，人民出版社2012年版，第850—851页。
⑥ 同上书，第422页。

有自由的公民、居民，才会有自愿的自由，才能够自愿选择、自愿参与；二是自愿的基础是自觉，自愿是一种自觉行动，而不是强制的"聚合"，也不是高强度的社会动员，而是从内心认可的自觉行动；三是自愿的行动是自为，即在自由、自觉的基础上，人们可以自由行动、自由选择、自由管理和服务；四是自愿的结果是一种平等主体的"结合"，形成一种类似马克思所说的"自由人联合体"，在这种联合体中自愿的结合者自我管理、自我服务、自我教育。否则就会导致如马克思所说的"表现为一种联合而不是联合体"①。

群众自愿程度决定自治有效实现程度。自愿参与、自愿形成共同体可以从个体和集体层面来分析。从个体层面来看，自治可以分为心理层面和行为层面两个维度。根据两个维度可以将自愿程度分为四类：第一类，心理自愿，行动自愿。这就是图3—3的A区，在这个区域只要稍有利益吸引或者需求，就能够形成自治。第二类，心理自愿，行动无所谓。可能是因为利益不太明显或者需求不太大，所以心理愿意参与，行动上可参与，也可不参与，这就是B区，只要有一定的利益吸引或者需求变化，自治就可能形成。第三类，心理不自愿，但是行动参与。这属于不自愿的参与，如外部力量动员，或者人们被迫参加集体行动或者参与某些共同体。这就是C区，按照自愿程度是无法形成自治，但是外部力量的干预可能形成某种聚合。第四类，心理不自愿，行动也不自愿。既无心理意愿，也无行动，根本无法形成自治，如果外部力量强制干预，就可能形成一种强制性的聚合。

自治有效实现有赖于整体的自愿程度。农民个体的自愿程度是形成自治的基础，但是要实现村民自治还得考察村庄或者村落农民的群体自愿情况，即从自治单元来考察自愿程度。自愿是自治的主体基础，有效的自治在一定程度上取决于自治单元中自愿者的规模，即自治能否形成与自愿农民的规模也有极强的相关性，主要包括两个方面的含义：一方面，在一个自治单元中，自愿农民的规模越大，自治越容易形成，自治就会越有效，如果自治单位所有的农民都自愿参与，则自治最有效；另一方面，根据这个原理，可以将自愿者重新组合形成一个新的自治单位，以确保新自治单

---

① 《马克思恩格斯选集》第2卷，人民出版社2012年版，第734页。

位的自愿者的规模比较大，从而形成一个在某种程度上自愿程度很高的同质性自治共同体。

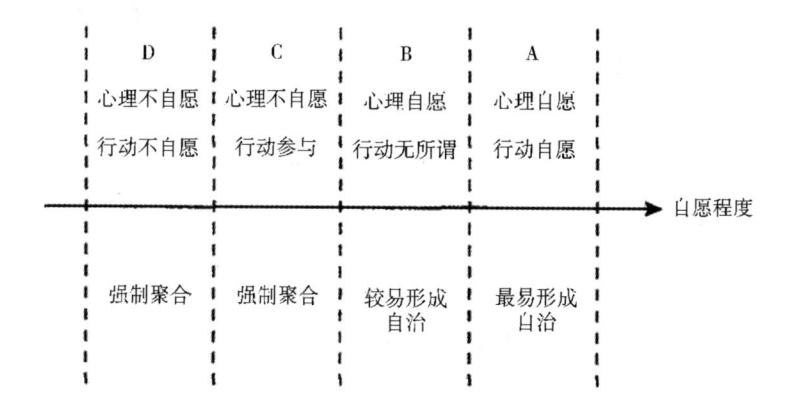

```
        D           C           B           A
   ┊ 心理不自愿 ┊ 心理不自愿 ┊ 心理自愿  ┊ 心理自愿  ┊
   ┊ 行动不自愿 ┊ 行动参与  ┊ 行动无所谓 ┊ 行动自愿  ┊
───┼──────┼──────┼──────┼──────┼──→ 自愿程度
   ┊        ┊        ┊        ┊        ┊
   ┊ 强制聚合  ┊ 强制聚合  ┊ 较易形成  ┊ 最易形成  ┊
   ┊        ┊        ┊  自治   ┊  自治   ┊
```

图 3—3　自愿与自治有效性的关系

从实践来看，自愿与治理、自治也是紧密相关的。中华人民共和国成立以来，农村地区基层治理的历史可以分为五个阶段。[①] 第一阶段，互助组和初级合作社。20 世纪 50 年代初期的互助组和初级合作社时期，农民心理自愿，行动也自愿，是一个相同需求群体的组合，人口规模不大，同质性强，有一定的内聚力，因此自治程度较高，有效性也比较好。第二阶段，高级合作社。在这个阶段，相当一部分农民心理不太自愿，行动也不太自愿，但是还是被动参与了，高级合作社规模比较大，差异性也较初级社加大，属于一种政府推动的经济、政治"聚合"，他治程度较强，自治程度较低。第三阶段，农村人民公社。在这个阶段，大部分农民心理不自愿，行动不愿参与，被强制推进了公社这个共同体，属于一种"强制性聚合"，他治主导，自治基本失效。第四阶段，改革开放后的"统分结合"的双层经营体制。对于以行政村为单位的"统一经营"，农民有参与的心理，但是行动无所谓，有利则参与，无利不参与，大部分地区自治成效较差，但是只有需求和利益相关比较大的少数地区，自治才较为有效。第五阶段，一些地区如湖北秭归、广东三水、广西河池等地开始探索以自愿为基础的村落、小组、自然村自治。这些单元的规模比行政村小，农民

[①] 基层治理包括他治和自治两个部分，有些阶段他治强，有些阶段自治强。

彼此熟悉因此参与的自愿程度和行动的自愿程度比较高，自治成效比较大，是村民自治有效实现的形式。中华人民共和国成立以来农村基层治理的实践表明，农民的自愿程度、自愿方式与自治及其有效性紧密相关：自愿决定自治，自愿程度决定自治有效程度。

六 结论与进一步的讨论

（一）有效实现村民自治需要相应条件

农村村民自治是一个经济、政治、文化单元的自治，既要考虑经济因素，也要考虑政治和文化因素。因此村民自治的有效实现必须具备一定的条件。只有具备了这些条件，自治才能够形成及至有效。首先，村民自治的有效实现需要有相关利益或者利益相关，相关利益和利益相关是自治有效实现的经济基础，在农村，村民共有产权是自治最重要的经济基础；其次，村民自治的有效实现还需要地域相近。地域的大小、相似和开放性对自治也会产生重要的影响，地域相近是村民自治有效实现的空间基础；再次，文化相连与村民自治也有极为重要的相关性，文化的相同、相似和相关都在不同程度上对自治及其有效性产生重要的影响，文化相连是村民自治有效实现的心理基础；复次，规模适度与村民自治有很强的相关性，规模太大，自治难以实现，规模太小，自治难以有效，适宜的规模取决于农民参与的效能和共同体治理效率，两者共同决定村民自治的有效性；最后，群众自愿是村民自治有效实现的主体基础，群众自愿程度和自愿者群体规模决定着村民自治有效实现，自愿程度越高、单位自愿者越多，村民自治越容易形成且越有效。

（二）村民自治有效实现是多因素综合的结果

村民自治的有效实现取决于利益相关、地域相近、文化相连、规模适度和群众自愿。虽然每一个条件、因素与村民自治都有一定的相关性，或者说每一个条件、因素都会影响村民自治的有效实现，但是每一个因素都无法单独决定村民自治的有效性，而需要与其他条件、因素共同作用才能够决定村民自治的有效实现。换言之，利益相关、地域相近、文化相连、规模适度和群众自愿是村民自治有效实现的函数。在影响村民自治有效实现的五个条件因素中，其影响的作用和地位也不同，群众自愿和利益相关属于基础性条件，地域相近属于外部条件，文化相连、规模适宜属于内部条件。总体来看，利益相关和群众自愿是村民自治有效实现的最重要的影响因素。但是在某些条件下，文化、规模、地域因素也会超越利益和群众自愿因素而成为最重要的影响因素。

（三）以适宜的条件推动村民自治的深入发展

改革开放以来，中国农村村民自治实践探索取得了一定的成绩，但是因为实施自治的经验不足，未充分考虑村民自治的群众自愿性、利益条件、文化条件、地域条件、规模条件。以行政村为单位的自治单元规模太大、地域太广、文化差异大、相关利益较小，未充分考虑群众意愿。上述不足最根本的是没考虑到中国农村土地以村民小组、自然村或者村落为单位所有、分配，即产权单元与自治单元不一致，从而导致相关利益不大、自愿性不强。所以，大部分以村庄为单元的自治都无法真正有效实现，自治形式化、治理精英化现象比较普遍。因此，基于以上原因，下一步村民自治应打破以行政村为统一单位的村庄自治，根据利益相关、文化相连、地域相近、规模适宜、群众自愿等条件，寻找可以实施直接民主的自治单元，大力推进村民小组自治、湾冲自治、屯自治及各种活动自治、载体自治，寻找多种类型、多样化的村民自治实现形式，建构多元化、多层次、多样化的中国农村村民自治体系，真实有效地实现村民自治。

第四章　规则—程序型自治：农村集体资产股份权能改革的治理效应[*]

近年来，国家选择一批县市（区）进行农村集体资产股份权能改革的试点工作。从改革的初步绩效来看，集体资产股份权能改革不仅在明晰产权、整合资源等方面成效显著，而且还引发了意想不到的治理效应，形成了规则—程序型自治。改革开放 40 年来，国家有很多改革政策在农村实施，为什么集体股份权能改革能够将农村村民自治推向 2.0 版本呢？为什么集体资产股份权能改革能够解决村民自治 30 年都没有解决的民主决策和民主管理问题呢？本章将以鄂皖赣三省的改革试验区为对象探讨规则—程序型自治何以产生及其背后的运行逻辑。

一　问题提出与概念界定

中国农村村民自治经过 40 年的发展，取得了显著成效，但仍然存在发展水平良莠不齐的问题，有的地方自治能够有效实现，有的地方则流于形式。从各地的实践来看，可以将村民自治归纳为四种类型。

1. 选举型自治

所谓"选举型自治"就是将自治等同于选举，选举结束后就没有其他的自治行为和活动了。在中国农村村民自治发展的早期阶段，主要以民主选举为导向[①]，许多学者都将村民选举作为村民自治的重心，并形成了

---

[*] 本章作为独立论文发表于《学习与探索》2018 年第 8 期。原文与张利明博士合著，收入本书时，获得了他的同意，在此表示感谢！

[①] 徐勇：《实践创设并转换范式：村民自治研究回顾与反思》，《中国社会科学评价》2015 年第 3 期，第 4—12 页。

一系列研究成果。① 袁达毅指出："民主选举是农村基层民主建设的核心环节，是民主决策、民主管理和民主监督的前提、基础。"② 詹成付、范瑜对中国农村村委会选举的10年实践及发展成效进行了梳理。③ 国外学者对中国村民自治的研究也主要围绕村民选举展开，对此郭正林从不同角度进行了详细梳理。④ 在实践中，一些地方也出现只注重选举的问题，对于选举之后的民主决策、民主管理、民主监督等重视不足，从而导致村民自治"虚化""空转"等问题，笔者将这种自治称为"选举型自治"。

2. 会议型自治

所谓"会议型自治"就是将自治等同于开会，如政策推行要求用自治的方式，地方政府或者村庄就召开会议，传达或者通报一下上级指示，或者进行动员、布置。从村民自治的角度来看，这种"会议型自治"在实践中主要表现为村民会议和村民代表会议。汤晋苏认为，村民会议是村民自治的最高权力组织，是农民直接行使村务决策权的重要途径，没有村民会议，就不可能有村委会，也不可能有真正的村民自治。⑤ 郎友兴、何包钢认为中国的村民代表会议具有浓厚的乡土气息，这种会议形式扩大了农民的政治参与，吸引了村庄精英参与村级政治生活⑥。进入20世纪90年代，学者们对村民自治过程中产生的新的会议自治展开研究。何包钢着重对民主商谈会、民主听证会、民主恳谈会等协商民主会议形式展开研

---

① 相关研究成果可参见徐勇、吴毅《乡土中国的民主选举》，华中师范大学出版社2001年版；李连江：《村委会选举观察》，天津人民出版社2001年版；白钢、赵寿星：《选举与治理：中国村民自治研究》，中国社会科学出版社2001年版；肖唐镖等：《多维视角下的村民直选》，中国社会科学出版社2001年版。

② 袁达毅：《中国农村基层民主建设刍议》，《北京行政学院学报》1999年第2期，第14—18页。

③ 詹成付、范瑜：《对农村村委会选举十年实践的思考》，《社会主义研究》1998年第1期，第59—63页。

④ 郭正林：《国外学者视野中的村民选举与中国民主发展：研究述评》，《中国农村观察》2003年第5期，第70—77页。

⑤ 汤晋苏：《村民会议与村民代表会议》，《政治与法律》1995年第2期，第10—13页。

⑥ 郎友兴、何包钢：《村民会议和村民代表会议——村级民主完善之尝试》，《政治学研究》2000年第3期，第54—60页。

究，并探讨了中国协商民主制度的特征。① 徐勇、项继权等以村民自治的创新实践为案例，对村民议事会议、村民理事会议等进行了探讨，并认为这些形式激发了村民自治的内部活力。② 因此，有些人认为有村民参与开会就是自治，本文将之称为"会议型自治"。

3. 监督型自治

监督是村民自治的重要内容，很多地方和村庄重视监督，要求村干部每年述职，村民代表投信任票，或者要求村务公开，从而形成了"监督型自治"。李学举认为民主监督是村民在村民自治中的主要权利，是村民自治本质的体现，其目的是保障农民实现当家做主。③ 马宝成则指出农村基层民主的绩效在很大程度上由民主监督来决定，村民监督中的制度创新丰富了村民自治的形式，是农村基层民主新的生长点。④ 卢福营、党国英等则从案例调查出发，对基层探索的村务监督委员会等监督自治形式进行了阐述，并对这种村民监督形式的意义、成效、路径等展开分析。⑤

4. 分配型自治

在广东、福建、浙江等经济发达地区的村庄，年终分配额度比较大，围绕着分红和分配形成了特有的自治形式，本文称之为"分配型自治"。这种"分配型自治"主要出现在农村集体财产的管理和处理过程中。黄延信等从农村集体资产改革出发，认为通过产权改革中的民主管理、民主协商、民主分配等，使农民群众真正拥有了集体经济组织的民主选举权、经营管

---

① 何包钢：《中国协商民主制度》，《浙江大学学报》（人文社会科学版）2005年第3期，第13—20页。

② 参见徐勇、沈乾飞《村民议事会：破解"形式有权，实际无权"的基层民主难题》，《探索》2015年第1期；项继权、王明为：《村民理事会：性质及其限度》，《福建论坛》（人文社会科学版）2017年第9期。

③ 李学举：《村民自治中的民主监督问题》，《乡镇论坛》1993年第5期，第11页。

④ 马宝成：《民主监督：农村基层民主的新生长点》，《国家行政学院学报》2011年第6期，第23—27页。

⑤ 参见卢福营、孙琼欢《村务监督的制度创新及其绩效——浙江省武义县后陈村村务监督委员会制度调查》，《社会科学》2006年第2期；党国英：《试论建立村民监督委员会的重要意义——基于对陕西农村建立村民监督委员会制度的调查》，《毛泽东邓小平理论研究》2011年第5期。

理决策权和监督权①。李勇华则对集体产权改革的"确权""分权""赋权""活权"等过程进行了分析,指出村级集体财产的治理是村民自治的核心和根本,农村集体资产通过一系列改革从根本上厘清了"国家—村民自治体"和"自治组织—村民"的双重关系,为村民自治的发展奠定了基础性条件②。赵家如则以北京市的农村股份合作为例,阐述了在农村股份合作改革中形成的民主管理、民主决策和民主监督等机制。③

以上四种类型的自治某一个村庄可能都不同程度地存在,但会以某种类型的自治为主导。不管是在哪类村庄,每四年一次的选举都会举行,如果再加上民主监督,可以称为"选举—监督型自治";选举加上分配,可以称为"选举—分配型自治"。也就是说,以四种基本的自治类型为基础,可以组合成多样的自治类型。

但是这些自治类型及其组合都没有涉及村民自治的最核心问题:规则和程序,即民主选举、民主管理、民主决策、民主监督中的规则与程序。这一问题虽然得到很多人的关注,但一直都没有得到很好解决。这一困扰乡村多年的问题,在全国 29 个农村集体资产股份权能改革试验区得到了有效解决。立足于这一改革实践,我们力图回答中国农村 30 年都解决不了的问题,为什么一个改革就解决了呢?

二 立规则:构建有效自治的基础

农村集体资产股份权能改革就是将除承包地以外的集体资产、资源、资金进行股份化改革。改革主要涉及四项工作:一是清人,确定可以得到集体股份的成员;二是清产,确定可以分配给集体成员的资产;三是配股,即将资产分配给集体成员;四是赋能,即对股份赋予权能。上述每项工作都牵涉村庄中每一个人及其利益,涉及面广,影响大。因此,只有按

---

① 黄延信等:《对农村集体资产制度改革若干问题的思考》,《农业经济问题》2014 年第 4 期,第 8—14 页。

② 李勇华:《农村集体资产制度改革对村民自治的价值》,《中州学刊》2016 年第 5 期,第 6—10 页。

③ 赵家如:《集体资产股权的形成、内涵及产权建设——以北京市农村社区股份合作制改革为例》,《农业经济问题》2014 年第 4 期,第 15—20 页。

程序和规则办事,才能够获得农民的认同和拥护,才能够顺利推进。为此,每个改革试验区都将规则和程序作为改革的重点。

1. 框架规则

农村集体资产改革由国家发动,农业部组织实施。十八届三中全会决定要求"保障农民集体经济组织成员权利,积极发展农民股份合作,赋予农民对集体资产股份占有、收益、有偿退出及抵押、担保、继承权"[①]。2014年2月国务院办公厅发布了《关于落实中共中央国务院关于全面深化农村改革加快推进农业现代化若干意见有关政策措施分工的通知》,明确要求农业部、国家林业局等部门有效落实"三中全会"精神。2014年农业部出台了《积极发展农民股份合作赋予农民对集体资产股份权能改革试点方案》,并遴选了29个区县市进行农村集体资产股份权能改革的试点工作;2015年农业部批复了29个改革试验区的改革方案,各地迅速展开了集体资产股份权能改革的探索与实践;2016年,根据改革试验情况及"三中全会"的精神,中共中央国务院出台了《关于稳步推进农村集体资产制度改革的意见》,规定了改革的目标、原则、方法及保障措施。各省市也根据中央和农业部的文件出台了相关政策,如江西出台了《关于开展农村集体经济组织产权制度改革试点的指导意见》《关于在全省开展积极发展农民股份合作赋予农民对集体资产股份权能改革试点工作的通知》。

从党的全会精神到国家、农业部的文件以及各省市的意见和通知,形成了一整套农村集体资产股份权能改革的框架性规则。这些规则阐述了改革的意义、价值,对改革提出了原则性的目标、要求、方法、措施,同时也规定了改革的范围、内容及实现的目标,并赋予了改革试验区的合法地位和改革权力。

2. 执行规则

中央、农业部和省市出台了框架性规则(文件)后,29个改革试验区必须将改革的目标和要求落地。因此,各个区县市根据中央和部、省规定的精神制订具体的执行性规则,即具体的改革目标、改革原则、改革步骤、改革方案及改革中一些特殊问题的规定等。

从改革试验区安徽天长、湖北京山、江西余江的改革来看,主要有六

---

① 《中共中央关于全面深化改革若干重大问题的决定》,人民出版社2013年版,第23页。

类框架规则：第一，改革试点的总体性方案；第二，集体成员资格界定的意见和方案；第三，清产核资的方案和意见；第四，股份设置和股权配置的意见；第五，赋权的规则和要求；第六，资产、股权登记之类的文件和规则。安徽省天长市集体成员身份界定、清产核资、股权配置、权能拓展的文件共计14个；湖北省京山县共有9个规范性文件，其中，权能拓展规则最多，有4个；江西省余江县有11个规范性文件。

国家和部省的框架性规则大体相同，但是改革试验区的执行性规则则需要体现地方性知识，因为要将中央和国家的精神执行到位，必须根据本地的条件、特点制定规则，才能保证乡村改革有效推进。从评估来看，本次改革执行规则非常详细，比较规范，也具有很强的指导性。

3. 操作规则

在具体实施农村集体资产产权改革过程中，仅有国家、地方政府的规范性规则是难以推进的，还需要各个村庄结合本村的实际特点制订具体的改革细则。从改革实践来看，农民可能很难理解框架性文件和执行性文件，因此各个地方都会安排一批干部与农民一起推进改革。湖北京山为每个改革试验区提供了几个改革思路，供村民讨论形成本村的改革规则；重庆梁平只提供一套方案供各村选择；安徽天长则是出台一套总体性原则，各村根据实际情况进行调整和补充。

在村庄和社区层面建立操作性规则，只有通过村民自治才能实现。概括起来主要有四个程序：一是学习框架规则和执行规则，包括培训、指导等；二是讨论规则，讨论规则的可操作性，如谁是集体成员、哪些资产需要股份化等；三是在讨论的基础上建立本村或者本组的操作规则；四是操作规则的公示和通过。

在湖北京山，各个村庄根据框架规则和执行规则建立很多操作性规则，如实施村组两级股权改革；推行节点配股，包括1982年、1998年和改革实施时间等三个时间点的配股规则；执行两类股份，即资产股和面积股；考虑最初的历史贡献，对于合作化时期入社时有四大农具、耕牛的家庭给予现金补偿等。京山县各个试点村因村、因组制宜，一村一策、一组一策，村组干部和农民参与制定，因而规则非常精致、细致。

与京山的改革相比，安徽天长的改革则相对简单，各个村庄结合框架性规则、执行性规则，商定出操作性细则：一级股份经济，没有组级股份社；不考虑历史贡献，一视同仁；按份所有，只量化经营性资产，资源性资产暂时不量化、不固化；政经分离但是不分家，即建立两套账，但是人员交叉任职；监事会、理事会相互制衡等。

虽然江西余江的试点村庄不多，但是在规则和程序上十分规范，在改革试点村，通过村民讨论形成如下可操作性规则：以组清人、协商确定成员资格、货币量化与面积量化同步进行、一人一股等。

在所有的改革村庄中，操作规则的形成都采取了自治形式：一是开会，如村民代表大会、村民会议、理事会会议、监事会会议、股东大会和股东代表会议以及各类联席会议；二是成立专门的小组，如集体成员界定小组、清产核资小组等，每个小组都由村干部、党员、农民代表共同组成；三是公示与签字，所有的规则都要公示，所有的措施都要通知到人，所有的会议和最后的结果都必须当事人签字。

从上述分析可见，农村集体股份权能改革本身就需要村民自治，这种自治主要通过农民讨论规则、制订规则、执行规则来完成，这些规则既构成了自治的基础，同时也是自治的重要内容。所以，从规则层面来看，我们可以将这种以规则为载体和途径的自治称为"规则型自治"。

三　建程序：构建有效自治的框架

农村集体资产股份权能改革除了定规则、按照规则办事外，还定程序、按照程序办事。程序主要分为总体程序和具体程序两种。

天长市在程序方面最为严格和细致，总体包括清人、清资、配股三大步骤，合计有20个子步骤。一是集体成员身份界定：6个步骤。主要包括：成立组织（领导小组和调查小组）；发布公告（登记对象、基准日、时间、方式）；摸底登记（个人基本信息、户籍变动情况、身份类型）；方案制订（五级会议研究、讨论并表决：村两委会议—村民代表会议—村民大会—小组会议—户代表会议）；审核公示（村务公开栏）；编制名册上报备案（乡镇审核、市农委备案）。二是清产核资：8个步骤。主要包括：制定方案；动员培训；全面清理（村级清查小组）；价值认定；张榜公示；民主确认；审核上报（村级核查小组）；建档建制。三是股权配置：6个步骤。主要包括：将集体经营性资产净值折股；配置个人股；按户发放股权证书；静态管理股权，赋予占有、收益、继承、有偿退出、抵押、担保这6项权能；股权证信息动态录入农村集体资产信息化管理平台，归档管理，市农委备案①。天长市的3大步骤、20个子步骤，层层推进、环环相扣，构成了自治程序链。在三个改革试验区中，天长市不仅规则最多，而且程序也最细致规范。这些程序也构成了村民自治的基本框架。

京山县的总体改革包括清人清资同步进行、量化资产、配置股权、发放证书、静态管理等，共计20个步骤。具体程序为：一是集体成员身份界定：9个步骤。组建专班—制定方案—宣传发动—调查摸底—划定类别—公示结果—民主决策—成员登记—成员备案。二是清产核资：6个步骤。确定基准日与范围—确定清查内容（现金、银行存款、对外投资、存货、应收款项、农业资产、固定资产、在建工程、土地资源、债务等）—产权界定—资产评估—公示审核—建立台账。三是股权配置：5个步骤，主要是量化到人、固化到户、静态管理等5个步骤。② 在改革中，京山县各村也按照各个程序执行，每个程序都严格按照规则执行，如成员资格必须"个人签名，三榜公示"，每一个步骤、每一个程序都不能少，否则就是"违法"。京山的20个子程序都由农民自己讨论形成，而且每个程序农民都参与、知晓或者签字，这些程序确保了改革过程中村民自治的有效实现。

相比天长市和京山县，余江县的改革相对简单，但也有13个步骤和程序：一是成员界定，有4个步骤。村（组）代表大会制定成员界定办法；理事会界定集体成员身份；公示界定结果；村民代表大会或者户主会议解决争议问题。二是清产核资有5个步骤。民主选举，组建理事会，协助或主持清产核资；村理事会或清产核资小组自主开展清产核资工作；依据相关标准自行对资产进行量化评估；公示清查结果；建立台账。三是股权配置，有4个步骤。村（组）代表大会制定股权配置方案；依成员界定配置股权；公示股权配置结果；依据村庄传统承包地调整规则，动态管

---

① 安徽省天长市的第三方改革评估材料（未刊稿），由党亚飞博士提供。
② 湖北省京山县的第三方改革评估材料（未刊稿），由王琦博士提供。

理股权。① 余江县的改革程序虽然相对简单，但是在改革过程中，乡村干部和群众代表、理事会严格按照程序执行，既体现了群众参与性，也体现了规则性和程序性，为村民自治有效实现提供了框架性条件。

在改革过程中，所有的程序都由村民安排和决定，所有程序都有村民参与，所有程序都有记录和签名，所有程序及规则的执行结果都有公示，都得到集体成员的认定或认可。农村集体资产股份权能改革既有民主管理、民主监督，更有民主决策，这是最有效的村民自治。30年来村民自治最难实现的民主管理和民主决策，在农村集体资产股份权能改革中得到了有效实现。从程序层面来看，在农村集体资产股份权能改革过程中形成的以程序为核心的自治可以称为"程序型自治"。

四 规则—程序型自治：决定因素与基本类型

农村集体资产股份权能改革是一项重大农村经济体制创新，30年来难以实现的村庄民主管理和民主决策在改革中得以实现，特别是形成了以规则、程序为载体、为核心、为途径的自治，本文称之为"规则—程序"型自治。

1. 规则—程序型自治的决定因素

农村集体资产股份权能改革为什么能够使村民自治得以有效实现，为什么能够一举解决30年都没有解决的民主决策和民主管理问题？我们认为主要有四个因素。一是利益性。集体资产股份权能改革是一件重大的体制改革，它涉及集体经济中每个人、每个集体的资产，甚至还要追溯到合作化和农村人民公社时期的集体资产和贡献，必须让农民自治、参与改革。二是复杂性。集体资产股份权能改革涉及面之广、人数之多、时间之长、资源之多、政策之杂，都是历次改革所没有的，只能通过规则和程序来实施。三是权利性。当前改革的大环境已经发生了重大变化，依法治国理念日益深入人心，人们的权利意识不断增强，改革要让村民认同，要得到村民支持和拥护，必须依靠村民，特别是依靠村民自治。四是强制性。国家和政府严格要求，农村集体资产股份权能改革由党的"三中全会"

---

① 江西省余江县的第三方改革评估材料（未刊稿），由杨明博士提供。

决定，并由党中央和国务院发文规定，农业部和国家林业局具体执行，要求既要改革体制，搞活资源，又让群众满意，让群众有获得感。集体产权股份改革的利益性、复杂性、权利性、外部强制性共同决定了其要依靠村民自治，要按照规则和程序来改革。正因为如此，国家才会在改革中要求各试验区、各地充分发挥民主，充分利用村民自治，引导农民制定规则、建立程序，按照规则和程序来进行改革。

综上所述可见，任何一项改革、任何一项制度的形成都离不开国家，也离不农民。再庞大的资产资源、再复杂的利益关系、再强的权利意识，只要按照规则—程序办事，只要依靠群众、只要群众全程参与，就能够有效解决，改革就能够顺利推进。

2. 规则—程序型自治的基本类型

通过对天长、京山和余江3个改革试验区的考察，结合其他26个改革试验区的验证，我们可以建立一个二维象限，以规则性为纵轴，以程序性为横轴。所谓"规则性"是指改革规则的数量、细化执行的程度；所谓"程序性"是指改革程序的数量及执行程序的程度。根据规则性和程序性的不同组合可以形成四类比较经典的自治形态（见图4—1）：一是如果一个改革试验区，规则较多较细，而且程序性也很强，则会形成典型的规则—程序型自治；二是如果规则较多，但如果程序性不强，再多的规则、再细的规则也难以落实，这样就会形成悬浮型自治；[①] 三是如果程序性很强，但是规则不多，也不细致，则会形成程序型自治，但是改革会比较粗糙；四是如果规则性不强，程序性也不强，则自治难以形成，本文称之为无为型自治。

根据规则性和程序性的程度，我们可以根据29个改革试验区的改革情况确定其在这个二维图上的位置。同时，全国其他地区推进的农村集体资产股份权能改革，也能够用此模型进行解释和预测。

3. 规则与程序的数量和强度

规则和程序是形成规则—程序型自治的重要因素，而且规则和程序也是自治的核心因素。但是规则和程序是不是越多越好，执行强度越大越好

[①] 悬浮型自治与前文所说的规则型自治有所区别，规则型自治是指规则能够得到有效执行的一种自治类型，而悬浮型自治是有规则、但规则得不到执行的一种非有效性自治。

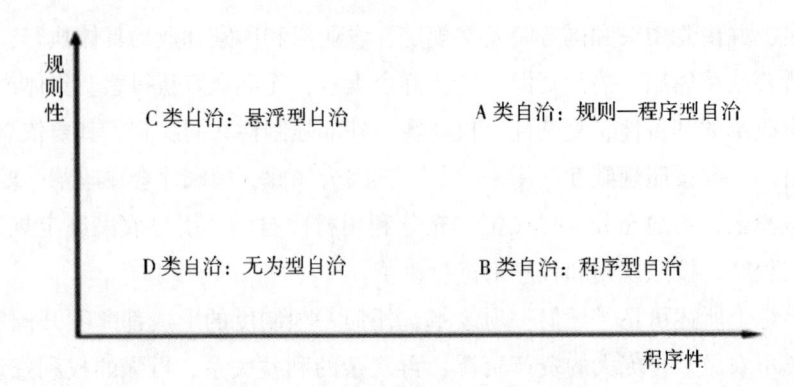

```
规                C类自治：悬浮型自治        A类自治：规则—程序型自治
则
性

                  D类自治：无为型自治        B类自治：程序型自治

                                                                  程序性
```

图4—1　规则—程序性自治的类型

呢？规则与程序到底孰重孰轻？从我们的研究来看，可以得出如下的结论：一是规则和程序的数量并非越多越好，只要能够解决问题就可以，各地没有必要追求规则和程序的数量，而是要因地制宜地解决问题；二是规则和程序的执行强度越大越好，规则重在执行，程序重在落实，所以要确保改革实现，要确保村民自治有效实现，执行强度越大越好；三是规则和程序都重要，没有规则，程序没有作用；只有规则，没有程序，规则也无法实现，因此两者同等重要。

第五章　利益、制度与有效自治：
一种尝试的解释框架[*]

对于中国三大基本制度之一的中国农村村民自治，很多学者对此非常失望，认为村民自治在"一年内实现民主选举，30年无法实现民主决策"，还有学者认为"村民自治已死"。但是最近几年，农业农村部推动的农村集体资产股份权能改革却让人看到了希望，在"一夜之间农民实现了民主管理、民主决策、民主监督"，即村民自治得以有效实现。在上章结尾，我们讨论了，30年都难以有效实现的村民自治能够在这一改革中实现的原因，答案在于农村集体资产股份权能改革在利益对应、制度保障方面建立有效的实现机制，使有效自治从可能变成现实。本章将以农业农村部首批29个改革试验区为研究对象，考察农村村民自治有效实现的机制，并说明村民自治的"条件—形式"分析框架。

一　文献梳理和问题意识

学术界对于村民自治有效实现的研究并不太多，其研究几乎全部集中在华中师范大学中国农村研究院的学者们。这些学者主要从三个方面展开研究：

有效自治的条件研究。徐勇教授首先揭开了村民自治有效实现的研究。他提出了"组为基础，三级联动"的观点，他敏锐地看到了有效的村民自治单元在"组"，而不是"村"，只有在"组"实施村民自治才能

---

[*] 本章作为独立论文发表于《东南学术》2018年第6期。

够落地。① 笔者在徐勇教授等学者的基础上，提出村民自治要有效实现需要五大条件：利益相关、地域相近、文化相连、规模适度、群众自愿。只有符合这五大条件，村民自治才能够有效实现。② 同时中农院的学者们还从不同角度进行专题研究，胡平江从地域相近、③ 任路从文化相连、④ 白雪娇从规模适度、⑤ 史亚峰从利益相关⑥等方面对村民自治有效实现的条件进行了专题性研究。

有效自治的形式研究。相较于村民自治有效实现的条件研究，对于村民自治有效实现形式的研究并不多。徐勇教授提出，要根据不同的条件，建立多层次、多类型、多样式的自治，自治与他治结合。⑦ 明确提出形式要根据条件而定，条件决定形式。笔者则认为，在不同的条件下，特别是不同治理单元下，各地可以选择不同的自治形式，可以是直接民主，也可以是间接民主，还可以是混合形式。徐勇教授与笔者将此归纳为村民自治的"条件—形式"分析框架。⑧ 并认为这种研究是对传统的"价值—制度"研究的拓展，属于2.0版的自治研究。⑨

有效自治的机制研究。村民自治有效实现不仅需要适宜的条件和形式，还需要将条件和形式连接起来的机制。在这个方面的研究则更少。任路认为，协商民主是居民自治有效实现的机制。虽然他研究的是居民自治，但是提出的"协商民主"是有效自治的运转机制的观点，也适合于

---

① 徐勇：《"组为基础，三级联动"：村民自治运行的长效机制》，《河北学刊》2011年第9期。

② 邓大才：《村民自治有效实现的条件研究——从村民自治的社会基础视角来考察》，《政治学研究》2014年第6期。

③ 胡平江：《地域相近：村民自治有效实现的空间基础》，《华中师范大学学报》2014年第7期。

④ 任路：《文化相连：村民自治有效实现的文化基础》，《华中师范大学学报》2014年第7期。

⑤ 白雪娇：《规模适度：村民自治有效实现的组织基础》，《东南学术》2014年第5期。

⑥ 史亚峰：《规模与利益：中国农村村民自治基本单元的空间基础》，《东南学术》2017年第6期。

⑦ 徐勇：《找回自治：对村民自治有效实现形式的探索》，《华中师范大学学报》2014年第7期。

⑧ 徐勇：《实践创设并转换范式：村民自治研究回顾与反思——写在第一个村委会诞生35周年之际》，《中国社会科学评价》2015年第3期。

⑨ 详见本书第四章。

农村村民自治。① 白雪娇从自治规则的角度探索过有效自治,② 但是她没有明确提出规则是条件和形式的连接机制。还有学者从理事会、议事会、老人会等组织视角,探讨有效自治的实现机制。③

总体来看,对于村民自治有效实现的研究主要围绕着有效实现的条件进行,只有很少的学者研究有效自治的形式、实现机制。即使是有效自治的机制研究,也没有考虑将条件与形式连接起来。本章将以全国29个农村集体资产股份权能改革试验区为对象,考察村民自治有效实现的机制。

二 利益对应:有效自治实现的关联机制

条件研究的学者认为,只要条件具备,村民自治就能够有效实现。其实,在实践中符合自治条件的村庄相当多,可是村民自治就是无效或者低效。如笔者曾认为,同一个村庄的村民共有土地、利益相关就能够实现有效自治。④ 可是中国几乎所有的村庄土地都属于集体所有制,农民与集体利益是相关的,但很多村庄的村民自治流于形式:低效或者无效。可见,仅有共同的利益、利益相关还无法保障有效自治的实现,还需有关键的实现机制。

(一) 利益相关是有效自治的前提条件

自治要能够有效实现必须有利益基础。这些利益可以体现为共同的产权、共同的设施,如路、桥、水利等,还可以是村民共同享有的环境,如自然条件和自然资源等。只有共同的利益,村民才会关心、关注、参与自治,才可能实现有效自治。⑤

在中国农村,同一个村民小组、同一个村庄的农民有着广泛的共同利

---

① 任路:《协商民主:居民自治有效实现形式的运转机制》,《东南学术》2014年第5期。
② 白雪娇:《规则自觉:探索村民自治基本单元的制度基础》,《山东社会科学》2016年第7期。
③ 徐勇、沈乾飞:《村民议事会:破解"形式有权,实际无权"的基层民主难题》,《探索》2015年第1期。
④ 详见本书第一章。
⑤ 同上。

益。首先，产权相同。在南方，自然村或者村民小组共同拥有集体土地；在北方，不少地方以村庄为单元拥有集体土地。其次，共享生产设施和条件，如共享机耕道、水利资源和其他的生产设施。再次，共享自然资源，如山、林、水、土等。最后，共享集体经济，有些村庄，如广东的南海、江苏的苏州等地村庄有大量的集体经济。这些共同产权、共同利益、共同设施等构成了村民的共同利益。因此，在中国农村，一个村民小组或者一个村庄必然有着纵横交错的共同利益。这些共同利益为村民自治的有效实现提供了前提条件。

2015年，国家推动的农村集体资产股份权能改革试点就是对集体所有的资产、资源进行股份制改革，即将集体所有的资产、资源量化到人，确权到户。[①] 集体资产包括三个部分：一是经营性资产，如店铺、门面等能够带来收入的资产；二是资源性资产，如土地、水面、林地等；三是公益性的资产，如学校、养老院、幼儿园等。此次农村集体资产股份权能改革就是对第一、二类集体资产进行改革，对第三类资产进行确权。集体资产与家庭承包地不同，后者虽然属于集体资产，但是已经确地到户，在承包期内与其他家户没有关系，而前者则与所有集体成员相关。可见，村庄或者小组的集体资产是全村或者全组的共同资产，大家有着共同的利益，彼此利益相关。

集体资产股份权能改革为什么能够吸引农民参与呢？因为经营性资产和自然资源为全村或者全组农民共同所有，产权相同、利益相关。这为人们关注、关心资产，参与改革提供了动力，这个动力就为村民自治的有效实现提供了前提条件。没有这个前提条件，如仅仅是某家，或某两家的土地征用或者房屋拆迁，无法吸引全村或者全组的农民参与。

（二）利益对应是有效自治的充分条件

共同利益、利益相关是村民自治有效实现的前提条件。但是仅仅有共同利益、利益相关也可能无法实现有效自治。如在中西部很多村庄都有很多集体的草场、林地、水面等资源资产，但是这些地方的村民自治基本没

[①] 《农业部、中央农村工作领导小组办公室、国家林业局关于印发〈积极发展农民股份合作赋予农民对集体资产股份权能改革试点方案〉的通知》，农经发〔2014〕13号。

有展开。所以在共同利益的基础上还得有利益的直接关联、直接对应，或者对应关联。

所谓利益的对应关联，就是在这些集体资产中，村民能够明确自己的份额。这个份额也许是百分之一，或者是千分之一。可以明确的是这些份额为自己所有，不会被剥夺，即集体资产与集体经济组织的成员一一对应。这样就比一大堆资产，人人都有份，但是人人都不知道有多少份额要好。也许前者的份额要小于后者可能的份额，但是份额的明确性、对应性却让人更加关注和关心。从利益相关到利益对应，或者利益对应关联就使农民与集体资产距离更近了，更直接了，农民参与集体资产股份权能改革的积极性就更强了。

集体成员身份的界定与利益对应。新一轮的农村集体资产股份权能改革要求：经营性资产、资源性资产务必量化到人、确权到户，公益性资产也要确权到村、组。要量化和确权，就得先核实集体经济成员身份：谁有权获得集体的资产。在经营性资产比较多的村庄，集体成员资格的核实就吸引了几乎所有的相关利益主体的关心和参与。如果量化涉及历史上的资产，如土地改革和合作化的贡献、公社时期的贡献等，还得考虑过去的人口的权益。改革涉及人口最多、范围最广、利益最复杂，受到人们高度关注。

清产核资与利益对应。集体成员资格的界定与农民直接相关，清产核资也有紧密的利益关联。要将村庄所有的资产、资源，包括债权、债务搞清楚，涉及每个人的利益，因为大家都知道这些资产中有自己的一份，如果资产漏掉了，债权流失了，自己的股份就会减少。因此，参与清产核资，了解资产情况的村民也有很多。

股权设置和量化与利益对应。集体成员身份界定和清产核资后就是股权的设置和量化。这一个环节是改革的关键，它涉及集体成员所拥有的股份和资产数量及以后的分红。股权量化和确权到户后，每人或者每家在集体资产中所拥有股份或者资产就清晰了。集体成员与集体资产建立一一对应的关系，农民与集体的利益关系从改革前的"按堆估算"到改革后的"一一对应"，产权更加清晰，从而增强了人们关心自己产权的动力。

静态管理与利益对应。集体资产与集体成员一一对应后，还必须保障股权和资产不被剥夺，人们预期能够永久拥有。因此，改革政策规定，人们所拥有的集体股权，一旦量化和确股，则不再变动，即"生不增，死不减"，生育了人口不增加股份，死了人口不减少股份。政策还有三个规定，一是股东可以依据自己的股权参与股份合作社的决策和管理；二是可以根据股份享受合作社的分红；三是股权可以赠予、继承和转让。这三项政策表明人们的股权和股份不仅一一对应，而且还有增值的预期，成为人们的永久财产。

以上的分析可以发现，农村集体资产股份权能改革，不仅从利益相关迈向了利益对应，还从利益对应迈向了利益控制、利益分配，再到利益永享（见图5—1）。这一从集体资产衍生出的利益关系的链条，能够增强人们的吸引力和参与动力。这一点我们可以从改革试验区的广东南海、湖北京山、河南济源、甘肃陇西的考察明显发现，其关注度和参与动力是逐渐降低的。如果人们能够知道自己在集体资产中的份额，能够控制自己的利益，还有利益分红和永久预期，人们对股份的关注度会更高，对参与股份合作社的管理动力将会更大。

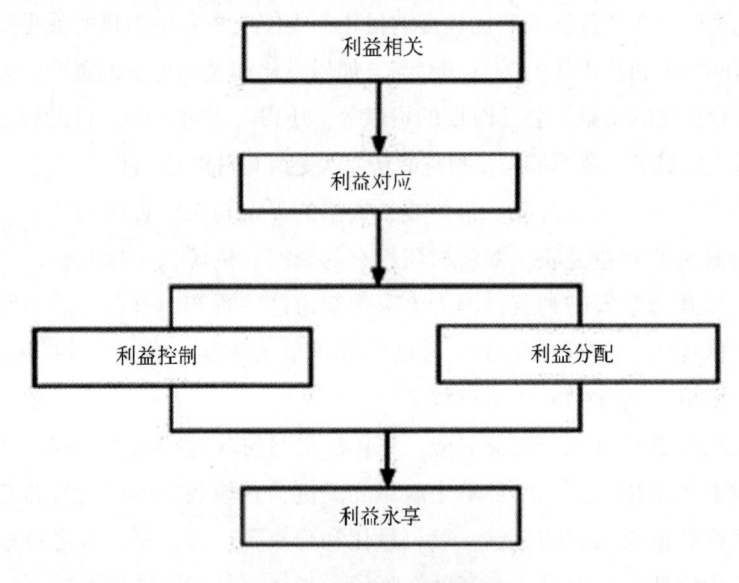

图5—1 利益关系梯次层次

（三）有效利益是有效自治的必要条件

如果说利益相关为有效自治提供了前提条件，利益对应与控制为有效自治提供了充分条件，但仅有前提条件和充分条件，并不必然就能够保障人们会参与或者积极参与。我们在调查中也发现，在湖南的资兴、安徽的天长、河南的济原、湖北的京山等大部分的村庄,虽然人们获得了股权,能够控制和分享股份合作社的收益,但是仍然没有多少人愿意参与。所以,在利益方面,可能还得增加一个因素,即要考虑有效利益。

所谓有效利益,就是在当地条件下能够吸引人们关注和参与改革和村庄、合作社的利益数量。只有达到了这一利益限度,人们才会关注、参与改革和管理。有效利益与经济发展条件相关,在经济发达地区,如广东南海的利益数量可能很高;在甘肃陇西可能很低。有效利益是人们关心和参与自治的最低利益,只有超过了这一利益,人们才主动参与自治(见图 5—2)。

(四) 利益层级与有效自治的关系

通过上面的分析,我们可以将利益进行分类(见图 5—1),从与自治有效的关联来看,利益相关是最弱意义上的关联;其次是利益对应,农民与资产有了一一对应关系,即产权清晰了;再次是在管理和分配环节:利益控制和利益分配,股东有了参与管理权和分配权;最后是利益永享,即股东的股份变成了永久的财产。从左到右(见图 5—2)利益层级增加,与自治相关程度增加,有效自治的可能性增加。

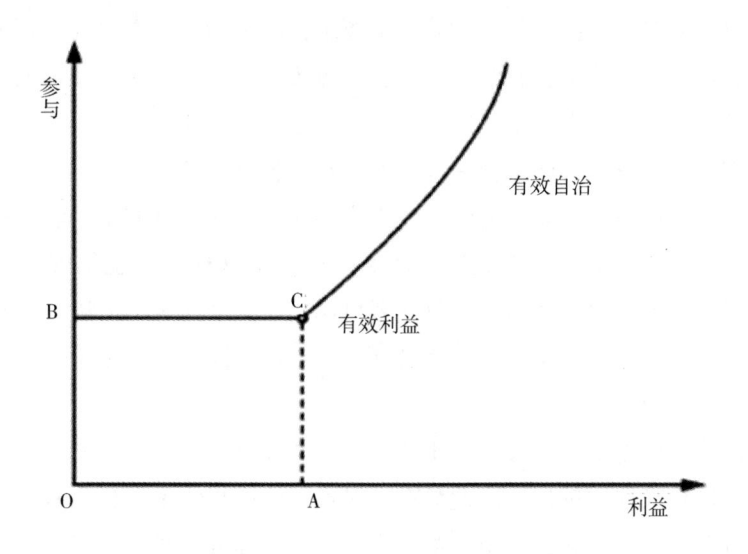

图 5—2　利益与参与关系

三 制度供给：有效自治实现的保障机制

随着利益层级提高，农民参与的积极性会增加，有效自治的可能性增强。但是，即使最高层级的利益永享，也只是为有效自治提供了可能性。如北京的一些村庄，再如河南的城郊村，有着大量的集体资产，但是只有"干部自治"，没有"农民自治"。显然，要实现有效自治，除了要有与利益有关的前提条件、充分条件和必要条件外，还得为自治提供必要的制度供给和保障，让农民有参与的机会、渠道和程序，否则村民自治不会发生，更不会出现有效自治。从农村集体资产股份权能改革试点来看，至少有三类制度或者程序保障了愿意参与的农民有参与的机会、渠道及参与的质量。

(一) 制度规定

有参与意愿、能力只是有效自治的前提和条件，还需要参与制度保障。农村集体股份权能改革试验明确规定，改革必须严格遵循村民委员会组织法，尊重农民的意愿，农民参与和主导改革。

改革方案由农民制订。改革政策要求，所有的改革方案都必须由农民自己制订。在实践中，我们也发现，集体股份权能改革专业性很强，而且涉及很多法律问题和历史问题。因此有些地方如湖北的京山，就制订几种改革方案，让农民自己选择一种，然后在这种方案的基础上再根据本地条件进行添加和完善。安徽的天长、重庆的梁平只有一种方案，农民按照经管部门制订的方案按图索骥进行改革。即使是这样方案也得经过农民同意，因为改革方案要经村民会议或者村民代表大会通过。所以，方案由农民制订虽然不能完全实现，但是必须得到农民的同意，这也无异于方案由农民制订。

改革工作需要农民参与。集体股份权能改革是对几十年积累起来的集体资产进行确权和量化。因此只有农民参与才搞得清楚，也只有农民参与才具有合法性。因此，改革政策规定，一是集体成员身份的确定，需要组成一个专门的小组开展工作，并与农民进行沟通、交流、审核及公示。可见这个过程，既需要有相关能力的人参与，也需要村庄所有人的配合参与。二是清产核资，清产核资是股份权能改革的一个重要环节，同样需要熟悉村庄且具有一定能力的村民参与，在实践中主要是老党员、退休村干部和退休老教师等能人。清产核资的结果要公示并经过村民大会或者代表大会表决通过。三是股权设置和量化，需要工作组专门制订并经由村民大会或代表大会表决通过。可见集体股份权能改革的每个环节，每件工作都需要村民自己完成，需要所有的村民都配合参与。

改革措施需要农民同意。改革政策的要求，所有的改革方案、措施、过程、结果均要得到农民同意。主要包括三个方面，一是涉及个人的改革，需要农民签字同意；二是涉及集体的改革，需要按照村民自治的要求，经村民会议、村民代表会议通过；三是涉及股份合作社的需要股东大会或者股东代表大会同意。农民同意的程序和过程就是农民参与改革、参与农民自治的过程。

国家改革的政策规定所有程序、所有的工作、所有的措施、所有的过程、所有的结果均需农民参与、农民同意。这一制度规定就为农民参与改革，农民参与股份合作社的管理提供了渠道、机会、可能和保障。有了这些制度渠道，与改革有关的村民自治就能够有效实现。

（二）程序安排

有制度就一定会落实吗？有农民参与的机会和渠道就能够保证村民自治能够有效运转吗？显然两者之间有一定的距离。1988年的村民委员会组织法就规定了村民的民主管理、民主决策和民主监督的权利，可是很多地方没有实现或者没有完全实现。原因在于组织法比较原则，没有程序性的规定，或者说没有程序性的安排。只有程序安排才能够将机会性参与渠道变成有效的参与渠道。

本轮的农村集体股份权能改革则有这种制度设计和安排。很多地方的改革程序主要围绕着三个阶段展开：集体成员身份界定程序、清产核资程序、股权配置程序。从表5—1可以发现，每个地区的每个程序又有多个环节。总体来看，天长市和京山县是"20步工作法"，余江略微简单，为"13步工作法"。国家改革试点政策规定，所有的改革工作都必须按照程序有序进行，只有完成上一个程序，才能够进入下一个程序，否则不能进入下一个程序。这样就能够确保各地依法、依规改革，同时也能够通过程序确保农民的知情权、参与权和监督权。从重要性来看，以下几个程序比较关键：

表5—1　天长、京山、余江集体资产改革的基本程序（步骤）

	天长	京山	余江
集体成员身份界定	6	9	4
清产核资	8	6	5
股权配置	6	5	4
总体的流程	20步工作法	20步工作法	13步工作法

协商程序。农村集体股份权能改革政策很重视协商，从各地的实践来看，地方政府和村庄也运用协商来解决问题。一是地方政府与村庄要协商改革方案，地方政府不能"代民做主"；二是村庄及改革小组要与农民协商成员资格、清产核资、股权配置等，前者不能"替民做主"；三是村庄及改革小组要与相关利益主体协商，不能无视或忽视；四是改革后的股份合作社的董事会、监事会与村支两委进行协商，不能取而代之。有些地方的改革规定，没有经过协商、沟通的改革措施和程序不能进入下一个流程。这种程序的设计就确保了协商民主机制的实现，确保了自治的有效运行。

签字程序。改革政策要求，所有涉及个人的改革程序和环节均需农民自己签字。从各地改革实践来看，关键的环节，如成员身份界定，只要是相关人员均需签字；股权配置，不管多少都需签字。政策和改革方案都规定，如果不经农民签字，不能进入下一个改革流程。在改革过程中，签字本身就是一种参与，一种认同。

公开程序。集体资产股份权能改革涉及的利益面最广，人数最多，程序最复杂，因此要求所有的改革方案、措施、过程、结果全公开，而且公开还必须程序化，即将公开的环节纳入改革的程序之中。如成员符合界定方案和结果要公开，而且是"两轮公开"；如清产核资的过程和结果也要公开等，允许大家质疑，欢迎大家质疑。程序公开过程就是一个自治的过程，也是有效自治的重要组成部分。

表决程序。在股份权能改革过程中，表决程序相当重要。集体股份权能改革主要有如下几个重要的表决程序：一是改革方案需要村民会议或者村民代表大会表决；二是股权改革方案需要村民会议或者村民代表大会表决；三是股份合作的成立、组织架构设立及重要事项的决定，需要股东大会或者股东代表大会表决。表决程序的设计和安排，首先保障了农民参与权；其次保障了改革的合法性，确保依法改革、依法自治。

改革过程的程序设计和安排是村民自治有效实现的重要手段和有力的保障。改革政策和方案将改革程序嵌入到了改革的整个过程，而且构成了一个必经的程序和要件，不经过这个程序就无法进入下一个程序，即使强迫进入了下一个程序，也属于非法。这种设计和安排就确保了参与的积极性，确保了改革的程序性，促进自治的有效性。这些都为村民自治的有效实现提供了制度保障。

（三）合法性审查

本轮的农村集体资产股份权能改革还有一个重要的程序就是合法性审查。合法性审查主要体现在两个方面，一是所有的改革方案必须经过农业部门的经管站进行合法性审查。从改革过程中来看，各地经营部门都紧扣着相关法律审核改革方案、改革措施、改革程序和改革结果。二是农业部门安排第三方进行改革评估，评估过程会考察改革的规则性、程序性及执行村民委员会组织法等法律的规范性。

农村集体资产股份权能改革的合法性审查是一个非常关键的制度安排，一是能够确保改革依法、依规进行；二是依法、依规的改革就能够确保农民的知情权、参与权和监督权，从而确保村民自治的有效实现；三是能够从外部给予村庄和村民一定的强制性约束和必要的法律救济，维护农民的权益。所以，改革过程和股份合作管理的过程，是确保村民自治有效实现的制度安排。

四　结论与进一步思考

通过上述分析，我们可以尝试回应问题意识：为什么农村集体股份权能改革能够一举解决有效自治的问题？有效自治能够实现的决定性因素是什么？

(一) 利益机制是有效自治的重要条件

利益是村民自治有效实现的重要机制。但不是有利益就会有参与，也不是有相关利益就会有自治，更不是有对应利益就会有有效自治。利益机制的影响主要体现在三个方面：一是对应利益是有效自治的充分条件。利益有大有小、有笼统对应的利益和直接对应的利益、有可控利益和不可控利益，还有可预期利益和不可预期利益。可以将利益分为若干层级：利益—相关利益—对应利益—可控利益—永享利益，只有一一对应以上层级的利益，才会为村民的有效参与提供充分的条件，才有机会实现有效自治。二是有效利益是有效治理的必要条件。有效的自治所需要的利益，必须达到一定的规模，否则利益很小，很难吸引人们参与。达到一定规模的利益可以称为"有效利益"。在不同的经济条件下，会有不同的有效利益。在发达地区有效利益数量会大点，反之则小点。有效利益是有效自治实现的"临界利益"，超过了这一点就有可能实现有效自治；低于这一点就很难实现有效自治。

(二) 制度机制是有效自治的重要保障

利益机制可以吸引人们参与村民自治，但是要实现有效自治，则还要依靠制度机制。制度也可以类型化：一般性制度、程序性制度、合法性审查制度（图5—3）。仅有一般性制度，没有程序性制度和合法性审查制度，也无法为农民的参与提供有效的渠道和保障。本轮农村集体资产股份权能改革最大的创新是不仅出台了一般性制度，还建立了程序性制度和合法性审查制度。程序性制度嵌入到改革过程中，作为改革的一个重要环节来对待。而且这些程序性环节又是改革合法性的重要依据。一般性制度、程序性制度和合法性审查制度三者环环相扣，相互促进，共同保障农民在集体股份权改革中有参与机会、参与渠道和参与质量，从而实现有效自治。

(三) 利益、制度与有效自治的关系

利益机制和制度机制共同作用可以形成有效的村民自治，但是利益有不同的层级和规模，制度也有不同的类型。如果我们可以将利益和制度简化为从低到高的两个变量，这样就可以考察所有不同地区的农村集体股份

```
一般性制度  →  程序性制度  →  合法性审查制度
    ↓              ↓                ↓
 参与机会    →   参与实现    →    参与质量
```

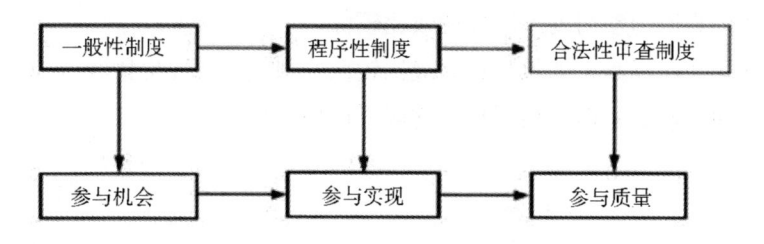

图 5—3　制度类型与层级

权能改革的村民自治有效实现程度。我们可以根据利益层级性和制度有效性建构一个二维象限（见图 5—4），这四个象限也构成了四种典型的自治形态。

```
          利益层级
            高
            |
  冲突型自治 |  有效自治
            |
低 ─────────┼───────── 高
            |    制度有效
   无法自治 |  低效自治
            |
            低
```

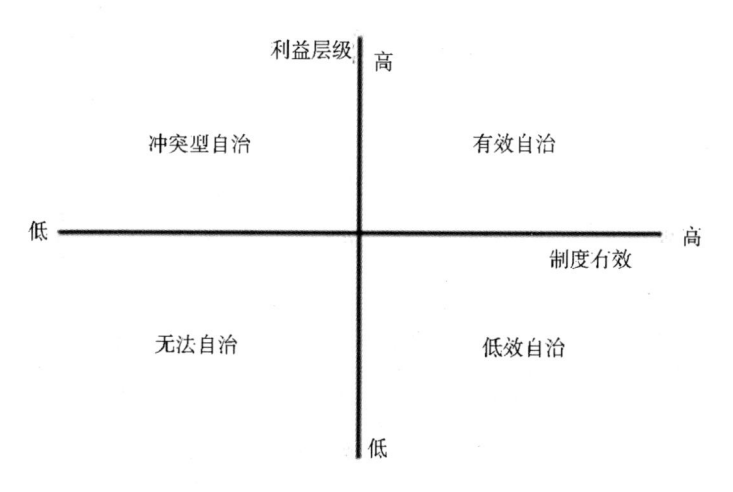

图 5—4　利益、制度与有效自治

一是有效自治。如果利益层级比较高（主要指对应程度高和利益规模大，下面相同），同时制度有效性高（各类制度数量齐全，同时制度保障参与有效，下面相同），则会形成有效自治。如广东南海的一些村庄，湖北京山的城畈村等。

二是冲突型自治。如果利益层级比较高，制度有效性比较低，则会形成冲突性自治，即没有制度规范，各类主体会为利益而冲突。如珠三角有些地方因为制度有效性不强，导致村民与村庄的利益冲突。

三是低效自治。如果利益层级比较低，制度有效性比较高，即有好的制度，但是利益不足吸引人们参与，则形成低效自治。所谓低效自治是，有自治但是因为参与度不够而成效比较低。

　　四是无法自治。如果利益层级比较低，制度有效性也比较低，则无法形成自治，现在中西部很多村庄均属于这种类型。

第六章 "链式参与"：村民自治有效实现的递次保障[*]

中国农村村民自治已经走过了30年，不少地区的村民自治陷入了"形式困境"，但还是有很多地区的村民自治坚强地"存活"了下来，而且自治的成效相当不错。为什么有些地方的村民自治失败了，有些地方的村民自治成功了呢？我认为，仅有法律文件——《村组法》不能保证有效自治；仅有共同的产权、共同的利益也未必能够保证有效自治；仅有参与的愿望也不能保证有效自治。村民自治的有效实现需要一系列的要件保障，除了必要的共同利益外，还得有参与意愿、参与能力、参与条件、参与制度和参与保障，只有在这些参与要件满足的前提下，才有可能实现有效自治。本章将满足这些"参与链条"的参与称为"有效参与"，或者"链式参与"。

村民自治其实与民主有相关性。对于民主的有效实现，不少人曾经研究过。科恩认为，民主有条件，既有物质条件，也有法制条件，还有智力条件、心理条件、保护性条件。[①] 李普塞特认为经济发展会导致民主，认为经济是民主的条件和结果。[②] 达尔认为，民主要有效实现必须考虑单元的规模。[③] 佩特曼针对莫斯卡、米歇尔斯和熊彼特的"精英民主"提出了"参与民主"理论，认为只有参与才能够实现真正的民主，[④] 参与是民主

---

[*] 本章作为独立论文发表于《财经问题研究》2019年第4期，原题目为《有效参与：实现村民自治的递次保障》。

① [美]科恩：《论民主》，商务印书馆1985年版，第102—195页。

② [美]马丁·李普塞特：《政治人：政治的社会基础》，上海人民出版社1997年版，第27页。

③ [美]罗佰特·A.达尔：《规模与民主》，上海人民出版社2013年版，第12页。

④ [美]卡罗尔·佩特曼：《参与和民主理论》，上海人民出版社2006年版，第2—19页。

的重要因素。从此后不少学者进行过参与民主的研究。

对于村民自治的有效实现，最近不少学者进行探索。徐勇教授认为，村民自治下移到组可以实现有效自治。① 笔者认为，村民自治要有效实现必须充分考虑自治的条件。② 任路认为，协商是村民自治有效实现的重要机制。③ 白雪娇提出，村民自治还要考虑自治的规模。④ 笔者和张利明也提出，规则—程序是村民自治有效实现的重要保障。⑤ 学者们在不同侧面对村民自治有效实现进行了非常具有启迪意义的探索。但是很少有学者从参与视角探讨不同层级的参与、不同参与的要件如何影响村民自治的有效实现。本章将从参与视角，逐层、逐级探讨参与意愿、参与能力、参与条件、参与制度和参与保障对村民自治有效实现的影响，只有满足这五个要件构成的"参与链条"的参与，才是"有效参与"。

一 参与意愿

很多学者认为，只要法律允许村民自治，自治一定会有效实现。从30多年的中国农村村民自治实践来看，虽然有《村组法》，各地也鼓励村民参与自治，可是依然有很多人不愿意参与、不想参与。所以，参与要先有参与的"想法""意愿""动机""欲望"等。⑥ 伊斯顿认为，只有参与的"愿望"，才会有参与的"要求"。伊斯顿的"愿望"包括期待、意向、动机、意识形态、利益及偏爱。⑦ "任何政治行为都是在某种心理动机的驱使下展开的。政治参与行为也离不开它的心理因素的驱动力。"⑧ 显然村民的"意愿"是参与和有效参与的起点，也是村民自

---

① 徐勇：《"组为基础，三级联动"：村民自治运行的长效机制》，《河北学刊》2011年第9期。
② 详见本书第三章。
③ 任路：《协商民主：居民自治有效实现形式的运转机制》，《东南学术》2014年第5期。
④ 白雪娇：《规则自觉：探索村民自治基本单元的制度基础》，《山东社会科学》2016年第7期。
⑤ 详见本书第四章。
⑥ 本文统一称为参与意愿，不再区分参与欲望、意愿、动机、想法等概念。
⑦ [美] 戴维·伊斯顿：《政治生活的系统分析》，华夏出版社1999年版，第83页。
⑧ 王浦劬：《政治学基础》，北京大学出版社2006年版，第177页。

治的起点。

(一) 参与意愿的影响因素

什么事情可以使村民有参与意愿呢？从自治实践来看，主要有三大因素会增强人们的参与意愿：

利益与参与意愿，村民自治的行为涉及人们的利益，如产权调整、利益分配及涉及人们生产生活公共设施建设，与此相关的大部分村民会参加自治。[①] 当然利益又可以分为大利益和小利益。如果利益较大，参与意愿将更强；利益较小，参与意愿就较低。利益又可以分为总体利益和关联利益，如村庄集体资产人人有份，这是总体利益，无法区分每人有多少份额；如集体资产股份权能改革后，集体资产股份量化到了人，村民有了直接关联利益。在总体利益和关联利益方面，后者更能使人们有参与意愿。总体而言，利益越大，参与意愿越强；直接关联利益比总体利益更能吸引人们参与。直接关联利益越大，村民参与意愿会更强。

宗族与参与意愿，宗族与治理相关。韦伯认为中国乡村就是"氏族治理"[②]。王沪宁也认为，家族文化对乡村秩序有着深刻的影响。[③] 宗族其实就是血缘的影响。具有共同血缘的群体会相互亲近、相互关心、相互支持。在具有相同血缘的宗族村庄中，即使没有利益相关，甚至还有利益损失，但是相同血缘的人在投票、决策和管理中会相互支持。[④] 如本姓的人参选村主任，血缘相同的村民参与意愿会提高；在相同血缘的人实施某件自治工作更容易实现。可见宗族血缘关系会增强人们参加村民自治的意愿。

名誉与参与意愿相关。对一些村民来说，有些村庄事务可能与自己没有相关利益，但因其在村里有威望，村委会或者其他村民会邀请他参与相关的管理、决策、监督活动。即使不邀请，他本人也会主动参与。因为作为村庄有威望的人，如果不参与可能会损害自己的威望。在村庄里，还有

[①] 详见本书第二章。
[②] [德] 马克斯·韦伯：《儒教与道教》，江苏人民出版社2003年版，第77页。
[③] 王沪宁：《当代中国村落家族文化》，上海人民出版社1991年版，第65页。
[④] 肖唐镖等：《村治中的宗族：对九个村的调查与研究》，上海书店出版社2001年版，第8页。

一些喜欢"管闲事"的人的参与意愿也比较高。因此，名誉、威望和愿意"管闲事"可能会增强参与意愿，不过在乡村社会有威望、有名望，还愿意"管闲事"的人并不太多。

通过上述分析可以发现，利益、血缘、名誉与参与意愿都紧密相连，而且利益越大、血缘越近、名誉越高，参与意愿将会越强。在利益、血缘、名誉三个影响因素中，利益的影响最普遍、最具有吸引力，血缘和名誉只涉及部分村民的参与意愿。

（二）参与意愿的心理过程

从心理来分析，对于某项村民自治活动及行为，首先要关心，只有关心某事，才有可能有参与意愿。根据关心、意愿两个变量，可以组合成四种典型的参与组合类型（见表6—1）：一是村民可能不关心，也没有参与意愿，即"不关心—无意愿"，参与不可能实现；二是村民可能不关心，但是有参与意愿，即"不关心—有意愿"，其实这种情况在现实中根本不可能存在；三是村民可能关心，但是没有参与意愿，即"关心—无意愿"，参与也不可能实现；四是村民比较关心，也有参与意愿，即"关心—有意愿"，为参与提供了条件。两个变量构成了四种经典的"关心—意愿"参与模式，其实除了这四种模式外，还有很多种"关心—意愿"参与状态。

表6—1　　　　　　　　关心—参与意愿组合

意愿 关心	有	无
关心	关心—有意愿	关心—无意愿
不关心	不关心—有意愿	不关心—无意愿

如果将关心与参与意愿放在一个二维图中（见图6—1），可以发现两者之间的线性关系。在A点以下，关心为负值，即村民基本不关心自治，当然就不可能有参与意愿；随着关心程度增加到B点，参与意愿将达到50%，即可能参与，也可能不参与；从B点到C点，关心和意愿逐渐增加，参与的可能性也逐渐增加；在C点达到100%，必定会参与。可见，

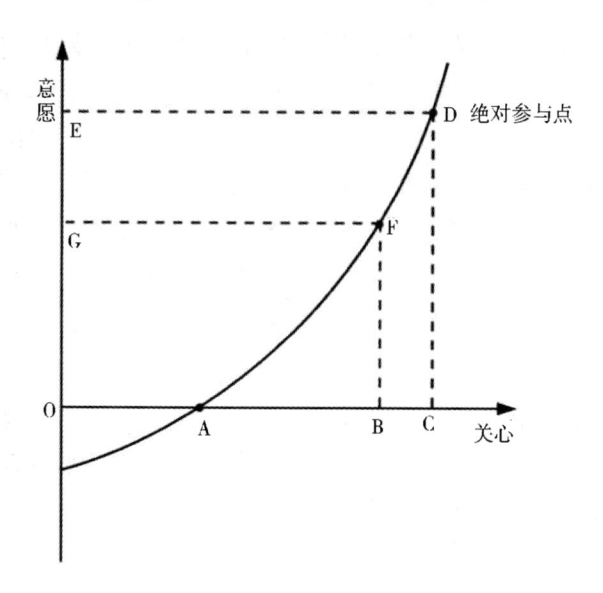

第六章 "链式参与"：村民自治有效实现的递次保障　　87

图 6—1　关心与参与意愿关系图

对自治事务的关心程度与参与意愿成正比，没有关心就不可能有参与，关心达到一定程度必定会参与。当然这只是一般情况，具体到不同的村民自治事务又会有差异。但是可以肯定，只要不关心，就不可能有参与意愿；没有参与意愿就不可能会参与；有关心，也不见得就会有参与意愿，这要视关心的程度，不同程度的关心决定不同程度的参与意愿。

二　参与能力

村民有参与意愿，并非就会参与；村民有100%的参与意愿，也并非就能够有效参与。要形成有效参与还需要有参与能力。参与能力是有效参与的重要要件，所谓参与能力就是行为人参与、处理村民自治活动和行为的综合素质。

（一）村民自治事务需要不同的能力

村民自治的事务很多，涉及农村土地、生产、生活的方方面面。从村民自治参与的四个程序和过程——民主选举、民主管理、民主决策、民主监督来看，村民自治的四个方面对参与能力的要求是不同的。一是民主选举与参与能力。民主选举对于参与能力的要求最低，只要参加选举投票，就可以说是有效参与。① 所以，在"四个民主"中民主选举一直是村民自治最有效的参与形式。二是民主监督与参与能力。民主监督对参与能力的要求有所提高。标准化问卷的测评，不需要太高的参与能力，其他的民主评议需要一定的表达能力；财务监督需要有一定的财务知识；决策监督需要有综合评估素质。这些都需要专门的知识。三是民主管理与参与能力。民主管理对参与能力的要求再有所提高。民主管理主要是制订村民自治的章程、规则、程序等。这些自治行为要具备管理水平、规则制订能力，不是人人都能够胜任。在民主管理实践中，要么由村委会的干部完成，要么由村民代表完成，或者其他有威望的乡贤完成。四是民主决策与参与能力。民主决策对参与能力要求最高，需要综合判断能力、综合协调能力，这只能由少数具备这种参与能力的村民完成（见图6—2）。

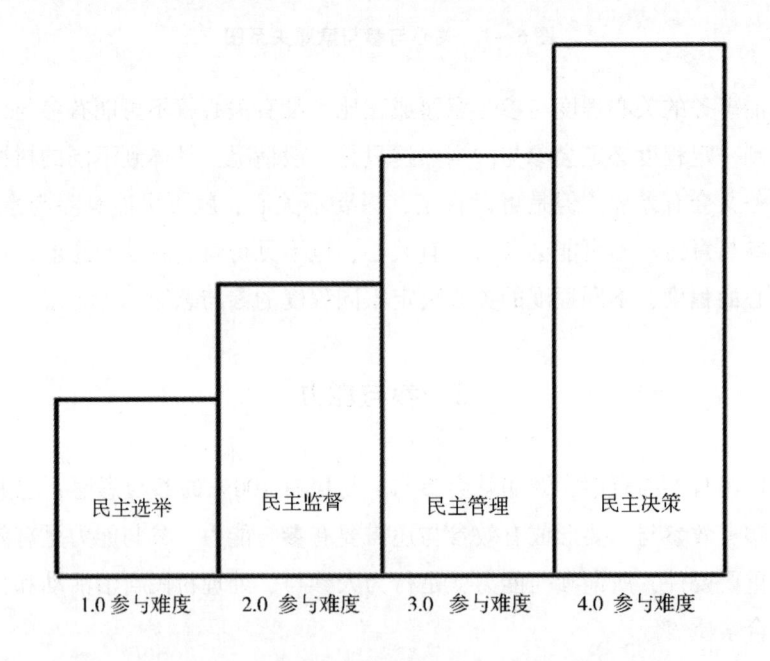

图6—2 村民自治与参与能力

---

① 在此要注意，有效参与是指参与有效性；高质量的参与是能够通过有效参与提高村民自治的质量和民主性，再比如，投票就是有效参与，投票选出了胜任的村主任是高质量的参与。

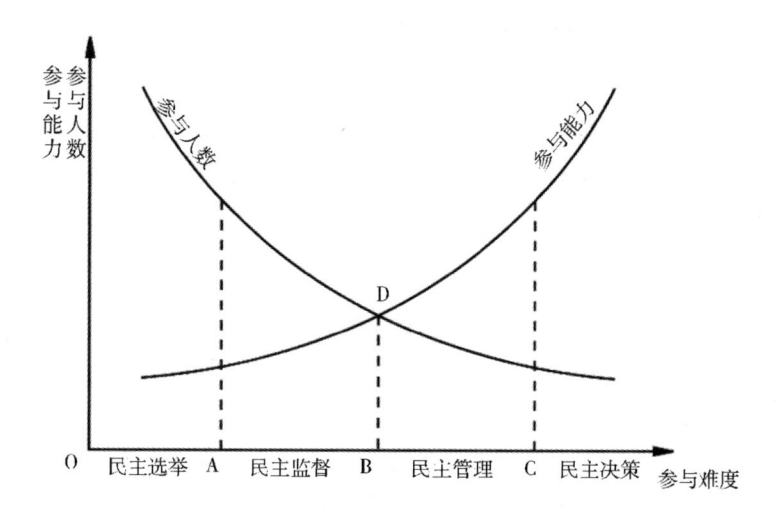

图 6—3　参与难度与参与能力、人数

（二）村民自治参与能力的具体尺度

不同的村民自治事务需要不同的参与能力，不同的村民也有不同的参与能力。参与能力可以分为如下几类：

第一，出席能力。参与能力的第一层级是出席的能力，只要出席就参与了自治，如参加村民会议、村民活动，参加选举投票，参加村委会的测评。不需要表达，也不需要沟通，更不需要综合协调和出谋划策，具有这种参与能力的人相当多。

第二，表达能力。参与能力的第二个层级是表达的能力，即村民具有表达治理要求、表达自治诉求的能力。表达诉求分为两个层面：一是主动向村委会或者村民代表反映诉求；二是在各类会议、各类自治行为中表达自己的观点，具有这种参与能力的人也很多。

第三，协调能力。参与能力的第三个层级是协商的能力。这种能力还要在出席、表达的基础与别人沟通、协商，说服别人或者与人达成共识。在民主管理中参与自治规则、程序的制订，或者在村民共同参与的自治活动中，与参与者协调、沟通，具有这种参与能力的人比较少。

第四，综合能力。参与能力第四个层级是综合能力，行动者能够综合决策、综合协调，是参与者中的"领袖人物"，如在村民自治中的老党员、老干部以及擅长经商的乡贤等都具有这种能力,具有这种能力的人非常少。

从图6—3我们可以发现,具有出席能力、表达能力、协调能力和综合能力的人数依次减少,参与能力却越来越大。同时,随着参与难度的增加,具有这种参与能力的人也越来越少。

(三) 影响村民自治参与能力的因素

村民的参与能力既有先赋的因素,也有后天培育,这主要来源于教育、见识和参与的实践。

教育与参与能力,从村民自治的实践来看,教育程度高的村民参与能力比较强,如村支两委干部,大多数学历比较高。因为教育会培养人们的沟通能力、表达能力及协调能力,更会培养人们的理性精神。因此,教育也是增强人们参与能力的重要因素。

见识与参与能力,在传统社会及中华人民共和国成立初期,很多人没有受过教育,但是参与能力也很强,如"土改干部""社教干部"等。这就说明了教育不是增强参与能力的唯一因素。人们在社会化过程中、在对外交往中的见识也会增强参与能力,即见多识广。看得多,见得多,遇到得多,就见识广。

实践与参与能力,在《村组法》颁布初期,人们也不会参与,参与能力也不强,但是经过多次选举,经过多年的村民自治实践,不少村民的参与能力逐渐增强,不仅会表达、能协商,而且还会竞争性参与。因此,参与过程本身就是一种培训,一种学习过程,能够很快提高村民的参与能力。

三 参与条件

村民们有了参与意愿,也有参与能力,如果没有参与的条件也难以形成有效的参与。如果居住分散,开会、表达诉求都比较难,则难以参与,更难以有效参与;如果一个村庄开会的场地都没有,也很难参与。因此,要形成有效的参与,还需要有相关的参与条件。

（一）参与单元

村民自治是为了解决村民生产生活中的公共需求问题，为了方便村民参与，其规模不能太大。① 首先人口规模不能太大。柏拉图曾经研究过，自治城邦适当的团体规模就是能够让所有的公民都相互认识和彼此了解，最佳的规模是 5040 人。② 人口过多，参与就会有困难，如果 5040 人按照 10% 的比例确定村民代表，也将会有 504 人，在农村要找一个开会的场所都没有，更别说让代表人人发言、充分讨论。人口过多，将会有大量的人无法参与，或者只能"被参与"。所以参与单元的人口规模不能太大，从各地实践中来看，二三百人的单元是最适合的参与单元。因此，适当的人口规模是非常重要的参与条件。另外，地域规模不能太大。亚里士多德曾经对自治的地域规模有所研究，"远近相望，里闾相逢" "平时集会可以朝至夕归" "战时征召可以朝令夕合"。③ 湖北省秭归县也认为，参与的距离必须限定在步行 40 分钟范围内，否则人们不愿意参与。也有人总结出"半小时参与圈"，即如果开会、表达诉求等参与的距离必须控制在半个小时之内。可见，参与必须考虑参与的规模，即人口规模和地域规模都不能太大，否则会增加参与成本，降低参与积极性。因此，合理确定自治单元、自治规模是有效参与的重要条件。

（二）参与便利

参与便利也是有效参与的一个重要条件。④ 首先，要交通方便。不管是步行，还是骑自行车、摩托车，交通条件要比较好，不应该翻山越岭，也不应该跋山涉水。否则会影响人们参与的积极性。其次，简便可行。不管是投票，还是开会，或者其他的自治行为，要适合农民的特点，不能搞

---

① 白雪娇：《规模适度：居民自治有效实现形式的组织基础》，《东南学术》，2014 年第 5 期。

② ［古希腊］柏拉图：《法篇》，载《柏拉图全集》第四卷，人民出版社 2003 年版，第 496 页。

③ ［古希腊］亚里士多德：《政治学》，吴寿彭译，商务印书局 1965 年版，第 356 页。

④ 李松有：《群众参与视角下中国农村村民自治单元的选择》，《东南学术》2016 年第 6 期。

的太复杂。投投票、举举手、打打钩、发发信息，等等，在尽可能适应农民的特点的情况下，简化参与方式，让更多的人能够参与和有效参与；再次，时间适合。重大的自治活动不能选择在农忙时节，可以选择在农闲时分。现在外出务工经商的农民多，自治活动可以选择在节假日，也可以选择在晚上开会或者讨论；最后地点适宜。有些自治活动可以选择在集上，或者选择在群众的聚集区，如祠堂、文化活动中心、商店等。交通便利、参与简单可行，加上时间、地点适宜，都为村民的参与提供了便利条件，降低了参与成本，提高了参与的可能性。

（三）参与设施

参与需要一定的参与设施。首先要有参与的会场。正式的会议必须有议事中心，决策和管理会议也需要有会议室，如广东省佛山市现在正在制订的村民自治标准化规则中就明确提出，村民自治必须有会议室或者议事中心；[①] 其次要有参与的渠道。虽然村民有参与的意愿，也有参与的能力，但是如果没有适当的参与渠道，参与也难以实现。现在许多村庄已经建立了微信群、QQ群、网站等，通过各种新媒体渠道鼓励和支持村民参与，让村民利用这些新媒体参与村庄决策，对村委员进行测评，更可以通过这些新媒体提出自己的诉求；最后要配备方便参与的设施。各地可以根据村民参与的需要设置相关参与设施，如在投票时可以设置流动投票箱，为了方便大家提建议可以设置固定的建议箱，还可以设置网络公示栏等。有了这些参与设施，就便于村民参与相关的自治活动，便于村民表达自己诉求，便于村民参与村务的监督，从而提高村民参与的积极性，并实现有效参与。

（四）参与氛围

参与需要一个良好的氛围，在这种氛围下可以提高村民的参与意愿，促进村民有效参与。首先彼此熟悉。亚里士多德认为自治必须在一个熟悉

[①] 佛山市委托我们研究小组在研究村民自治标准化规范时，明确提出村民自治的设施必须有会议室或者议事中心等场所。

的环境中进行,"互知其行为、能力、门望、贫富"。① 熟悉才会鼓励人们彼此关切、关注、关心,才会有参与的欲望和动机;其次文化相连。任路认为,文化相连是村民自治的有效实现形式。② 如果人们的文化差异很大,如一群人信神,另一群人信鬼;一群人吃猪肉,另一群人不吃猪肉。这种生活方式、文化理念差异太大的人群,就难以吸引大家参与,甚至会排斥参与。因此文化相同或者相近也是有效参与的一个重要条件;最后参与习惯。在有些村庄,村民本身就有参与传统、参与习惯,如在广东的客家地区,人们有参与的自觉性和责任感。这种参与的氛围会强化人们的参与意识,认为参与是一种义务,一种责任,从而提高人们的参与率。

从上述分析可以发现,有些条件如参与单元缩小,可以提高参与意愿;如通过微信、QQ、网站参与,可以提高参与能力;如参与氛围的改进,既可以提高参与意愿,也可以提高参与能力。可见参与条件的改善最终要回归到参与意愿和参与能力层面,但是不能用参与意愿、参与能力替代参与条件(见图6—4)。可见,参与需要条件,有些条件是必要条件,没有这些条件,参与就不会发生;有些条件是充分条件,或者说促进条件。有了这些条件会提高人们的参与欲望,从而提高参与率。总体上看,参与条件越充分,越齐全,越方便,村民参与的意愿会增强,参与的可能性会增强(见图6—5)。在其他条件不变的情况下,如果参与条件不充分、不完备是否有参与的可能呢?笔者认为,当然也会产生参与行为,只不过参与的难度会大点,参与的成本会更高,参与的人数会更少,有效参与的可能性就更低。所以,要实现有效参与还需要有良好的参与条件。

四 参与制度

有了参与意愿、参与能力和参与条件,还是不能保证能够参与,更不能保证有效参与,还需要一个更加重要的参与要件——参与制度。如果没有参与制度,参与根本不可能发生,即使有再大的参与意愿,再大的参与

---

① [古希腊]亚里士多德:《政治学》,吴寿彭译,商务印书馆1965年版,第356页。
② 任路:《文化相连:村民自治有效实现形式的文化基础》,《华中师范大学学报》2014年第7期。

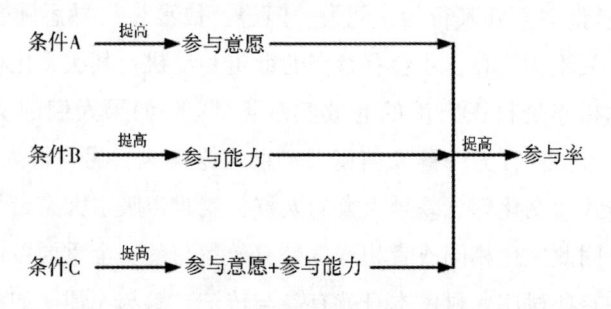

图6—4　参与条件与参与意愿、参与能力

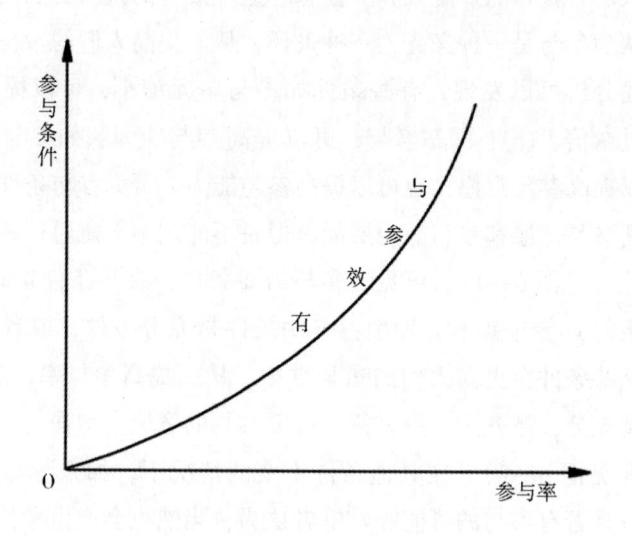

图6—5　参与条件、参与率与有效参与

能力和再好的参与条件都难以实现有效参与。因此,参与制度才是参与的关键,主要包括参与法律、参与组织、参与规则。

(一) 参与法律

要保证村民能够有效参与村民自治,必须有法律性参与制度保障,没有法律保障,就不可能有普遍的参与,更不可能有效参与。在传统时期,村庄公共事务也需要村民参与,协商解决,但是这种参与没有法律保障,只能是一部分人参与,大部分人不参与。在少数参与者中,也无法保证规范的参与和参与权利的实现。因此,有效的参与需要参与的法律保障。一是村组法。《村组法》从法律上明确在农村实施村民自治,从法律上保障村民自治的权利和义务。有了《村组法》，村民自治的权利、参与的权利，才从法律上得到保障。二是部门相关法规。如土地承包法和土地确权、农村集体资产股份权能改革、基层行政区划调整等法律和政策都规定，必须按照《村组法》要求实施改革和创新，要保障农民的知情权、参与权、监督权。所以部门相关法规也是重要的参与制度。三是地方相关法规和政策，如土地承包、土地流转、集体经济发展等法规也明确要求，其改革和创新行为必须经过村民自治，必须有村民参与。

（二）参与组织

有法律就为人们参与提供了法律保障，但是要将法律变成参与实践，还需要参与组织。参与组织是村民有效参与的重要载体和平台。从村民自治的实践来看，主要有三类参与组织：一是体制性组织。所谓体制性参与组织，就是根据法律规定建立的组织，主要有村委会、监委会。村委会是村民实施村民自治的组织，由村委会干部村民选举产生。没有村委会，可能有自治，有参与，但不是法律意义上的村民自治。二是功能性组织。所谓功能性的参与组织，就是为了解决相关问题或者为了弥补正式组织之不足所建立的组织，如广东有些村庄成立的理事会，浙江某些村庄成立的议事会，还有些地方成立的老人协会、宗族协会、用水协会，等等。三是经济合作组织。随着集体经济的发展壮大，特别是最近几年国家实施农村集体资产股份权能改革，不少村庄成立了集体股份经济合作组织。集体经济合作组织完全按照经济自治的方式进行治理，成立了股东会、监事会等组织。股东会、监事会均需要股东大会或者股东代表大会选举产生，两者均受股东的委托治理村庄集体经济。

（三）参与机制

参与制度仅有法律制度、参与组织还无法保障制度性参与，还需要有参与机制：使想参与自治的村民能够有参与的渠道、机会。从实践来看，主要有三类机制：一是程序性参与机制。所谓程序性的参与机制，就是根据法律规定设立的参与机制。主要有两类：《村组法》规定的村民会议、村民代表会议，以及国家政策所规定的集体股份合作社的股东代表会、股东大会。村民通过这两类机制可以参与到村民自治活动中来，如果没有这两类机制，村民就无法参与有关村务管理和决策。二是功能性参与机制。所谓功能性的参与机制，就是根据功能设置的一些机制，如联席会议、理事会会议等村庄其他组织、社会组织的会议或者机制。功能性的参与机制就是解决某些具体问题的组织机制。三是表达性参与机制。村民还可以通过其他机制参与村民自治，如向村委会的干部、村民代表及其他功能性组织表达诉求，请求呼吁和帮助。这些参与机制都是合法的、规范性的参与机制，比起村民上访或者在网上发声，更加具有规范性和程序性。

按照理想状态，参与制度为有意愿、有能力、有条件参与的村民提供合法的参与途径、机制和权利。只要这些制度能够正常运行，村委会能够按照法律、法规依法开展自治活动，就能够为村民参与提供途径、机会，就能够保障村民的参与权利。如果村委会不依法行事，则参与制度很难有效运行。所以仅有法律、组织、机制，只是为村民参与提供了法律、理论上的可能，如果要变成实际有效的参与，还取决于村庄、村民依法依规自治的程度。

五　参与保障

正因为存在不依法、依规保障村民参与的可能性，所以还需要一定的参与保障制度，确保相关主体能够依法自治，保障村民参与的权利和有效参与。从实践来看，参与保障制度主要有三类。

（一）规则保障

所谓规则保障，就是除了上述参与制度（参与法律、参与组织、参与机制）外，还必须有其他的规则确保相关主体能够依法、依规保障村民参与，即保障参与法律、参与组织、参与机制按照法律、法规落实到位。如现在中西部地区的村民自治为什么不能按照《村组法》正常运行？为什么民主管理、决策不能真正落实民主？这些都与没有相关的规则保障有关。不执行、不落实参与制度要如此处理？这就需要其他的法律来保障和督促。所以要建立相应规则保障参与。在最近几年承包地确权过程中，国家政策明确规定，只要是确权必须实施村民自治；在最近实施的农村集体资产股份权能改革中，明确要求村民参与。在这种情况下，参与的保障规则与参与制度就形成了制度链条，如果后者执行，前者就不启动；如果后者不执行，或者变异执行，前者就启动。有了参与保障规则，就能够确保参与制度的落实。有些地方如广东佛山、东莞等地，村民能够有效参与，村民自治能够有效实现，就在于他们在地方法规和政策中建立了参与保障规则，以此来督促参与制度的有效运行。

（二）程序保障

参与保障规则能够促进参与，其实还可以建立程序性保障机制。所谓参与的程序性保障机制，就是在涉及村庄事务、财产的处理过程中，用机制来确保必须经过村民参与、协商、签字及公示以后，才算合法，才能够进入下一个程序。程序性保障机制主要体现在三个方面：一是合法性保障，如承包地确权只有通过村民签字并公示以后，确权才具有合法性，通过在这类法规中设置参与、自治程序，确认合法性；二是程序性保障，如农村集体资产股份权能改革，只有群众签字认定成员资格后，才能够进入下一轮的配股程序，否则无法进入下一轮程序；三是审批性保障，如集体资产处置，只有经过村民会议或者村民代表会议协商并公示后，才能够在资产交易中心交易，否则就无法交易。其实在所有的保障法规中，程序性保障是最能够落实村民参与、村民自治的保障，也是有效参与能够实现的最好方式和手段。

（三）救济保障

如果参与规则保障、程序保障失效，可以再设置参与的救济保障，通过相应的救济措施保障村民的参与权利，实现有效参与。救济保障主要包括：一是仲裁。如果在村民自治实践中村委会或者其他主体侵犯村民的参与权、自治权，可以请民政部门或者上级政府进行仲裁，以保障参与的权利。二是上访。如果村民觉得自己的参与权利不被尊重或者侵犯，可以向上级信访部门或者部门信访部门上访，反映问题，请求落实或保障自己的参与权、自治权。三是申诉。村民们在参与权利受到侵犯后，可以向本辖区的人大代表、政协委员或者驻村、乡镇的法律顾问进行申诉，请他们帮助申诉和呼吁，以保障参与权利。四是起诉。如果上访、仲裁、申诉无法解决问题，还可以在法院起诉相关主体。从目前的实践来看，人们普遍选择上访，其次选择仲裁，只有很少的人选择起诉。这种选择与地方政府对村民参与权利的不太尊重有关，也与农民不习惯于运用法律保护自己有关。

参与保障只是对想参与而无法参与的村民提供的最后的支援措施，它是一种被动的救助。没有参与保障，参与也可能会实现，但是有了参与保障，参与实现的可能性增大。因此，在参与要件的链条中，参与保障只是参与、有效参与的一种充分要件，不是必要要件，它本身起着事后支援、救济的作用和威慑功能。

六　基本结论和深入讨论

通过对参与意愿、参与能力、参与条件、参与制度和参与保障五大参与要件的研究，我们可以得出一些基本的结论和讨论。

（一）有效参与是一系列要件满足的结果

有效参与需要经过五个参与要件，即参与意愿、参与能力、参与条件、参与制度、参与保障，只有同时满足五个参与要件，有效参与才最有可能实现，才会最保障地实现。只要其中某一个环节出现问题，就会影响有效参与。其中，参与意愿、参与能力、参与制度是必要的要件，没有这三个要件，或者说三者中有一个不能满足，就无法有效参与。参与条件和参与保障属于充分要件，即使参与条件可能不太充分，参与保障可能不太到位，但是参与和有效参与也可能实现，只是不能方便、低成本的实现，不能有保障的实现，不能有效地实现。所以，我们可以得出结论，有效参与是一系列参与要件满足的结果。换句话说，有效参与是参与意愿、参与能力、参与条件、参与制度、参与保障的函数，见图6—6。

（二）有效参与是不同成分要件组合的结果

有效参与是一系列参与要件满足的结果，但是满足同一程度的有效参与，可以有不同的参与要件组合。如五个参与要件分别为A、B、C、D、E，这五个参与要件的成分可以形成有效参与Q。同理，五个成分可以有不同的变化，如A1、B1、C1、D1、E1也可以实现有效参与Q。因为各

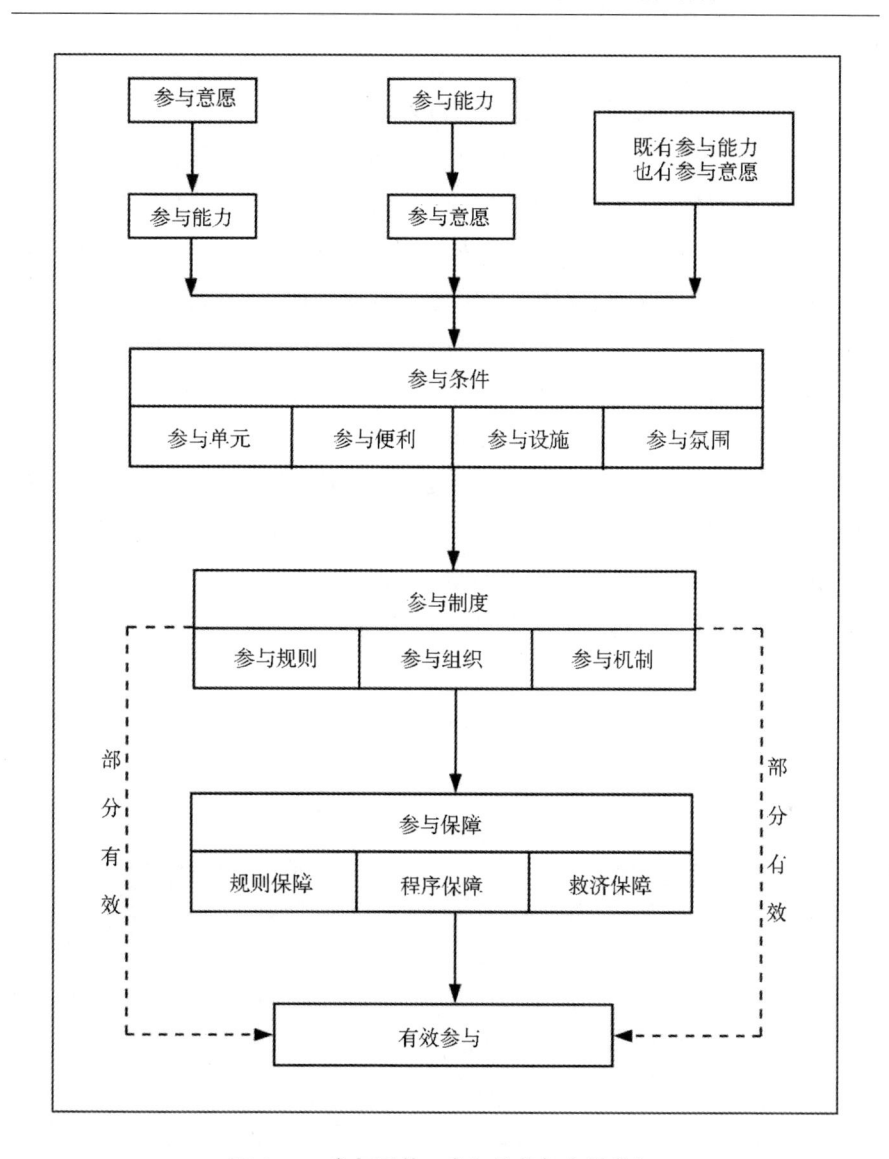

图6—6 参与要件、参与链条与有效参与

个要件的成分可以变化,因此会有许多不同要件成分组成有效参与 Q。这样我们就可以得出如下的结论,同一有效参与程度可以有若干种不同成分的五参与要件构成。同样五参与要件的不同成分组合可以构成无数种参与成效,从有效参与来说,每个人的成效可能相同,但是构成参与成效的要件不可能完全相同。这说明有效参与的效度是一个由个体性因素与外部条件、制度、环境共同构成的。

(三) 参与容易但是有效参与不易实现

如果我们将参与分为不同的类型：不参与、参与、有效参与、高质量参与。不参与是一件相当容易的事件，在参与链条中，只要必要要件一个不满足就可以实现。参与也比较容易，只要有参与意愿并有一定的能力就可以参与。但是有效参与则相当困难，需要满足一系列的参与要件。高质量的参与与有效参与其实是两个不同的概念，前者是指参与的有效性；后者是指参与的质量性。简单地讲，有效参与是能够使参与更加充分，更加民主，但是不保证能够形成好的方案和意见，如在参与中，某个人总是唱反调，从有效性来看是有效参与，但是正因为唱反调，无法形成好的改革方案和意见。高质量参与是既能够表达、发言、监督，还能够保证形成好的方案和意见。所以在实践中，不参与容易，参与的人较多，但是有效参与的人少，能够高质量参与的人更少。

第七章　规则型自治：迈向2.0版本的中国农村村民自治*

最近几年，在广东、浙江、四川等地农村村民自治出现了以规自治，立规自治等一些新的特点。如广东蕉岭创建了号称中国版"罗伯特议事规则"的"蕉岭规则"；四川成都制订了详细、完善的村民议事规则；河南邓州创建了"4+2"工作法；安徽天长在集体产权改革中建立了"22步工作法"，等等。这种重视规则，以规自治的现象值得关注和研究。这在一定程度上意味着中国农村村民自治进入了一个新的阶段：规则型自治阶段。本文的疑问是：为什么最近中国会出现规则型自治的现象？立规建则是如何形成规则型自治的？规则型自治如何有效运行，其价值如何，前景怎么样？这一系列问题都需要学者从理论上进行解释和说明。

一　文献梳理与提出问题

中国农村村民自治30多年的实践，在各地创造了不少经验、典型和模式。但是从学术的角度来看，中国农村村民自治主要经过了两个阶段：

第一个阶段，价值—制度阶段（"价值论"），各地以民主的价值来设计、探索村民自治制度。在颁布的《村组法》中，明确提出了"自我管理、自我教育、自我服务"，随后又提出了"民主选举、民主管理、管理

---

* 本章作为独立论文发表于《社会科学研究》2019年第3期。

决策、民主监督"。① 仔细梳理这一阶段的研究，可以发现在实践村民自治的前20年，民主是村民自治的核心，学者们和地方政府根据这一价值设计制度进行改革探索。② 不少学者将国外民主选举的规则引进到村民自治中来，③ 也有学者期待通过村民自治，逐渐将自治扩大到乡镇自治、县自治等更大范围。④ 因此，这一阶段地方官员和学者将民主及其扩展作为自己的研究对象和完善目标。笔者将这个阶段称为"价值—制度阶段"，也可以简称为"价值型自治"。

第二个阶段，条件—形式阶段。经过20多年的村民自治实践，不少地方的村民自治陷入了困境，甚至有人说："村民自治已死。"⑤ 为此，徐勇教授与笔者提出，虽然村民自治总体遇到了困难，但是在广东、广西、四川等村庄运行得很好。村民自治不能有效实现，关键在于没有考虑村民自治的条件，没有根据条件来选择自治形式。为此，徐勇教授提出村民自治可以考虑下移到村民小组、自然村。⑥ 笔者提出村民自治有效实现的条件：利益相关、产权相连、地域相近、规模适度、文化相近、群众自愿等一系列的自治条件。⑦ 另外，白雪娇还专门研究过规模与自治⑧，胡平江

---

① 徐勇：《民主与治理：村民自治伟大创造与深化探索》，《当代世界与社会主义》2018年第4期。
② 参见胡永佳《村民自治、农村民主与中国政治发展》，《政治学研究》2000年第2期；王振耀：《中国的村民自治与民主化发展道路》，《战略与管理》2000年第2期；景跃进：《村民自治与中国特色的民主政治之路》，《天津社会科学》2002年第1期。
③ 参见王振耀、汤晋苏等《中国农村村民委员会换届选举制度》，中国社会科学出版社1994年版；史卫民：《中国基层民主选举的发展》（英文），《中国社会科学》（英文版）2004年第1期。
④ 浦兴祖：《直选乡长是扩大农村基层民主的一次探索——关于四川步云乡个案的思考》，《云南行政学院学报》2001年第6期；于建嵘：《乡镇自治：根据和路径》，《战略与管理》2002年第6期。
⑤ 参见董江爱《中国农村村民自治的困境及出路》，《生产力研究》2004年第8期；冯仁：《村民自治走进了死胡同》，《理论与改革》2011年第1期。
⑥ 徐勇：《"组为基础，三级联动"：村民自治运行的长效机制》，《河北学刊》2011年第5期。
⑦ 邓大才：《村民自治有效实现的条件研究——从村民自治的社会基础视角来考察》，《政治学研究》2014年第6期。
⑧ 白雪娇：《规模适度：居民自治有效实现形式的组织基础》，《东南学术》2014年第5期。

研究过地域相近与自治等①。学者们集中反思村民自治不能有效实现的原因，认为是没有适合的条件，如有适合的条件，村民自治将会有效实现。这一阶段可以称为"条件—形式"阶段，简称为"条件型自治"。

但是在村民自治的实践中，学者们发现很多地方符合村民自治的条件，但是村民自治的成效就是不太好，显然仅有民主的制度（《村组法》）、自治的条件，还不足以保障村民自治能够有效实现，还需要一定的自治规则来将《村组法》具体化，将自治的条件真正落地，因此这就需要建立更加详细的、完善的自治规则，即村民自治要从"价值型自治""条件型自治"，转向"规则型自治"。所谓"规则型自治"就是通过利用既有的自治法律文本、根据自身实际需要制定自治具体规则，以规则对村庄事务进行自我管理、自我教育、自我服务，以此实现民主管理、民主决策和民主监督。这种治理方式就称为规则型自治。规则型自治的"规则"，既包括外部已经形成的规则，如《村组法》、国家和地方性法规等，也包括规则型自治所制订的"规则"，即在规则自治过程中形成的自治规则。

因为"价值型自治""条件型自治"均无法解释各地出现的规则型自治现象，因此需要学者们建立新的解释框架，来解释各地以规则进行自治，建立规则自治的现象。本章将以广东蕉岭、南海，安徽天长，四川成都四地的村民议事会议事案例为对象考察四个问题：一是规则如何形成规则型自治？二是规则型自治如何产生及其持续？三是规则型自治有效运行的决定因素是什么？四是规则型自治的价值和前景如何？

二　规则自治中的规则与程序

21世纪以来，一些地方开始探索村民自治规则化、程序化的路径和方法，广东的顺德、南海因为经济发展的需要，早已就对此进行了探索。四川成都市、广东清远市，湖北秭归县等一些经济条件比较好的村庄或者公共事务比较多的村庄也进行了探索。本章选择广东省蕉岭县、安徽省天

---

① 胡平江：《地域相近：村民自治有效实现形式的空间基础》，《华中师范大学学报》（人文社会科学版）2014年第4期。

长市、四川省成都市、广东省南海区为研究对象，探讨规则型自治的形成、运行机制及有效实现的决定因素。

（一）蕉岭县协商议事会议制度

蕉岭县根据《中华人民共和国村民委员会组织法》和《广东省实施〈中华人民共和国村民委员会组织法〉办法》的有关规定，在村民会议或村民代表会议基本制度基础上，建立有党员、群众、社会各界人士广泛参与的"协商议事会"制度，以最大程度实现村级事务的民主决策与管理，完善基层协商民主制度。

1. 协商议事的主体。村组两级理事会、村民代表、乡贤、村干部为协商议事的主体，同时，县乡村相关部门可以列席相关的协商，如公路建设可以邀请交通部门参加，涉及环境问题可以邀请环保部门参加。从纵向来看，协商的主体有村庄、组、家户的代表们。

2. 协商议事的原则。村级重大问题和涉及村民利益的重大事项，必须坚持民主集中制原则，实行民主决策，坚持做到"民主平等、开放包容、广泛协商"。

3. 协商议事的范围和内容。财务预决算、土地调整和征用、集体资产的处置、村镇建设、村民自治章程、村规民约、财务管理制度的制订，以及协商议事会认为应该协商议事决定的村庄事务。

4. 协商议事的基本程序：

第一步，产生议题。村党组织征求群众意见后提出的议事内容；村委会或三分之一的议事代表提议的议事内容；三种议题类型：提议类、表决类、商议类；议题以3—4个为宜；公布议题，将议题事先告知议事代表。

第二步，会前准备。提前一周公布会议召开时间、地点；确定会议主持人；确定议事人员。

第三步，讨论议题。协商议事会由会议主持人召集、主持；主持人保持客观中立，不参与议题讨论、解释；代表发言依次进行，发言时间不超过5分钟；发言做到不攻击、不打岔、不辱骂；议事代表有评价、批评、建议、质询和表决权利；村党组织或村委会须对质询、批评给予解释。

第四步，形成决议。表决方式：票决制；无须票决的可采用手决制；确定表决结果；决议由村委会执行；定期公开决议执行情况。

5. 协商议事的基本规定：

协商议事会议由村支两委负责人或者支持人召集。协商议事会每季度至少召开一次，特殊情况或有1/3以上议事代表成员提议，可以临时召开。每次会议必须有2/3以上的代表参加，所作决定经到会人员的过半数通过方为有效。建立村民代表、党员议事代表联系群众制度，及时收集村民意见。确定每一代表联系的农户和具体对象，登记造册，为协商议事会召开做准备。

6. 协商议事的记录。协商议事会议必须有完整的会议记录，记录人和会议主持人在记录簿上签名，记录簿应该妥善保管，次年归档。会议做出的重大决议，必须在村委公开栏上进行公开。①

从上面可以看出来，相比较于《村组法》，蕉岭县的协商议事规则更加具体和细致：一是建立更加详细的规则和程序；二是协商议事主要体现为涉及全村范围内的民主管理和民主决策的所有相关村务；三是议事主体更加具有代表性、多元性、专业性；四是真正体现人民当家做主，同时体现了民主的原则；五是协商议事会具有管理性、决策性。村支两委必须执行议事结果，所以协商议事会成了村民自治的管理机构、决策机构，村委会成了村民自治的执行机构。由于协商议事具有规则性、程序性、民主性、自治性，从而具有很强的合法性，协商议事的结果体现了多数人的意愿。

（二）天长市协商委员会协商议事规则

天长市作为民政部的改革实验区，多方面从事协商议事改革实验探索，为此他们制订了《农村社区协商委员会议事协商规则》（范本），主要包括如下内容：

1. 协商议事主体。村干部、村民代表、村庄有威望的人及相关事项的代表组成协商委员会。协商委员会的委员共7人，相关事项的代表为X人，按照当地说法是：7+X。

2. 协商议事的原则。协商委员会坚持依法办事、民主讨论、协商一

---

① 摘选自蕉岭县制定的《协商议事会议事制度》，我们研究小组作为改革合作方，参与制定了这一规则。

致的原则。

3. 协商议事的内容：城乡社区村民自治的相关内容。

4. 议事协商的召集和组织。一是协商委员会的议事协商由协商委员会主任负责召集、并主持，主任因故不能主持会议的，可委托他人主持；二是协商委员会议事协商原则每月召开一次，有 1/3 以上协商委员会成员或 1/2 以上居民代表提议，可以决定进行协商，也可根据利益相关方、居民需要或上级组织建议进行议事协商；三是协商委员会议事协商要有 2/3 以上成员出席才能进行，根据需要，经协商委员会同意，居住本辖区居民、辖区单位、社会组织代表和虽非辖区居民但与议题相关的人员可以参加；四是开展具体议事协商，应提前 3 天将有关议题和相关资料通知协商委员会成员和相关人员。议事协商主持人应保证参会人员充分发表意见，不得随意干涉；五是协商委员会成员应在议事协商前就有关议题征求居民意见，并在讨论时反映居民意见。

5. 议题的提出和确定。一是协商委员会成员利用各类载体（走访入户、集中听取、社区 QQ 群、微信、电话、意见收集箱）收集社情民意，提出议题。议题必须是具体、明确、可操作的，一般应以书面形式提出。特殊情况下，居民口头提出的议题，协商委员会成员应如实记录议题内容、议题提出人、相关联系方式等，并由议题提出人签名。二是协商委员会将收到的议题按要求审定后提交村（社区）"两委"审核，决定是否开展社区协商。经审核决定不予开展议事协商的，应通知议题提出人，并说明理由。三是协商委员会提出议事协商的议题，应符合现行法律法规，属于村（居）民自治范围。

6. 议事协商结果。议事协商结果仅供参考，相关主体可以执行，也可以不执行，但是涉及需要村民委员会执行的，必须执行到位。[①]

从上面的描述及我们调查可以发现天长市协商议事的几个特点：一是议题的选择主要是由村支两委筛选，主要是涉及部分村民、村庄局部的一些事务，不是全村的事务；二是参与主体相对比较少，主要是村庄干部、村庄精英加上自治事务的相关主体；三是协商还是采用的民主方式，相关各方相互讨论、协商解决问题；四是协商结果不具有法律性，相关主体可

[①] 摘自天长市《农村社区协商委员会议事协商规则》（范本）。

以接受，也可以不接受。与蕉岭的协商议事相比，天长是以解决问题为主的协商议事规则，并不涉及所有的村民自治事务。

(三) 成都市村民议事会规则

为了推动村民议事会规范运行，成都市根据《关于进一步加强农村基层基础工作的意见》和《关于构建新型村级治理机制的指导意见》文件精神，制订村民议事会议事规则。①

1. 议事主体。村民议事会成员由选举产生，成员不少21人，村干部不得超过50%。每个小组至少有2名村民议事会成员。

2. 议事原则。村民议事会议事决策应坚持依法依规、民主讨论、公开表决和少数服从多数原则。

3. 议事会的职责。村民议事会，是指受村民会议委托，在其授权范围内行使村级自治事务决策权、监督权、议事权，讨论决定村级日常事务、监督村民委员会工作的常设议事决策机构。村民议事会对村民会议负责并报告工作，接受村民会议监督。村民议事会在授权范围内可以撤销和变更村民委员会不适当的行为。

4. 会议召集和组织。村民议事会会议每季度至少召开一次，村党组织书记认为需要时，可以召开村民议事会会议；村民议事会会议由村党组织书记负责召集并主持；村民议事会须有4/5以上成员到会方能召开。村民议事会召开会议时，村党组织成员和村民委员会成员可列席；经村民议事会同意，本村村民、村集体经济组织或其他组织主要负责人、议题相关人可以列席，但不享有表决权；村民议事会召开会议时，会议召集人应当保证议事会成员充分发表意见，不得随意干涉；村民议事会召开会议时，应提前3天将会议议题通知村民议事会成员，并予以公告。

5. 议题提出和审查。村党组织、村民委员会或其他村级组织，村民议事会成员、10名以上年满18周岁以上的村民联名，可以向村民议事会或村民小组议事会提出议题；议题必须是具体的、明确的、可操作的行动建议，一般应以书面形式提出，特殊情况下，村民议事会成员或村民以口

---

① 成都市建立了村组两级议事会，为了节省篇幅，只将村民议事会的规则列出，村民小组与之大体相同，不予以列出来。

头方式提出议题的，村党组织应如实记录议题内容、议题提出人，并由议题提出人签名（捺印）；提交村民议事会的议题，由村党组织负责受理并审查；村党组织受理议题后，应对议题进行审查，决定是否提交村民议事会；经审查不同意提交村民议事会，应通知议题提出人，并说明理由；提交村民议事会的议题应当符合现行法律法规和政策的规定、属于村民自治范围。

6. 议事程序。清点并报告到会人数。村民委员会报告村民议事会议决事项的执行情况；村党组织通报议题提出和审查情况；村党组织通报提交本次会议审议的议题内容和提出人；议题提出人对议题进行说明，议题联名人发言，议事会成员就议题依次发言，议事会成员就议题进行辩论。对议题逐项进行表决。

7. 议事规则。村民议事会成员发言应当表明赞成或反对，并说明理由。不得有侮辱、人身攻击的言行，不得发表与议题无关的言论；对意见分歧较大的议题，会议召集人应当提议搁置议题，经实到会半数以上人员同意，交由下次会议审议表决；村民议事会表决实行一人一票制，原则上应采用无记名投票方式进行；表决结果由会议召集人当场公布；表决议题由村民议事会全体成员的 2/3 以上人数通过；表决时，任何人不得强迫他人赞成或不赞成某项议题；表决前，可以提出将议题提交村民会议、村民代表会议的动议；经实到会人员过半数同意，议题应提交村民会议或村民代表会议讨论决定；做好会议记录，包括会议议题、双方观点、表决结果等，经到会人员签字确认后归档；村民议事会通过的决定，应向村民公布。

8. 决定的执行和监督。村民议事会通过的决定，由村民委员会负责组织实施；村民议事会负责对决定执行情况进行监督；对违背决定内容或执行不力的，村党组织书记召集人应召集村民议事会专题讨论，提出整改意见；对造成重大损失的，向村民（代表）会议提出处理意见；村民议事会成员认为必要时，可列席村民委员会相关会议；对村民委员会未经村民会议、村民代表会议或村民议事会讨论通过实施属于村民自治范围内的事项，村民议事会有权审查并否决；村民议事会应采取设立意见箱、随机勘察、调查走访、查阅资料等形式对决定执行情况进行监督，并定期向村民公布。①

成都市的村民议事会具有如下特点：一是几乎所有的村民自治事务，均可以纳入议事范畴；二是议事会是村庄的权力机构，村委会成为了执行机构；三是议事过程和程序都有严格的、详细的规定；四是村民议事成员的产生体现了民主性、代表性；五是议事会成员议事具有规范性、程序性，从而具有合法性；六是议事结果具有法律性，村委会必须执行。按照村民议事会规则能够真正实现人民当家做主，村民自治真正能够有效实现。

（四）南海区各类议事规则

广东省的南海区因为经济发达，村务管理和利益分配相当复杂，所以建立了各种各样的议事规则：一是南海区村（居）学组织议事规则；二是南海区村（居）民委员会议事规则；三是南海区村（居）社区参理事会议事规则；四是南海区村（居）经联社议事规则；五是南海区经联社监事会议事规则。② 可以说，广东省的南海已经建立了基层组织多个议事规则，党组织、村（居）委员会、社会组织、经济组织都成立议事会。③

从南海各类议事规则来看，一是政经分开，村庄政务、经济事务分开议事，议事更加专业化；二是社会组织成为一个参与的主体，成了村民自治的重要主体，村民自治主体更加多元；三是议事会成员具有代表性；四是议事过程具有程序性和规范性；五是村民通过这些组织参与村庄事务，体现了人民当家做主；六是在各类议事会中体现了民主性、合法性；七是经联社的议事规则具有"法律性"。

三 以规则为核心的村民自治

通过对上述四个地区议事规则的描述，我们可以对四个地区村民议事规则得出基本的结论及进行深入地讨论和分析。

---

① 摘自《成都市村民议事会议议事规则（试行）》。
② 由于议事规则比较多，为节省篇幅本章就不一一描述，采取概括介绍法来介绍。
③ 分别摘自党组织、村（居）委员会、社会组织、经济组织议事规则。

（一）议事规则的自治逻辑

规则是指有关什么行动（或结果）是必须的、禁止的或者允许的，以及不遵守规则时会受到什么制裁的规定。[①] 虽然《村组法》规定了村民自治的基本原则，但是仅有这些原则显然无法实施自治，还需要制订选举规则、议事规则、表决规则、监督规则等。总体来看，自治议事有四大规则：一是议事会成员产生规则；二是议题选择规则；三是议事规则；四是议事结果处理规则。

议事会成员的产生规则。主要包括四个方面：一是议事会成员数量规定，要选择多少成员才使议事具有代表性；二是议事会成员选择规定，议事成员的资格如何确定，谁可以成为议事成员，如何选择议事会成员；三是议事会成员参与议事的规则，如不参与如何请假，参与应该如何行事；四是议事成员的权利和义务规则，即议事成员有什么样的权利，承担哪些义务。

议题选择的规则。主要包括四个方面：一是提出议题的规则，议题由村支两委提出，还是议事会成员提出，或者是村民联合提出；二是收集议题的规则，谁来收集议题，是议事会成员，还是村支两委，或者是支委；三是遴选议题的规则，哪些议题可以进入议事程序，如何确定进入议事程序的标准；四是议题纳入议事程序的规则，如何让议题进入议事程序，如何公示，如何与议事会机构沟通纳入议事程序。

议事规则。议事规则是村民自治的核心规则，主要包括七个方面：一是议事通知规则，召开议事会之前要通知议事会相关成员，与议题相关的其他主体，有时议事会还要公示议事议题；二是议事主持规则，议事会主持人的资格，主持人主持的基本原则，如中立的原则和伦理；三是议事陈述规则，提出议题的相关方陈述议题；四是议事讨论规则，议事会员及列席会议的相关主体讨论及讨论的规则，如讨论时间的规定，讨论中不能出现攻击和谩骂，不允许打断别人的话语等；五是议事表决规则，讨论结束后，要对议题进行表决，要规定表决的方式、方法，是举手表决，还是投

[①] ［美］奥斯特罗姆等：《规则、博弈与公共池塘资源》，王巧玲、任睿译，陕西人民出版社2011年版，第39页。

票表决等；六是议事记录规则，整个议事流程和讨论要进行记录，每位参与者要对自己的发言确认并签字，议事记录要存档；七是议事结果的公示，结果如何公示，在哪里公示，公示时间多长，如果遇到异议如何处理。

议事结果处理规则。主要包括四个方面的规则：一是议题结果的提交规则，如何提交，提交给哪个机构；二是议题结果进入处理程序，村委会或者相关主体落实相关议题，如修路、补桥等；三是议事会对议题结果处理的监督，议事会对执行主体的执行过程进行监督；四是议题执行机构对议事会报告处理结果，执行主体将落实情况向议事会报告。

从上面可以看出，议事会的议事过程其实就自治过程，自治过程又是由相关规则链条构成的。所以规则及其链条构成了村民自治过程，可以称之为"规则型自治"。

（二）规则界定了自治权利

从四个地区的议事来看，议事规则其实就是界定村民自治权利的过程，而且也是将国家赋予村民自治的权利落实的过程。议事规则主要界定了大多数村民的自治权利：

参与的权利。没有议事规则时，村支两委可以忽略农民的需求进行管理和决策，但是有了议事规则，村支两委必须按照规则来处理村务。在议事规则中，参与权利主要体现在四个方面：

选举的权利。议事会的成员由村民选举产生。表达的权利。村民对于村务或者对于自己想解决的问题，可能通过多方表达来形成议题，或者将自己的想法向议事会成员反映和表达。

知情的权利。因为在议事过程中有议题的公示、结果的公示，还有议题落实的公示，每个环节的公示就保证了管理、决策信息公开和村民的知情权利，而且村民也可以查阅议事会的议事档案，咨询议事会成员。这些规则就让整个村庄的决策、村务的管理处于公开、透明的状态。

监督的权利。村民可以在任何一个公示环节提出自己的意见或者质疑。同时村民也可以通过议题的处理来发表意见，还可以提出重新讨论，整个议事过程（决策、管理和监督过程）都处于村民的监督之下。因此，这些规则可以有效地保障村民的监督权利。

议事成员及相关主体的自治权利。对于大部分村民来说，无法直接进入议事过程，只能通过参与、知情、监督来实现自己的权利，或者通过议事会成员代表自己参与。但是议事会成员及相关参与议事的主体，既是村民参与自治的代表、委托人，又是直接参与自治的参与人。因此，规则保障了直接参与议事村民的自治权利。

可见，议事规则、协商规则及各类参与规则保障了村民通过这些规则参与村民自治，使村民自治从虚变实，从理想变成现实。

(三) 规则以民主自治为基本原则

规则的制订、运行都体现了民主精神，不仅规则制订是民主的过程，而且规则的运行过程更是民主的体现，它是民主自治的结果。每个地方的议事会的规则都会明确表示，坚持村民自治的原则，坚持民主议事、民主决策的原则。除了将民主作为议事的最主要的原则外，议事过程也处处彰显了民主的理念和精神。

议事会成员与民主选举。议事会成员要么由村民选举产生，要么由村民代表选举产生。议事成员选举、候选人的推选及选举资格等都按照《村组法》的要求来实施和规范。当然在议事会成员的罢免方面没有过多的规则。

议事与民主管理。议事会本身的产生可能是由村支两委，也可能是上级政府指导下产生的，但是议事会的产生规则、议事会的议事规则，则是村民代表会议，或者议事会议民主讨论决定。而且议事会还制订了与村民自治有关的很多自治事务的处理规则。可见，议事会及其议事体现了村民的民主管理。

议事与民主决策。议事会除了制订规则，还会就公共事务进行决策，如对公共事物进行讨论，然后进行表决。表决过程就是民主决策的过程。因此，议事会及其议事更是民主决策的体现。而且这一规则的设计解决了《村组法》长期以来一直没有解决的民主管理、民主决策的问题。

议事与民主监督。议事会整个过程的选举、公示、投诉、异议等都体现了议事会及其议事具有民主监督的功能。

(四) 规则提供村民自治的渠道和机制

村民自治要有效实现，不能仅仅只有法律文本，也不能只有自治的条件，如利益相关、产权相连、规则适度，还需要配套的制度、配套的渠道和机制才能够让法律落地，才能够让自治条件转换成有效的自治。村民议事会及其议事规则其实是村民自治有效运行一个渠道和机制。

1. 议事会本身就是一个自治平台

村民议事会是在《村组法》规定的自治平台上发展起来的一个自治平台。它不同于村民会议，也不同于村民代表会议，而是根据《村组法》的基本原则建立的落实民主管理、民主决策的一个平台，而且是为了弥补法定平台不足而设置的一个参与平台。如村民代表会议，设置很理想，但是实施相当困难。如果一个村庄有5000人，按照10%的比例遴选村民代表，也会有500人。这么大规模的代表，既无法讨论，也无法管理，更无法决策。因此需要根据《村组法》建立适合的自治新平台，各地推出的议事会、理事会、协商会等都是对村民自治平台的创新和发展，本身就是自治平台。

2. 议事规则保障村民参与的渠道

村民议事会平台为村民参与村务管理和决策提供了参与平台，一是提供了表达平台，如议题收集，就源于村民的表达和诉求；二是提供了参与平台，如议事会成员的选择就是投票决定的，议事会成员的参与议事既是成员的参与，也是代表村民参与；三是提供了知情渠道，议事的每个环节都会有公示机制及其反馈机制，为村民提供了知情渠道，也提供表达和参与渠道。

3. 议事会的程序设定了参与机制

议事会的各项规则是一个环环相扣的规则链条。上一个环节是下一个环节的前提和基础，没有上一个环节的完成，就不可能进入下一个环节。这种连环程序性规则就保障了村支两委和议事会必须按照设定的程序规则议事，按照程序设定的规则进行民主选举、民主管理、民主决策、民主监督。每一个环节都取决于上一个环节，且下一个环节又受制于上一个环节。这种连环程序性规则的设计就是一种确保村民参与的机制，也是保障村民自治权利的有效手段。

通过上述四个方面的分析和考察，我们可以发现，村民议事会及其议事过程其实就是村民自治的过程，就是村民自治权利实现的过程，还是履行村民自治精神和理念的过程。这个过程以规则为核心，所以我们可以将这种以规则为核心的自治称为"规则型自治"（见表7—1）。

表7—1　　　　　　　四个地方村民议事规则的比较

	蕉岭	天长	成都	南海
村庄经济情况	一般	一般	较发达	发达
议事的主体	村支两委成员、理事会代表、村民代表、乡贤	村支两委、村民代表、乡贤	选举产生的议事会成员	多个主体参与多个议事会议
议事的原则	民主讨论	协商讨论	民主讨论	民主讨论
议事的范围	村庄公共事务	局部公共事务	村民自治所有的事务	村民自治所有的事务
议题的选择	村支两委决策议题	由村支两委筛选议题	按照公开程序决定议题	各类议事会确定各自的议题
议事的规则	很详细	一般性规定	非常详细	非常详细
议事的程序	严格的议事程序	有程序但不严格	严格的议事程序	严格的议事程序
议事会的权力	较大的权力	较小的权力	非常大的权力	经联社的权力最大
议事的结果	结果具有一定的"法律性"	结果不具有"法律性"	结果具有很高的"法律性"	经联社的结果具有"法律性"
议事的性质	民主决策、民主管理落实	协商民主一定程度上实现	民主决策、民主管理、民主监督均落实	民主决策、民主管理、民主监督
自治成效	自治有效运行	局部区域的自治有效运行	自治有效运行，人民当家做主	自治有效运行，人民当家做主

四 规则型自治的产生与有效实现

规则型自治为什么会产生呢？规则型自治的有效运行由什么因素决定呢？规则型有哪些基本类型？根据前面的叙述和总结，我们可以进行深度地考察和分析。

(一) 规则型自治的产生及成效

为什么有些地方产生规则型自治，而很多地方都没有产生规则型自治呢？从四个地区的案例及实践调查来看，规则型自治产生主要有四个原因：

首先，经济发达程度诱致规则型自治。从规则型自治来看，主要出现在广东的佛山、东莞等经济发达的地区以及成都等经济较发达的城郊地区。经济较为发达，利益关系复杂，协调利益关系、分配关系极为困难。在这种情况下，要理顺利益关系和分配关系，主要有两条路：一是用权威进行分配，不允许有反对声音，即使有反对声音，也不理会。这种方式最普遍，如江苏、浙江比较发达的地区及北方城郊发达地区，均是用权威的手段进行行政性分配和调整利益关系，在这种情况下难以产生规则型自治；二是用规则进行分配，即先通过民主方式建立规则，然后用民主议事的方式按照规则调整利益关系和分配关系。如果权威管用，且村民自愿服从、认同，采取权威方式的确能够降低调整成本和分配成本。如果权威不管用，只能建立规则，以规则进行分配和调整。广东佛山、东莞及成都市郊等经济发达地区就选择了后一种治理方式：即规则型自治。广东南海在20年前就已经开始探索规则型自治，四川成都也在10年前就开始探索。

其次，公共事务和设施诱致规则型自治。经济发展会产生规则型自治的内生需求，但是也可能不会产生，而且在一些经济欠发达地区也开始尝试和引进规则型自治，如广东的蕉岭和三水，安徽的天长等经济不太富裕的地区，也在试验试点规则型自治。在这些地方并没有太多的经济利益关系，但是有一些公共事务和公共设施建设，如这些地方在实施新农村建设，有政府的公共投入。这些公共事务和公共建设可以采取两种方式解决：一是行政方式直接安排，北方、江苏等很多地方均是采取这种方式。

在这种建设方式下村民参与程度不高,建设的供给与需求匹配度不高,村民配合或者支持程度不高;二是按照民主议事的方式解决,如广东蕉岭、三水、云浮,安徽天长等地就引进发达地区的规则型自治方式来处理公共事务和公共建设,即民事民议,民事民治,民事民管。我们在一些落后地区看到规则型自治,大多采取这种方式诱导了规则型自治的发展。

再次,国家强制性改革创新的制度安排。国家制度的安排也会导致规则型自治的产生,如最近几年农业部门推进的承包土地确权、三权分置、农村集体资产股份权能改革等,特别是后者明确规定,改革必须按照村民自治的原则实施,而且要求所有的人都必须参与,如资格认定要签字,股份认定要签字。同时还规定只有实施了上一轮参与程序,才能够进入到下一个程序。这种强制性的改革创新要求按照村民自治的方式推进,而且在程序设定上规定必须形成自治循环。这种制度改革创新也能够带来规则型自治,如湖北的京山县,既不是经济发达地区,也不是公共事务、公共设施建设比较多的地区,而是在推行农村集体资产股份权能改革过程中在部分富裕的村庄如城郊的城畈村形成了规则型自治。但是这种强制型制度改革在经济欠发达的村庄,固然可以引进规则型自治,但是规则型自治不可能真正持久运行。可见,强制型改革创新要与经济发达程度结合,才可以将规则型自治长久地持续下去。

最后,有情怀的地方官员推进社会治理。2006年以后国家提出了社会治理的政策,一些发达地区开始引进广东佛山、东莞的规则型自治,一些欠发达地区为了推进地方治理,也会引入规则型自治,如湖北省的秭归县能够实施幸福村落、村落自治,建立了"两长八员制度"等一系列的规则型自治,就是当时县委、县政府及民政部门等一批有情怀的官员引进议事会制度并根据本地特点进行改造的村落自治。再如广西的河池的"党领民办,屯自治"、广东清远的"自然村自治"等都是一批有情怀的官员,主动将发达地区的议事会制度、规则型自治制度引入,以此改善本地的社会治理。

虽然规则型自治有四个原因,但是归纳起来就是两大因素:公共事务和经济发达程度,将两个变量建立一个二维象限图,会形成四种典型的规则型自治(见图7—1):一是经济发达—公共事务多的规则型自治(A点),这类自治成效最好;二是经济发达—公共事务较少的规则型自治

(B点),这类自治成效较好;三是经济欠发达—公共事务较多的规则型自治(C点),其成效也比较好;四是经济欠发达—公共事务不多的规则型自治(D点),规则型自治难以运行。

根据上述分析,可以得出如下几个结论:一是规则型自治的产生有经济发展、公共事务、公共建设的内生需求,同时也有改进和完善基层治理而主动引进的规则型自治。经济发展或者公共事务引致的自治,一旦建立要想改变为行政权威型治理就相当困难,如顺德、南海、东莞等地;二是欠发达地区为完善基层治理引进的规则型自治,因为不是经济社会发展内生需求,是外部引导建构,一旦外部引导力量消失,则会退回为行政权威型治理,如广东的云浮、福建的海沧等地均是如此;三是国家强制性改革创新要求建立的规则型自治,只有在经济较为发达的地区建立规则型自治才会持久,欠发达地区难以持续或者形式化运行。

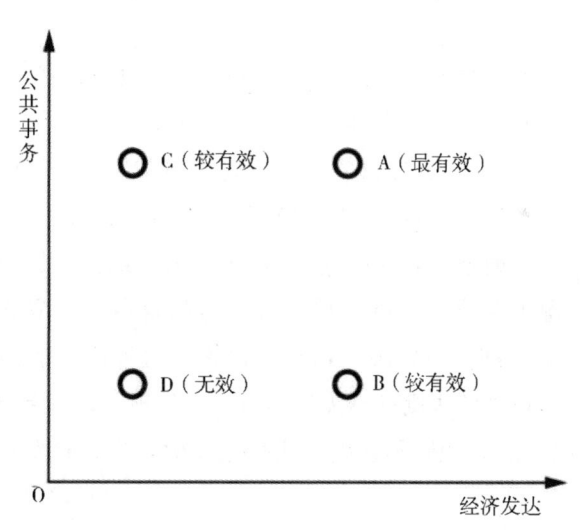

图7—1 公共事务、经济发达与规则型自治

(二)规则型自治有效实现的决定因素

从四种规则型自治及各地的实践来看,规则型自治要有效运行有两个基本的条件,一是经济较为发达;二是公共事务较多。有了这两个条件可能会产生规则型自治,但是却无法保障规则型自治的有效实现。要使规则型自治有效实现,取决于两个因素:规则详细程度和规则执行程度。

规则详细程度与有效自治。规则型自治的发展就是对《村组法》规定自治的具体化，因此规则制订得越详细，越有利于村民落实规则自治。如议事会成员的选择的规则、议题筛选的规则、主持人主持的规则、议事的基本程序等。规则详细就能够明确执行或者监督执行。规则详细程度只是为规则型自治有效运行提供了可能，但是不能保证能够实现有效运行。

规则执行程度与有效自治。规则型自治要有效运行，还依赖于规则的执行程度。规则如果不执行，等同于没有规则。中西部很多地区的村民自治形式化，就在于没有认真执行《村组法》。有些欠发达地区引进了规则型自治，但是一旦引进规则的领导调走，详细的规则也就形式化了，可见只有详细的规则还不行，还需要有效执行，而有效执行只有在经济发达条件下才有可能持续。规则执行程度可以分为完全执行、部分执行和完全不执行。完全执行则能够使详细的规则有效执行，也能够使较简单的制度有效运行。

规则详细程度、规则执行程度与有效自治。规则型自治有效实现取决于规则详细程度和规则执行程度，可以将两个变量建构一个二维象限图（见图7—2），在此可以形成四个经典的规则型自治有效实现的类型：一是有效运行（A点），在规则详细、规则有效执行的情况下，规则型自治会有效运行；二是简单有效（C点），规则不太详细，但是规则执行很有效，在这种情况下会形成一种简单有效运行的自治；三是形式主义自治（B点），规则很详细，但是规则执行不严格，这种情况下就只能是形式主义的自治，即详细的规则基本无法运行，导致规则型自治无效运行；四是无效运行（D点），规则不详细，执行也无效，不管有没有规则，都是无效运行。

（三）规则型自治的价值和前景

规则型自治是经济社会发展的结果，是人们对治理村庄的一种内在要求。规则型自治是对价值型自治、条件型自治的一种发展和超越。虽然规则型自治只在少数经济发达的地区，或者公共事务比较多的地区实践，但是它已经产生了自己的价值：它促进了村民自治的升级，即从1.0版本的村民自治提高到2.0版本的村民自治。规则型自治能够为村民提供参与渠道和机会，保障了村民自治的权利，更重要的是为村庄事务的治理提供了

第七章 规则型自治：迈向2.0版本的中国农村村民自治

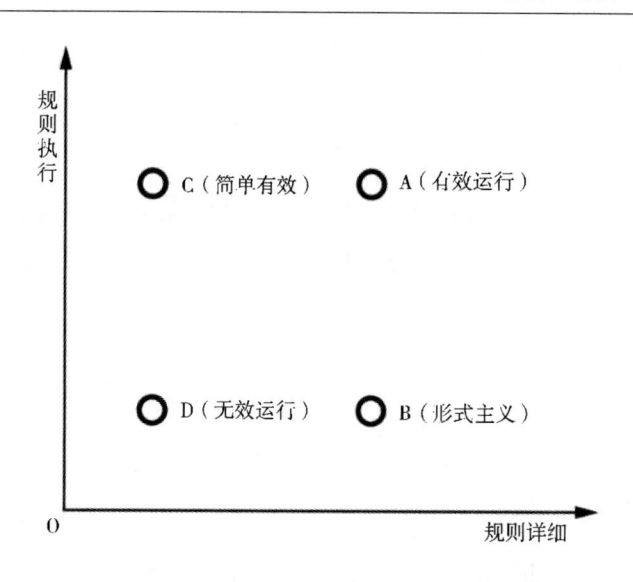

图7—2 规则详细、规则执行与自治有效

规范性和合法性。

从本章的四个案例来看，规则型自治开始只是出现在经济比较发达的地区，后来推广到公共事务比较多的地区，再后来为欠发达地区引进促进社会治理，现在越来越多的地区开始实施规则型自治，如安徽的天长的协商治理等。规则型自治由于内生所具有的治理价值、合法性价值、认同性价值、规范性价值，随着经济社会的发展及治理的需求，将会被越来越多的村庄采用，而且对于经济发达、公共事务多的村庄一旦使用规则型自治，就不可逆转。可以预见，随着经济社会的发展，随着规则型自治的推广，中国农村村民自治将在整体上从1.0版本上升到2.0版本。

第八章　程序性自治：村民自治有效实现的规则基础[*]

最近几年国家在推进集体资产股份权能改革的试点工作，要求试点单位必须严格按照村民自治程序和要求实施，没有完成上一个流程，就不能进入下一个流程。集体产权改革的规则性程序的实施为村民自治带来了意想不到的效果：激活了村民自治。广东省东莞市对于集体资产的处置，要求经过股东会议或者股东代表会议表决并进行公示，否则不能进入集体资产交易中心交易，这一政策要求保障了村民知情权和监督权的实现。显然这种规则性程序制度的安排带来了有效自治，我们可以将这种通过程序安排而形成的村民自治称为"程序性自治"。笔者由此提出一系列问题，程序性自治是如何形成的，或者说由什么因素决定的？程序的详细性和约束性如何影响程序的有效性？程序的有效性及规则执行能否使程序性自治有效实现呢？

对于村民自治的研究，曾经有几种观点。第一，有法律文本就会有村民自治。在20世纪八九十年代，很多学者都对此抱有信心，认为只要有了《村组法》，村民自治就会有效实现。[①] 第二，村民自治有效实现需要条件。徐勇等教授与笔者通过对过去30年村民自治实践的反思研究认为，仅有《村组法》不足以保证村民自治的有效实现，还需要适宜的条件。

---

[*] 本章作为独立论文发表于《学术界》2019年第4期。原文与唐丹丹博士合著，收入本书时，获得了她的同意，在此表示感谢！

[①] 欧博文：《中国村民委员会组织法的贯彻执行情况探讨》，《社会主义研究》1994年第5期。

徐勇教授认为，村民自治的单元可以下沉的村民小组。① 笔者认为，村民自治要有效实现需要利益相关和产权相连。② 胡平江、任路、白雪娇则认为，地域相近、③ 文化相连、④ 规模适度也是村民自治有效实现的条件。⑤ 第三，村民自治有效实现还需要有规则。因为很多地方有了法律文本，也有了自治条件，但是村民自治依然没有实现或者没有有效实现。有些学者就反思，认为可能村民自治还缺少有效实现的规则，如果有了详细的规则，自治将会有效实现。⑥ 白雪娇也对规则、自治单元与有效自治之间的关系进行了探索。⑦

上述"法律说""条件说""规则说"都无法解释最近在农村改革过程中出现的政策程序实施所导致的有效自治现象。可见，在法律文本、适应的条件的基础上，如果有强制性的实施程序，也能使村民自治有效实现。因此，本章就研究程序的详细性、约束性对村民自治的影响，考察程序的有效性、规则执行效度与村民自治有效实现的关系，最后从宏观层面探讨程序性自治的决定因素及相关条件。

一 议事、改革、交易的程序与类型

在各地改革实践中，主要有三类程序对村民自治有较大的影响：一是各地议事的程序对自治的影响；二是农村改革的政策程序对自治的影响；三是集体经济组织资产交易程序对自治的影响。为此本章选择成都市的议事会、天长市的产权改革和东莞市的集体资产交易案例为研究对象。

---

① 徐勇：《"组为基础，三级联动"：村民自治运行的长效机制》，《河北学刊》2011年第5期。

② 详见本书第一章。

③ 胡平江：《地域相近：村民自治有效实现形式的空间基础》，《华中师范大学学报》（人文社会科学版）2014年第7期。

④ 任路：《文化相连：村民自治有效实现形式的文化基础》，《华中师范大学学报》（人文社会科学版）2014年第7期。

⑤ 白雪娇：《规模适度：居民自治有效实现形式的组织基础》，《东南学术》2014年第5期。

⑥ 详见本书第七章。

⑦ 白雪娇：《规则自觉：探索村民自治基本单元的制度基础》，《山东社会科学》2016年第7期。

（一）内生需求性程序：成都市议事会议事程序

成都市农村随着城市化的发展，村庄集体经济增长很快，村庄公共事务增多，利益关系越来越复杂，分配也越来越难了。仅仅依靠村支两委的权威和行政力量无法有效的治理村庄，因此成都市决定根据自治的基本原则建立议事会，以规则和程序及村民的民主参与来调整利益和分配关系。成都市议事会的议事规则主要包括如下几个程序：

第一部分：议题的提出与审查。

议题的提出主要有 6 个步骤，一是议题提出，村民根据自己的需要提出议题；二是村党组织审议议题；三是如果同意就公示，不同意就向议题提出者解释说明；四是将议题提交给村民会议，或村民代表会议动议；五是动议通过后进行公示；六是公示后再移交给村民议事会议事。

第二部分：议事的基本程序。

村党组织将议题提交给议事会后，就进入议事环节，主要包括 13 个流程和环节：一是在议事前先通知议事会成员及相关主体；二是清点到会人员并报告到会人数；三是村民委员会报告村民议事会议决事项的执行情况；四是村党组织通报议题提出和审查情况；五是村党组织通报提交本次会议审议的议题内容和提出人；六是议题提出人对议题进行说明；七是议题联名人发言；八是议事会成员就议题依次发言；九是议事会成员就议题进行辩论；十是对议题逐项进行表决；十一是主持人当场宣布表决结果；十二是村民议事会通过的结果向村民公布；十三是通过的结果向村党组织备案。

第三部分：执行和监督程序。

村民议事会通过的决议交给村委会执行，主要有如下 4 个环节和流程：一是村委员执行；二是村民议事会可以在执行过程中进行监督，如果发现偏差，可以提出整改意见，如果造成损失，可以提出处理意见；三是对于未经村民议事会讨论的事项，议事会可以否决；四是村民议事会采取设立意见箱、随机勘察、调查走访、查阅资料等形式对决定执行情况进行监督，并定期向村民公布。

通过对成都市村民议事会议事程序的分解可以发现，整个议事程序分为三大部分：每个部分分别有 6、13、4 个流程或者环节。总体流程和环节为 23 个。这些环节环环相扣，每个环节为下一个环节提供执行的合法性。因为村民议事会议事程序和要求是为了解决问题而设置,我们将这类程序称为内生需求型程序。虽然内生需求性程序是村庄内部发展的需要,但是并不表明政府及其相关人员对程序的安排没有影响,其实很多程序性规则是由政府的相关部门及专家帮助完善而形成,但内部需求是议事会议事程序产生的根本原因。

(二) 政策嵌入性程序：天长市产权改革程序

在最近几年,国家的一些改革政策也会要求按照村民自治的原则实施,而且各地要制订相关的规则和程序。我们将这种规则和程序称为"政策嵌入型程序"。农村集体资产股份权能改革就是比较典型的"政策嵌入型程序"。在此以安徽省天长市的改革为案例进行考察。

第一部分,集体成员身份界定。

集体成员身份界定是改革的第一个环节,也是最重要的环节。大体包括6个环节和流程：一是成立组织（领导小组和调查小组）；二是发布公告（登记对象、基准日、时间、方式）；三是摸底登记（个人基本信息、户籍变动情况、身份类型）；四是方案制订（五级会议研究、讨论并表决,五级主要包括：村两委会议—村民代表会议—村民大会—小组会议—户代表会议）；五是审核公示（村务公开栏）；六是编制名册上报备案（乡镇审核、市农委备案）。

第二部分,清产核资。

清产核资可以与集体成员身份界定同时进行,从各地来看都成立了专门的清产核资小组,主要有8个流程和环节：一是制订方案；二是动员培训；三是全面清理（村级清查小组）；四是价值认定；五是张榜公示；六是民主确认；七是审核上报（村级核查小组）；八是建档建制。

第三部分,股权配置。

股权配置是改革的第三个大程序,合计有4个流程：一是将集体经营性资产净值折股；二是配置个人股；三是对个人配股情况进行公示；四是宣布配股结果。

第四部分,建构治理架构。

在天长市的改革方案中,没有建构治理架构这个环节,其实这个环节相当重要,从相关文件规定来看,大约有5个步骤：一是推荐产生成员代表；二是拟定理事会、监事会组成人员候选名单；三是筹备成员代表大会；四是召开成员代表大会；五是组建集体经济股份合作社。

第五部分，发放证书和管理及备案。

在天长改革中，这个部分与股权配置放在一起的，其实这是两个单独的程序，可以分开统计，这个程序共有 5 个流程：一是按户发放股权证书；二是静态管理股权，赋予占有、收益、继承、有偿退出、抵押、担保这 6 项权能；三是股权证信息动态录入农村集体资产信息化管理平台；四是档案整理；五向市农委备案。

通过对天长市农村集体资产股份权能改革，我们可以发现改革程序性很强，环节和流程很多，总体来看有 5 个大程序，28 个小流程。这些改革环节环环相扣，步步推进。上一个流程没有完成，不能进入下一个流程。政策嵌入性程序，最开始是国家政策强力要求，地方政府和村庄根据国家政策要求，制订改革规则和程序，因此政策嵌入性程序是外部强制的内部化的过程。在这个过程中有些强制要求变成了村民自觉行为，有些则没有成为村民自觉的行为。

（三）外部强制性程序：东莞市集体产权交易程序

所谓外部强制性程序，就是一些涉及农村的问题，如财务托管、土地征用、产权流转等，在政策设计中要求必须按照村民自治原则实施。这些强制性的程序要求只有按照村民自治完成了流程，才有资格进入新的流程，如东莞市的集体资产产权交易程序就是典型的外部强制性程序的制度安排。东莞市的集体产权交易程序分成三个大部分：

第一部分：申请前自治程序。

对于村内重大资产重组、变更、交易在申请前，需要实施 3 个流程：一是向镇（街道）集体资产管理部门提出申请；二是申请批准后，集体经济组织召开股东大会或者股东代表大会表决；三是表决通过后，理事会准备相关材料向交易机构申请交易。

第二部分：申请交易程序。

对于申请和交易程序主要有 3 个的流程：一是向交易机构提出申请，必须提交股东大会或者股东代表大会表决的结果；二是交易机构会在相关网上公开发布交易信息；三是集体经济组织在本地财务公开栏公示不少于

5个工作日。

第三部分：交易及结果处理。

对于交易过程及交易结果处理有3个流程：一是在交易竞价时，集体经济组织的理事会成员和监事会成员到场见证监督全过程；二是交易达成后，交易服务机构与集体经济组织签订集体资产成交确认书；三是交易服务机构在网上公布，集体经济组织要在本地财务公栏中公示交易结果不少于5个工作日。

通过上述集体资产交易程序的描述，可以发现总共有3大程序9个环节。虽然这是一种外部交易，但外部交易的规则中明确了村民自治的程序：必须经过股东大会或者股东代表大会表决；申请交易时也要提交表决结果；交易时集体经济组织的理事会、监事会成员要到场见证和监督；交易前后都需要在本地财务公开栏公示；交易机构也会向全社会公布。所以，集体产权交易的每个环节和流程都要求按照村民自治的原则进行。

二 规则性程序中村民自治及类型

通过对三个地区、三类规则性程序的描述和梳理，我们可以从理论上考察规则性程序与村民自治之间的关系。

（一）不同程序类型中的村民自治

1. 内生需求型程序中的村民自治

在成都市的村民议事会的议事规则中，包括三大程序23个流程。这些流程将《村组法》的原则性规定，予以具体化、细致化。议事会的议事规则和程序涉及村民自治的方方面面：民主选举、民主管理、民主决策和民主监督。成都市的议事会及其议事充分体现了村民自治，或者议事过程本身就是村民自治的过程。它是根据《村组法》及当地经济社会实际做出的选择，是村民自治的创新和发展（见表8—1）。

2. 政策嵌入型程序中的村民自治

农村集体资产股份权能改革属于典型的政策嵌入型程序，这一程序的设计给村民自治带来了活力。安徽省天长市的产权改革主要有5个部分28个流程和环节。国家改革政策嵌入到了村庄，与村民自治紧密结合起来，或者说国家政策的落实需要通过村民自治的具体化和细节化来实现。因此各地指导村庄制定了适合本村的改革规则和程序。这些改革规则和程序的实施过程就是村民自治的过程，它涉及民主管理、民主决策和民主监督，国家的改革政策是村民自治的撬动者和推动者（见表8—1）。

3. 外部强制性程序中的村民自治

东莞市的农村集体资产交易程序也涉及村民自治，主要有3个部分9个流程或程序。因为集体资产交易规则和程序并不是专门针对村务管理，只是要求按照村民自治来实施，才可以进入交易程序。正是交易规则和程序的这种要求，倒逼村庄必须严格按照村民自治的程序表决、公示和申请，主要涉及村民的民主参与权和知情权。因为这是对某事件的规则和程序，只涉及部分村民自治的内容，但是不要小看自治的倒逼机制，它通过这种机制促进了村民自治及其在产权交易中的有效实现（见表8—1）。

表8—1　　　　三个地区规则性程序与村民自治的关系

	内生需求型程序 成都市	政策嵌入型程序 天长市	外部强制性程序 东莞市
大的程序（个）	3	5	3
流程和环节（个）	23	28	9
经济发达程度	较发达	一般水平	发达
村民参与度	高	较高	高
程序的产生	内生需求	政策嵌入	外部强制
自治的内容	民主选举、民主管理、民主决策、民主监督	民主管理、民主决策、民主监督、知情权	程序性民主参与、知情权
自治的范围	全领域	专项领域	某项事件
自治有效性	最有效且最持久	有效不持久	有效且持久

（二）规则性程序中的自治规则

1. 保障村民参与权的规则

参与是村民自治的起点和基础，没有参与就不可能有自治。在三个地区、三类规则性程序中有一个共同的特点,就是规则性程序保障了村民的广泛参与,如在成都市的村民议事会议事规则中,各个程序、各个环节都要求保障村民的参与权利。在天长市农村集体资产股份权能改革中,明确要求召开村民会议、村民代表会议,明确要求村民签字认可。在东莞市集体资产交易规则中,明确要求集体经济组织——经济社、经济联社召开股东代表会议或者股东会议表决。因此,天长市的改革明确要求按照村民自治的原则实施,确保村民参与的权利,所以,规则性程序内置了村民自治的参与规则。

2. 保障村民知情权的规则

村民自治的前提是村民要有知情权,有了知情权,才可能参与和监督。从三个地区的规则性程序中可以发现,不管是内生性的程序性规则,还是外生性的程序性规则,都明确要求保障村民的知情权,如成都市议事会的议事规则明确要求,议题确定后要公示、议题结果要公示、议题处理结果也要公示。天长市在成员资格界定、清产核资、权股配置等都要求"两轮公示"或者"三轮公示"。东莞市的集体资产交易也明确了公示的条款,申报前要公示,交易结果要公示。因此,各地的规则性程序均要求通过公示保障村民的知情权,可见,规则性程序中内置了村民自治的知情规则。

3. 保障村民监督权的规则

监督是村民自治的重要内容,也是"四大民主"之一。其实三个地区的规则性程序本身出台就是一种监督。除此之外,在规则性程序中还有两个程序。一是村民咨询监督。如成都市规定,村民可以自我查询议事会的议事记录,也可以向议事会成员咨询。二是工作报告监督。议事会或者理事会向村民报告工作,理事会要向股东大会或者股东代表大会报告工作。三是村民质疑监督。程序性规则公示后,允许人们质疑,允许提出异议。因此,程序性规则已经具有了民主监督环节,而且通过程序性规则保障村民的民主监督权。

(三) 程序链条中的自治保障

如果程序性规则只是内置了村民自治的内容,包含村民自治的机制。

这还不能区分规则性自治与程序性自治。① 两者最大的区别是：程序链条具有连环保障机制，即各个程序之间、各个流程之间环环相扣，层层推进，只有按照村民自治原则完成上一个程序和流程，才能够进入下一个程序和流程；否则无法进入，即使强制进入也不具有合法性。

1. 程序系统保障

在程序性自治中，整个程序规则构成了一个系统。每个部分有各自的功能，如成都市村民议事会议事规则的三个部分：议题提出与审查、议事基本程序、执行和监督。这三个部分共同构成了村民议事系统，每个部分有自己的自治功能和价值，而且每个部分都不能缺少。程序的系统性决定了只要议事就必须经过三个大程序，否则不仅无法进行，而且还没有合法性。可见，程序的系统性为村民自治提供保障。

2. 程序接力保障

在程序性自治中，不仅每个大程序之间必须逐个推进，而且大程序内部各个流程和环节也要环环相扣，步步推进。只有完成了上一个流程，才能够进入到下一个流程。如果没有完成上一个流程，系统不会允许进入下一个流程，即使强制进入，也不具合法性。这就像"接力赛"一样，可以称之为"程序接力保障"，通过程序、环节之间接力的方式保障村民自治的有效运行。

3. 程序倒逼保障

东莞集体资产交易的规则本身不是对村庄自治事务的规定，只是交易规则性程序中明确规定了村民自治的要求：一是要求交易前经过集体经济组织表决；二是要求表决后再公示；三是交易过程要求理事会、监事会成员参与见证和监督；四是交易结果也要求公示。这些交易的程序及程序性规则倒逼着村庄必须按照村民自治的原则、方式表决、公示和申请，否则就无法处理集体资产。可见，外部强制型程序通过程序设置，倒逼村民自治的有效实现。

---

① 在写作程序性自治前，笔者已经完成了规则性自治的文章。最开始笔者认为，规则—程序是一体的，两者共同构成了规则—程序型自治，这个结论并没有错，但是在改革实践中，规则与程序既有联系，也有区别，因此笔者想分别考察规则、程序对村民自治及其有效性的影响。

三 程序性自治的决定因素及有效自治

议事、改革、交易的规则性程序中包含着或者内置着村民自治的内容、程序、机制，因此规则性程序所导致的自治可以称之为"程序性自治"。那么，程序性自治为何会发生？程序性自治由哪些因素决定呢？根据三个地区的规则性程序、程序性自治及笔者在各地的调研观察，程序性自治主要由两个因素决定。

（一）经济发展状况与有效自治

从成都市和东莞市来看，这些地区的农村经济比较发达，特别是集体经济尤其发达。经济发达后利益关系增多，利益调整和分配难度加大。在农民权利意识增长的前提下，再依靠传统的行政力量进行治理，成本比较高，难度比较大。因此，经济发达地区，如东莞、佛山、成都等地就通过建立规则和程序，以规则和程序来调整和分配利益关系，以规则和程序进行治理。以规则和程序调整利益关系本身就是村民自治的内容，如果规则和程序与村民自治高度契合，或者成为村民自治的一个部分，或者本身就是村民自治的过程，规则和程序会促进村民自治的有效实现。从表8—1可以发现，成都市的村民议事会和东莞集体资产交易都使自治得到了有效实现。

（二）政府重视程度与有效自治

政府的高度重视也能够提高村民自治的成效。所谓政府重视是指政府重视利用村民自治改善村庄治理，而不是抵制、全面否定村民自治。政府对规则性程序的高度重视为程序性自治的有效实现提供了契机，政府必然会利用自己的力量推动建立完善的程序性自治机制。如在天长市，当地政府利用农村集体资产股份权能改革试验区的机会，建立了一系列改革规则和程序，改革按照村民自治的原则快速推进，改革成效很好。但是政策嵌入性改革及程序性自治，还需要与当地经济和社会条件结合，才能够使自治有效和持久。

（三）经济发展状况、政府重视与程序性自治

现在将经济发展状况、政府重视程度放在一个模型中考察，我们会发现，有效自治是经济发展状况和政府重视程度的函数，即程序性自治的有效性是由村庄的经济发展程度和政府重视程度决定的。我们用这两个变量建立一个二维象限图，可以发现两个变量的不同组合可以形成四种经典的程序性自治（见图8—1）。一是如果村庄经济发达，政府也高度重视。一定会形成有效自治（A点）；二是如果村庄经济发达，但是政府不太重视（B点），对于这类型的村庄，如果村庄能够执行《村组法》和程序性自治，也会形成有效自治，但是只要经济发达且建立了程序性规则，自治一定会有效；三是如果政府高度重视，但是村庄经济不发达（C点）。在这种情况下，在开始实施时因为政府高度重视，可以快速形成有效自治，如安徽的天长市，但是因为经济不发达，一旦政府力量退出，有效自治就无法持续，即自治有效但不可持续；四是如果经济不发达，政府又不重视（D点），这样的村庄不可能会形成有效的自治。

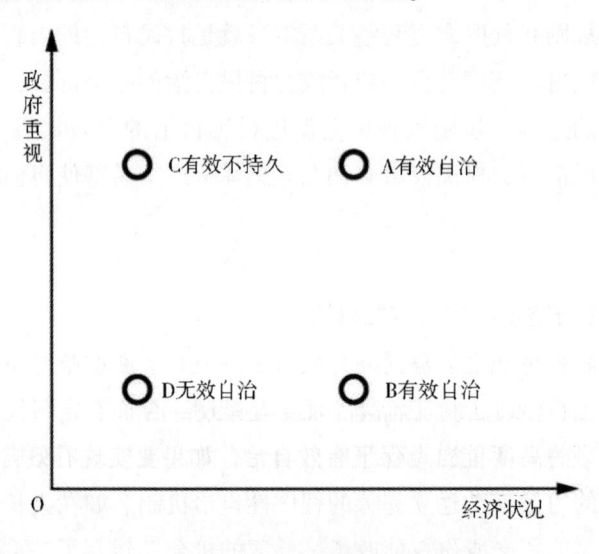

图8—1　经济状况、政府重视与有效自治

（四）规则性程序的详细性、约束性与程序有效

前面考察了程序性自治产生的原因和决定因素，在此考察在什么情

下程序会有效,即程序的有效性。程序有效性由两个因素决定:一是程序的详细程度,程序越是详细,程序就会越有效,就会为更多的村民提供参与的机会;二是程序的约束性,所谓程序的约束性就是程序、流程、环节之间的依赖性、接力性、紧密性的关系。有些程序中的流程或环节是拼凑的,某个流程或者环节缺失,并不会影响其他的流程或环节,这种程序的约束性就较低。如果程序内部的环节依赖程度、接力程度高,则程序的约束性就强,反之则较弱。根据这两个变量可以建构一个二维象限图(见图8—2),从中我们可以发现四类经典的程序有效性模式,在A点程序相当有效;在B点程序形式化;在C点程序简单有效;在D点,程序无效。

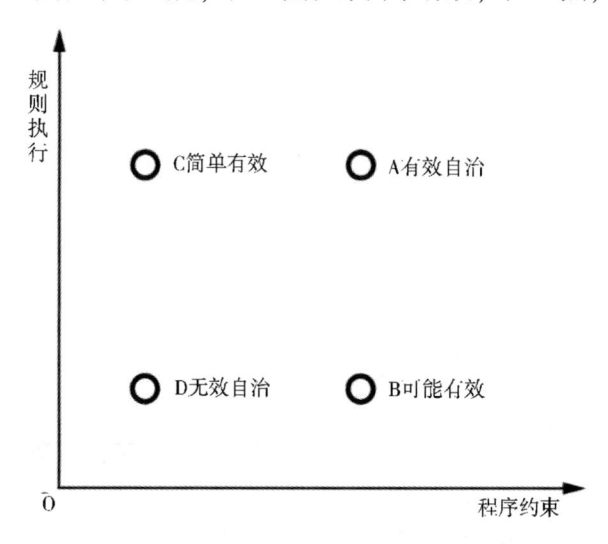

图8—2 程序约束、规则执行与有效自治

(五)程序有效性、规则执行效度与有效自治

程序有效性并不能自动保证有效自治。如果要实现有效自治,还需要有规则执行效度。因为如果规则性程序不执行或者不能有效执行,自治根本无法实施。所以要保障规则性程序发生作用,还需要规则执行效度来保障,这样才能够保障规则性程序按照预期目标发挥自治作用和功能。

从三个案例来看,程序有效性、规则执行效度与有效自治具有高度的因果关系,有效自治是程序有效性、规则执行效度的函数。我们同样可以用程序有效性、规则执行效度两个变量建立一个二维象限图来考察两个变量的组合类型（见图 8—3）。一是如果程序有效性比较好，且能够得到有效执行（在 A 点），村民自治则会有效实现，或者程序性自治会有效实现；二是如果程序有效性不太好，但是规则执行比较好（在 C 点），这样会形成比较简单有效的自治，即自治内容、参与可能不丰富，因为执行有力，自治简单有效；三是程序有效性比较好，但是规则执行不太好（在 B 点），这时程序性自治只是以文本的形式存在，无法转换成有效的自治；四是程序有效性不好，规则执行效度也不好（在 D 点），这时根本无法自治。

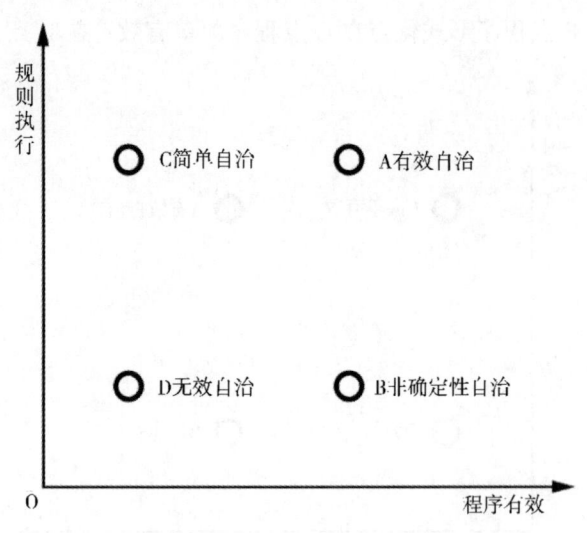

图 8—3 程序有效、规则执行与有效自治

综上所述，可以得出本章的结论，随着经济发展和政府推动，议事规则、政策安排、交易规则等会逐渐出现，这些规则和程序内置、内含着村民自治的内容、机制和要求，从而形成"程序性自治"。"程序性自治"不仅推进、拓展、创新了中国农村村民自治，而且为中国农村村民自治的有效实现提供了规则基础。

中 篇
基层治理单元的创设逻辑

第九章　中国农村村民自治基本单元的选择：历史经验与理论建构[*]

最近几年全国各地都出现了将村民自治从村庄下沉到小组、村落、自然村的现象，这种现象表明当前以村庄（俗称行政村）为基本单元的村民自治已经不能满足农民的需求，无法实现村民自治的最大效能，农民正在努力寻找更适合于自治的基本单元。为此，2015年中央"一号文件"提出："在有实际需要的地方，扩大以村民小组为基本单元的村民自治试点，继续搞好以社区为基本单元的村民自治试点，探索符合各地实际的村民自治有效实现形式。"其实，基层治理的单元、自治单元，自中华人民共和国成立以来一直处于调整中，也一直在争论，如20世纪五六十年代提出"三级所有，队为基础"，这个"队"开始定为生产大队，后来又明确为生产队。这说明农村基层自治的基本单元一直处于探索中，这就要求学界对此做出理论回答：如何确定村民自治的基本单元。本章将以村民自治的基本单元为研究对象，考察它的划分及划分依据、位置及其规模。

一　治理基本单元的研究进展

学界对治理基本单元的研究成果丰硕，但对自治基本单元的研究则比较鲜见，散见于历史学家、人类学家和政治学家著作中。对治理基本单元的论述主要有三类：一是城邦规模的论述；二是国家规模的论述；三是农村基层治理单元的论述。

---

[*] 本章作为独立论文发表于《学习与探索》2016年第4期。

(一) 城邦的治理单元和规模

对于城邦治理基本单元的研究始于古希腊、古罗马的学者。柏拉图认为，当政者在考虑城邦规模和疆土时"不能超过最佳限度"，不能太大，也不能太小，大到"还能保持统治"，小到"尽一切办法守卫着我们的城邦"。① 在《法律篇》中，柏拉图将基本单元进一步量化，不仅"应当足以维持一定数量的最有节制的人的生活"，还能够"足以保护自己，反对侵略"。他认为，5040位土地所有者是一个恰当的城邦规模。② 柏拉图是从基本单元的生活及防卫的角度来考察基本单元及其规模的。

亚里士多德则拓展了城邦治理基本单元的研究，从多个角度考察基本单元的规模。从土地来看，"应当以足使它的居民能够过闲暇的生活为度"；从人口来看，"足以达成自给生活需要而又是观察所能遍及的最大数额"。③ 亚里士多德与柏拉图最大的区别是考虑了自治和立宪的问题："人口太多了，虽然在物质需要方面的确可以充分自给，但它却难以构成一个真正的立宪政体。"④ "一邦公民人数不能超过万人；居民都远近相望，里间相逢，互知其行为、能力、门望、贫富；平时集会可以朝至夕归，战时征召可以朝令夕合。"⑤ 亚里士多德提出了城邦要满足自治的条件，必须具备互相熟悉、知根知底、集会方便、有利防卫等四个具体条件。

(二) 国家的治理单元和规模

卢梭在《社会契约论》中比较多地阐述了国家治理的边界和规模，概括起来有三个观点：一是国家规模要适度，不能逾越其"极限"——

---

① ［古希腊］柏拉图：《理想国》，商务印书馆2012年版，第137页。
② ［古希腊］柏拉图：《法律篇》，载《柏拉图全集》第3卷，人民出版社2003年版，第496页。
③ ［古希腊］亚里士多德：《政治学》，吴寿彭译，商务印书馆1965年版，第356页。
④ 同上书，第354页。
⑤ 同上书，第355页。

"使它既不太大以致不能很好的加以治理,也不太小以致不能维持自己。"① 二是国家的规模要处理好人口与土地的组合,人口和土地"这一比率就在于使土地足以供养其居民,而居民又恰好是土地所能够养活的那么多"②。三是民主只能在小国实施,"一般说来,民主政府就适宜于小国"③。而且卢梭认为,"小国在比例上要比大国更坚强得多"④。卢梭提出的"最佳规模""极限""恰当疆界"就是一个国家治理的基本范围和规模,属于国家治理的基本单元。卢梭的国家基本单元考虑了统治的需要和民主的需要。

孟德斯鸠也专门研究过规模与政府形式的关系。其一,不同的规模应有不同的政府形式与之相对应。"小国的自然特性宜行共和政体,稍大的国家的自然特性宜行君主政体,而大国的自然特性则宜由专制君主治理。""一个幅员辽阔的帝国的统治者必须握有专制权力。"⑤ 其二,共和国的规模要适度,"就性质而言,共和国应该幅员较小,否则它就很难存活"。其三,小规模的国家宜实施民主。"在一个小共和国里,每个公民都能更多地感受和了解公共福利,与公共福利更为接近。"⑥ "一个共和国,小则亡于外敌,大则毁于内弊。"⑦ 其意思是小规模的民主国家无法维持其公民的自治;虽然大型国家能确保其自治,但这种自治是掌握在统治者手中而不是人民手中的。孟德斯鸠研究了民主国家的规模和基本单元,结论是民主只能在"小国寡民"中实施。

与孟德斯鸠不同,密尔认为,在面积和人口超过一个小市镇的社会里,所有人参与公共事务是不可能的。因此,一个完善政府的理想类型一定是代议制政府。⑧ 密尔的意思是,在小规模的人口和土地的区域宜实施公民直接参与的民主制,否则就是代议制。联邦党人则讨论了不同规模国家的民主治理形式:"在民主政体下,人民会合在一起,亲自管理政府;

---

① [法]卢梭:《社会契约论》,商务印书馆2003年版,第59页。
② 同上书,第62页。
③ 同上书,第83页。
④ 同上书,第59页。
⑤ [法]孟德斯鸠:《论法的精神》,商务印书馆2012年版,第149页。
⑥ 同上书,第146—147页。
⑦ 同上书,第155页。
⑧ [英]约翰·密尔:《代议制政府》,商务印书馆1992年版,第55页。

在共和政府下，他们通过代表和代理人组织和管理政府。所以，民主政体将限于一个小小的地区，共和政体能扩展到一个大的地区。"① 密尔、孟德斯鸠和联邦党人均认为，民主和自治的基本单元应该比较小，方便人们直接参与，参与是确定自治基本单元的重要标准。

达尔以民主单位为研究对象，考察了规模与民主的关系，并试图抽象化和理论化。他认为："民主的城邦国家之所以更为优秀，在很大程度上是因为它更加充分满足了公民效能和体系能力这两个标准。"② 他还认为，这两个目标是不可兼得的，"没有任何一个单位或一类单位能够最好的同时满足这些目标"③。达尔认为，民主单位的规模应取决于公民效能和体系能力，在不同的组合条件下会有不同的单位规模。

（三）部落治理和村落自治的基本单元

与政治学家研究的国家、城邦不同，历史学家和人类学家则对部落、传统村落的研究比较细致，考察过基层社会不同的治理单元：部落、村庄、村落、家庭及其氏族等。

吉尔茨在研究巴厘岛时，认为"村落，即德萨，是自给自足的，宇宙论层次上的基本机体单位，其自身具有封闭特征，并生成于本土原巴厘文化土壤之中"④ "村庄不仅是一个简单的居住单位：它是一个永久性公共团体，调整着地方社会生活中的一个非常宽广却又严重分野的领域。"⑤ 吉尔茨认为，国家从未渗透进村庄，村庄实施自治和民主，以此管理村庄的公共事务。除村庄以外，地方政治形式还有灌溉会社和庙会，三者共同构成德萨体系，只不过灌溉会社和庙会是跨村庄的社会组织。可见，传统时期的巴厘岛村庄是自治的基本单元，这一单元是自然形成的。

普里查德在研究非洲东部的无国家社会的努尔人部落时认为，村落

---

① ［美］汉密尔顿、杰伊、麦迪逊：《联邦党人文集》，商务印书馆1980年版，第65页。
② ［美］罗伯特·A. 达尔等：《规模与民主》，上海人民出版社2013年版，第21页。
③ 同上书，第129页。
④ ［美］克利福德·格尔兹：《尼加拉：十九世纪巴厘剧场国家》，上海人民出版社1999年版，第51页。
⑤ 同上书，第55页。

是一个非常独特的单位:"村落构成了一个社区,由共同居住地和一种亲属与姻亲关系网络联结在一起……村落是努尔人最小的群体,它并不专门属于某种亲属关系的性质,而是努尔地区的政治单位。"① 普里查德认为,村落是自然形成的,与其他村落有明显的区分;村落也是努尔地区最底层的单位②;在村落中人们有强烈的认同感;村落没有政治组织,也没有村落委员会,但是人们共同决策。③ 另外,努尔人单个的家庭不能保证牛奶的供给,因此不是一个自给自足的单位,其经济单位要大于家庭。④ 也就是说,努尔人家庭是一个生产单位,但不是一个完整的经济单位;村落可能还是一个具有分配功能的经济单位,同时是一个政治单位。

利奇通过对缅甸高地的克钦人的研究认为,将农民组织起来的"村寨"是治理或者自治的基本单元。一是建构一个概念——"政治单元",它指"任何一个独立自主的政治单元",也称为"单元社会"。⑤ 他认为,虽然政治单元规模差异大、不稳定,但是村寨仍是一个基本的政治单元。二是两种政治形式的基本单元不同,克钦贡劳是一种民主制政治组织,其政治实体是单个的村寨。克钦贡萨是一种贵族制政治组织,其政治实体是孟。⑥ 三是克钦地区的地域组织分别为家户、村寨、村寨群和领地。家户是经济合作的最基本单位,共居一屋,共同在一小块土地上耕种。村寨是房屋的集合,指住在一起且互相关联的人群及建筑等。⑦ 四是贡劳与贡萨体制经常转换,即前者可以通过村寨联合成为贡萨,后者可以通过村寨分裂成贡劳。⑧ 不管是分裂,还是联合,最小的单元还是村寨。

---

① [英] E. E. 埃文思·普里查德:《努尔人:对一个尼罗特人群生活方式和政治制度的描述》(修订译本),商务印书馆2014年版,第132—133页。
② 同上书,第129页。
③ 同上书,第203—204页。
④ 同上书,第34页。
⑤ [英] 埃蒙德·R. 利奇:《缅甸高地诸政治体系——对克钦社会结构的一项研究》,商务印书馆2010年版,第19页。
⑥ 同上书,第65页。
⑦ 同上书,第113—114页。
⑧ 同上书,第227页。

巴特曾经对巴基斯坦西北部的斯瓦特巴坦人进行调查，对包括家庭在内的各个单元进行过研究，主要内容有以下四个方面：一是从地域结构来看，治理单元从小到大依次划分为家庭、社、村、地方和地区[①]；二是家庭是一个独立的经济单位，家庭成员在同一口锅里吃饭，共同劳动，收入共有；三是社是基本的单位，村庄是重要的地理参照单位，对政府来说，村并不是一个基本单位，村庄又被划分为不同的社，社才是行政管理和政治生活的基本单位，每个社有200—500人[②]；四是村社内政治不平等，因为种族、经济、宗族等原因，村社内是一种"保护—效忠"的关系。可见，靠近家庭的单元——社是基层治理的基本单元。[③]

通过上述三个层次的叙述和分析，可以得出如下结论：其一，任何治理单元都有适度的规模，这个适度的规模就是各个层次的"基本单元"，如城邦的基本单元、国家的基本单元、民主的基本单元等；其二，农村基层治理单元很复杂，有多个层次，至少可以分为三个层次，贴近政府的单元、贴近家户的单元以及位于两者之间的单元，基层的自治或者直接民主的基本单元位于农村基层社会的底部，即贴近于家户的单元为基层自治单元，另外从四个个案来看，家户是基本的经济单元，这个经济单元包括生产单元、收入单元、分配单元和消费单元，四者统一于家户经济单元；其三，自治的基本单元规模不大，经济、地理条件不同，规模会有差异，大致在几十人到几百人之间；其四，自治基本单元的特点是：大家彼此熟悉，相互联系比较多，有凝聚力，有认同感，方便民主协商议事。对于上述分析可参见表9—1和文后图9—1（政府治理和基层治理结构图）。

---

① ［挪威］弗雷德里克·巴特：《斯瓦特巴坦人的政治过程：一个社会人类学研究的范例》，上海人民出版社2005年版，第21页。

② ［英］E. E. 埃文思·普里查德：《努尔人：对一个尼罗特人群生活方式和政治制度的描述》（修订译本），商务印书馆2014年版，第20页。

③ ［挪威］弗雷德里克·巴特：《斯瓦特巴坦人的政治过程：一个社会人类学研究的范例》，上海人民出版社2005年版，第13—17页。

表 9—1　　　　　　　　地方治理和自治基本单元的概括表

	巴厘岛	努尔人	克钦人	斯瓦特巴坦人
国家性质	弱国家	无国家	封建社会	国家社会
地域单元	家庭—村落—灌溉会社、庙会—国家	家户—村落（三级裂变支）—二级裂变支—部落	家户—村寨—村寨群—领地	家庭—社—村—地方—地区
经济基本单位	家庭	家庭+村落	家庭	家庭
自治基本单元	村落	村落	村寨（贡劳）	社
基本规模（人）	50—数百人	200—500人		
自治基本单元的治理方式	民主	民主	民主	非民主
家族对自治基本单元的影响	有影响但无行动	有影响无团体行动	有影响无团体行动	有一定的影响但无团体行动

上述结论是笔者通过对三个层次特别是对四部人类学著作的研究综合分析而得出的，但是还有几个问题没有解决：一是基层自治基本单元究竟到哪儿？为什么？二是如何确定基层自治基本单元？其依据是什么？三是基层自治基本单元到底有多大？规模由哪些因素决定？这几个问题是经典作家没有解决的，要解决这几个问题，就需要学者们从理论、实践和现实方面展开研究，建构农村基层自治基本单元的依据、原则和标准。

二　基层自治基本单元的理论建构

古今中外的学者都有一个普遍的判断：基层社会都是人们自我管理、自我服务和自我教育的，即基层社会没有政府管理，实施自治。其实，这个观点没有认识到基层社会的层次性和复杂性。所谓层次性就是基层社会也可以分为多个层次，所谓复杂性就是基层社会由于各种条件、环境不同，治理单元和治理方式都会有差异。总体来看，基层单元至少可以分为靠近政府的基层治理单元和靠近家户的基层自治单元，以及介于两者之间的单元，其中后者根据各地条件可大可小。本章主要研究靠近家户的基层自治基本单元，考察其确定依据、原则和标准。

（一）基层自治基本单元的概念及规模

基层自治的基本单元，是相对于地方治理的行政基本单元、服务基本单元的一个概念，是指适合于人们自治的最小单元。这个单元既不能太小，太小没有能力应对公共事务；也不能太大，太大无法自治。基本单元的"基本"是"刚刚达到""刚好符合"的意思，不是"最适合的单元"。

要把握这个概念，必须弄清"基本"这个词。首先可以从单元的纵向链条来理解：其一，自上而下来理解。从政府治理来看，基层治理有若干层级，如缅甸高地克钦人有领地—村寨群—村寨三个层级；巴基斯坦的斯瓦特巴人有地方—村—社三个层级；东非努尔人有部落—第一裂变支—第二裂变支—第三裂变支—村落等层级；传统中国乡村有乡镇—村庄—自然村（或小组、屯、湾、冲等）。自治基本单元一定是基层各个层次中最底层的一个公共性单元，如克钦人的村寨、努尔人的村落、中国的自然村、斯瓦特巴人的社。高于底层的单元也可以自治，如村庄、部落，但它不是基本单元，而是基层单元；其二，自下而上来理解，基本单元一定是若干个家户自然组成的一个公共性单元，在这个公共性单元中人们可以协商解决一些公共性问题。"基本"要与解决村庄中基本的公共问题有关，或者说"基本"的边界要受基本公共问题约束。自下而上地理解，基本单元就是家户不能解决、一些家户联合起来解决生产生活中的基本公共问题的"最小单元"。对此我们做基本的界定：农村基层自治的基本单元就是贴近家户的最底层的公共单元，它是农户联合而成的最小公共单元，即最底层的最小单元。

农村基层自治基本单元还有三个特点：一是自然形成。自治的基本单元是人们在生产、生活及相互交往中自然形成的一种单元，人为划分的单元不是自治的基本单元，如中国按照保甲制度划分的保和甲、解放初期中国划分的"行政村"等。在现实中，这些人为的单元可能会与自然形成的单元正好一致。二是基本单元还内含一个基本要求，它是一个能够自我解决基本公共问题的单元。这个基本的公共问题就是人们在生产生活中，家户解决不了的公共问题。① 对于这类公共问题，有很多单元可以解决，但是基本单元是能够解决公共问题的最小单元，如果再小就不能解决公共问题了，再大也就不是基本单元了。三是基本单元采用协商、民主的方式达成共识，即所有人能够直接参与决策达成共识的单元。如果人多，就不适合直接参与，只能间接参与，因而它是能够让所有人直接参与且参与效果良好的最大单元。

结合对自治基本单元概念和特点的分析，可以进一步刻画农村基层自治的基本单元：一是基本单元是农民能够直接参与的最大单元，如文后图9—2 的 D。二是基本单元是从上至下能够解决公共问题的最小单元，如文后图9—2 的 H。基本单元的规模是处于直接参与的最大单元 D 和解决公共问题的最小单元 H 之间。简言之，基层自治的基本单元位于靠近家户的公共单元，它是人们在生产、生活、交往中长期磨合而自然形成的。

（二）基层自治基本单元划定的原则和依据

虽然确定了基层自治基本单元的概念、位置和规模，但是比较抽象，只是一个理论上的大致界定。而现实是复杂的，地区之间差异也很大，自然形成的单元也是由在具体不同的条件下各种不同的因素形成的，因此尚需进一步确定划定农村基层自治基本单元的原则和依据。某一单元确定为基本单元，就肯定有区别于其他单元的独特因素。这些因素使该单元的人们彼此熟悉、相互认同、相互依赖、愿意共事，从而形成联系紧密的共同体。根据前期研究和实践考察，基层自治基本单元的划定可以依据五个原则。

1. 产权相同。如果一个联合群体共享、共占某块土地、草原、森林、水源，即这一产权为群体共享、共占，如努尔人的牧场、俄罗斯的村社土地、中国农村集体土地以及缅甸克钦人的山地都是整个群体共同占有、共同使用，这些资源可能会分配给家户使用，但是所有权属于这个联合的群体。共同占有产权的群体，对外具有排他性，对内利益相关，群体内聚。因此，具有共同产权的群体自然就以产权为纽带形成利益共同体。这一共

---

① 这里要注意，这个公共问题是生产、生活中的基本问题，而不是如水利设施、公路和桥梁等大型公共建设，前者基本单元可以解决，后者则需要国家、政府来供给。

同体可以划为自治的基本单元,当然共同体的规模还要符合"参与规模最大化"和"能力规模最小"的约束条件。

2. 利益相关。共同产权是划定自治基本单元的重要依据,但是在有些地方基本单元的形成可能与产权没有关系,如山区有些地方同饮一处泉水;有些地方共享一条道路;还有些地方有着相同的产业,如努尔人都养牛;还有地方经济上互助,如努尔人仅靠家户在灾害年景无法生存,就得依靠村落的帮助。中国传统时期的水稻生产,农忙时期家户之间都要合作。这样人们在生产、生活上就有经济往来,从而有了利益的关联。利益的相关性将人们联结在一起,而将没有相关性的人们排斥在外,从而形成了一个以利益为纽带的经济共同体。① 这一共同体可能比较大,也可能比较小,所以当符合"参与规模最大化"和"能力规模最小化"的两个条件时,就可以认定为自治的基本单元。

3. 血缘相连。福山认为,现代政治的现代性程度与去"家族化"的程度紧密相关,家族化程度越低,政治现代化程度越高。② 但是基层社会的家族作用一直存在而且有一定的影响。从人类学经典著作来看,血缘特别是血缘最近的群体容易形成共同体,如努尔人的部落第三裂变支以下的村落就是血缘相连的几代人形成,中国广东、福建省的自然村基本上就是单姓宗族构成的,缅甸高地的克钦人也是因族而居、因族而聚。因此,血缘相近的群体因为血缘的纽带从而构成血缘共同体。血缘共同体很多,有些规模也很大,甚至达到几个村、几个乡。这些血缘性共同体如果恰好满足"参与规模最大化"和"能力规模最小化"的条件,则可认定为自治的基本单元,如果比较大则需要按照上述标准再划小。

4. 文化相通。文化也是形成共同体的重要因素,如共同的信仰、共同的祭祀、共同的习俗,以及共同的通婚圈,均可以形成具有排他性的群体。具有共同信仰的群体可大可小,大的可以是国家,小的可以是自然村,并不是所有的信仰群体、信仰共同体都是自治的基本单元,只

---

① 详见本书第一章。
② [美] 弗朗西斯·福山:《政治秩序的起源:从前人类时代到法国大革命》,广西师范大学出版社2012年版,第444—447页。

有同时满足"参与规模最大化"和"能力规模最小化"且贴近家户的小共同体才是自治的基本单元。很有意思的是，从四大人类学经典著作的研究来看，相同的信仰和习俗可以作为基本单位的划定标准，但它并不是基本的政治组织，难以形成共同的政治行动。

5. 地域相近。地域包括地形条件、生态条件，也是形成共同体的一个重要因素，如同时住在山坳的家户、同时居住在山顶的农家，或者同时围绕着一个池塘的群体，或者散居在湖边的农民，他们面临着共同的地形、共同的地理条件，从而有着共同的外部条件和外部条件所塑造的共同的气质和特性。这些共同的外部条件和内在特质使人们相互认同、彼此相通，从而构成地域共同体，为划定自治的基本单元创造了地域条件。

如果将"能力规模最小"和"参与规模最大"称为"两大标准"，即能力标准和参与标准，那么产权相同、利益相关、血缘相连、文化相通、地域相近则可以称为"五个要素"。"五个要素"中的某一个或者某几个可以形成共同体，但这些共同体可能比较大，也可能比较小，还需要将"两大标准"加进来考察，才能够共同确定基层自治的基本单元。可见，"五个要素"是自治基本单元的必要条件，"两大标准"是自治基本单元形成的充分条件，仅有"五个要素"只能确定为共同体，无法确定是否为自治的基本单元；仅有"两大标准"，只知道是基本单元，没有办法知道这个基本单元是如何形成的；当然没有"两大标准"根本就无法确定自治的基本单元（参见文后图9—3）。因此，"五个要素"和"两大标准"共同决定基层自治的基本单元，或者说农村基层自治的基本单元是"两大标准"和"五个要素"的函数。简单地说，"五个要素"确定是否是共同体，"两大标准"则确定"基本"在哪里、"基本"有多大。

（三）自治单元与行政单元、经济单元

农村基层社会有不同层次的单元，自治基本单元只是其中一个层次组织。我们要弄清楚的是自治的基本单元与其他基本单元的关系，以及自治基本单元在基层治理诸多单元中的地位和作用。从纵向关系来看，如果包括家户，农村基层治理的层次主要有4个。

第一层次，家户层次与经济基本单元。家户是一个能够独立进行生产和生活的经济单元，经济单元又可以分为生产单元、生活单元、消费单元和分配单元。生产单元、生活单元和分配单元必须一致，否则就会出现权责不等、激励不够的现象，如农村人民公社时期。

第二层次，社组寨层次与自治基本单元。家户层次向上就是社、组、寨等自然形成的共同体，俗称为自然村。前面已经专题研究，这一层次靠近家户、适合自治，是自治的基本单元。

第三层次，社组寨联合与协调、服务基本单元。若干个社构成联合社，若干寨构成联合寨，若干个村落构成村庄，若干个自然村构成村庄。这一层次上连政府，下连各个自治基本单元。其中间地位决定了其治理方式，既有上级交办的任务，也有家户委托的事件。前者采取行政的治理方式，后者采取代表制的协商方式。这个层次是一个起承转合的层次，是协调和服务的基本单元。

第四个层次，县级政府以下和村庄以上的单元，或者说靠近地方政府的单元。这个层级从古至今都是一个行政的层级，主要的功能是行政管理，包括管理社会、服务社会，具有管理功能和服务功能，是行政的基本单元。

从文后图9—1可以清晰地看到，基层治理主要有四个层级，行政单元、协调、单元、自治单元和经济单元。自治单元是贴近家户的一个单元，以民主的方式协商解决问题。行政单元是贴近政府的一个单元，以行政的方式来管理和服务乡村社会。家户是一个经济单元，负责生产、生活、消费和分配，以及以家户为单元的政治行动。村庄位于基层治理的中间层次，承接政府的行政事务，也解决村庄内部的公共事宜，前者用行政手段解决，后者用协商的方式解决。

三 中国农村村民自治基本单元的历史演进

中国有句俗话："皇权不下县，县以下为自治。"大体而言，此话有一定的道理，但是皇权也渗透到乡村社会，而且乡村社会是一个多层次、多形式的复杂社会，并非"自治"可以简单地解释和概括。与其他国家相比，中国基层治理和自治基本单元有相同的地方，也有自己的独特性。

(一) 传统乡村社会的治理及基本单元

在传统中国乡村社会，官方有三套治理体系：第一套体系是保甲制。保甲制的主要功能是治安控制，包括治安、侦察和举报等职能。清朝规定，10户为一牌，设牌头；10牌为1甲，设甲长或甲头；10甲为一保，设保长或保正，综理全保事务；① 第二套体系是里甲制。它是以征税为目标的基层组织体系，每10户为一甲，设甲长；每10甲为一里，设里长。也有变化，每11甲为一里，即110户为一里；② 第三套体系是乡约制。乡约主要由耆老来执行，进行《圣谕广训》的讲座，耆老与村社的官方事务无关，充当一种敬耆德的象征。③

除了传统的官方治安、赋税、宣讲三个体系外，还有一个自然形成的传统乡—村体系。乡是由村组成，非自然形成，而是古代政府设置的一个行政单位。在清代已经不是行政单位，但仍然允许其存在，是一个村际合作或组织单元，属于半官方组织。④ 村庄是自然形成的，俗称自然村，它是中国乡村社区生活的基本单元，由若干个家庭在长期生产生活中逐渐联结而成。在一个特定地区，村庄的数量、大小、组织程度和个别村庄社区活动的数量，视当地人口密度、地区大小，特别是当地的地理和经济条件的不同而有别，⑤ 村庄规模从几十户到几百户不等。

在实践中，行政体系与传统体系相互交错、相互借用、相互替用或者交叉使用，使得中国的基层治理体系愈加多样、层级愈加复杂。在实践中，基层治理形成了多类的五级体系、四级体系、三级体系和二级治理体系（参见表9—2）。从最贴近家户的基本单元来看，分别是甲、院、村（自然村）、铺、庄，最普遍的是甲和村（自然村），少数地区还有保、里。自治基本单元的人口规模从10户到100多户不等。

---

① 萧公权：《中国乡村：论19世纪的帝国控制》，台北市联经出版事业公司2014年版，第39页。

② 同上书，第43页。

③ 瞿同祖：《清代地方政府》，法律出版社2003年版，第11页。

④ 萧公权：《中国乡村：论19世纪的帝国控制》，台北市联经出版事业公司2014年版，第13页。

⑤ 同上书，第11页。

表9—2　　　　　　　传统乡村社会的治理层次及结构

体系级别	具体层级	省　　份
五级体系	乡—里—都—图—保	福建
四级体系	乡—里—村—甲 都—保—图—甲 乡—都—图—甲 乡—铺—图—甲 渠—都—图—甲 乡—都—里—院 乡—都—里—村 里—都—图—村	
三级体系	里—村—甲 里—图—甲 乡—都—甲 乡—都—村 乡—都—图 都—图—村 路—里—铺 都—图—甲 保—图—甲 都—渠—甲 图—冬—村	
二级体系	乡—里 乡—都 路—甲 乡—铺 渠—图、都—里 乡—庄 里—村	

注：根据萧公权的《中国乡村：论十九世纪的帝国控制》一书中第616页的"里甲层级及其变异"表改写。

传统中国除了官方的行政治理体系、传统的乡村体系外，在南方特别是东南沿海还有宗族组织。这类组织以血缘为纽带，形成宗族共同体。这些共同体与传统乡村体系和里甲、保甲行政体系掺杂在一起。一个村落可能就是由一个宗族组成，也可能有几个宗族，还有可能几个村庄都是一个宗族组成。[1] 在实践中，行政组织与自然村组织混用，国家还经常借用宗族组织来强化对乡村社会的管理和监控。[2] 另外，除了宗族组织外，乡村社会还有宗教组织、水利组织等功能性社会组织，这些功能性组织与国家的行政体系、传统的乡村治理体系重叠交错，共同维护着传统乡村社会的秩序。

通过上述分析，可以发现传统乡村社会自治体系多而复杂，但是可以得到几个基本结论：一是靠近家户的组织是自治的基本单元，这个基本单元要么是甲、要么是自然村或者与自然村相类的如铺、庄等单元；二是国家经常借用传统农村基层治理体系、宗族组织、宗教组织等社会组织进行治理，特别是行政体系难以达到设计目标时更是如此；三是国家对乡村社会干预不多，从国家层面来说，除了税赋和危及国家的秩序外，其他均由乡村社会自主管理，具有自治的成分，从乡村社会内部来看，则鲜有民主的成分，一般的农民参与不充分，治理基本由宗族长老、乡村士绅等精英主导[3]；四是家户是一个完整的经济单元，包括产权单元、生产单位、核算单元等，在参与乡村事务过程中，它还是一个政治行动单元。

（二）民国时期乡村社会的治理及基本单元

随着民族国家的建立，民国政府不仅推行县政官僚化，而且促进县级以下行政体系正规化（参见表9—3），主要有以下三项举措。

表9—3　　　　　　北洋政府和民国政府时期的基层治理

年份	治理层级	相关文件
1908	开始设区	——

---

[1] [英] 莫里斯·弗里德曼：《中国东南的宗族组织》，上海人民出版社2000年版，第3页。

[2] 萧公权：《中国乡村：论19世纪的帝国控制》，台北市联经出版事业公司2014年版，第379页。

[3] 瞿同祖：《清代地方政府》，法律出版社2003年版，第11页。

续表

年份	治理层级	相关文件
1912	乡—村—牌	《乡镇自治法》
1928	区—乡（里）—闾—邻	《县组织法》《乡镇自治实施法》
1934	乡（村）—闾—邻；保—甲	《保甲条例》

推行"区"制。早在清末时期，有些地方就在推行"区"制，主要是在较大的乡、保所在地的村镇设立区公所。1912年，"区"为一级自治组织，袁世凯宪制改革后，"区"成为政府一级组织，受县政府控制。区设区长，下辖数名属员和一队警察。1912年《乡镇自治法》颁布后，"区"的权力为"乡制"所削弱，1928年后，国民政府推进区级组织正规化，拟定区为自治组织，1933年其成为县级政权的分支机构。区的职能很多，但主要职责是征收赋税。[①] 可见，区是基层社会靠近政府的一个层级单位，具有一定的行政职能。

实施乡镇自治。1929年颁布、1930年实施的《县组织法》《乡镇自治实施法》规定，凡100户以上的村落，组成一个行政单位"乡"（100户以上的市镇组成一个镇）。不满100户的村联合组成一个乡。乡进一步分为若干闾，每25户为一闾，5户为一邻。乡有"乡民大会"，选举和罢免乡长，设立乡公所，所有闾长为乡公所成员。乡是最基层社会的一级行政组织，实际上其就是原来的自然村。很多地方人们称乡长为"村正"或者"村长"。乡长的职责比较多，修桥、铺路、教育、户口登记等，但赋税征收仍然是重要职责。在乡制下，赋税由闾长催征，闾长由纳税人轮流担任。[②] 闾邻制对乡绅体制冲击比较大，乡绅的精英地位逐渐改变。

推行保甲制度。1934年民国政府在全国推行保甲制，"保甲之编组，以户为单位，户设户长，十户为甲，甲设甲长，十甲为保，保设保

---

① [美]杜赞奇：《权力、文化与国家》，江苏人民出版社2004年版，第42页。
② 李怀印：《华北村治：晚清和民国时期的国家和乡村》，中华书局2008年版，第248—260页。

长"。1937年以《保甲条例》为全称颁行。① 该条例明确规定，村庄负责实施保甲制度，保甲制度的主要功能是统计人口、报告村民的活动、动员村庄自卫等。在推行保甲制度之前，原来村庄有村长、村副和村公所。保甲制以后，村公所利用保甲制进行乡村治理②。民国政府的改革只涉及乡村组织，对农村的经济制度、社会制度没有触及，而且在村庄也只有职能的分合、转换及治理主体的变化，对家户经济的影响不大。因此，家庭仍然是一个完整的经济单元和村务参与的政治单元。

通过上述梳理可以得出4个结论：一是在民国政府时期乡村社会设置了区、村、闾、邻四级行政体系；以行政为目标的区—乡（村）体系和以治安为目标的保—甲体制相互兼用和借用。二是民国政府仍然以靠近家户的组织——自然村（或乡）为治理的基本单元；对农民来说，自然村是自治的基本单元。从华北地区来看，自然村的规模约为三五百人，民国政府在基本单元的选择上比较尊重历史和习俗。三是明确规定县政以下实施自治，用民主的方式进行管理。这只是法律上的要求，而实践中，与法律的要求还是有较大的差距。四是民国政府的改革没有涉及家户，家户依然是自给自足的一个经济单元，也是参与国家和乡村事务的政治行动单元。

民国政府农村基层治理体系存在的最大问题是，随着国家政权下沉，村庄的行政和自治不分、政务和村务不分、对上的职能明显强于对下的职能，内生性农村基层治理制度以及精英主导农村治理模式逐渐改变，农村基层治理制度的外生性、乡村机构的工具化特点逐渐显现。这一特点在中华人民共和国成立后体现得更加明显。

（三）1949年后农村基层的治理及基本单元

中华人民共和国成立以后，农村基层治理体系变化更大（参见表9—4），大体可以分为以下4个阶段：

---

① 白钢、赵寿星：《选举与治理：中国村民自治研究》，中国社会科学出版社2001年版，第25页。

② 马若孟：《中国农民经济》，江苏人民出版社1999年版，第63—66页。

表 9—4　　　　　　　　　1949 年以来的乡村治理层级

年份	治理层级	相关文件
1952	区—行政村—自然村 区公所—乡—村 乡—村	《区各界人民代表会议组织通则》 《区人民政府及区公所组织通则》 《乡〈行政村〉人民代表会议组织通则》
1953	设立党政组织系统，设立村人民代表会议、村人民政府	
1954	区—乡—选区 区—乡—自然村 区—乡—行政村 乡镇为一级政府，区级、村级政府取消，区分县的派出机构	《关于健全乡镇政权建设的指示》 1954 年《中华人民共和国宪法》
1955	乡—合作社（村），家庭生产单元、产权单元取消	1953—1955 年三个合作化文件
1956	乡以下单位建立党的基层组织，自然村普遍建立党支部	中国共产党第八次全国代表大会
1958	人民公社（基本核算单位）—高级社（生产耕作区），家庭经济单元取消 人民公社（基本核算单位）—管理区（生产大队）—生产小队	《中共中央关于在农村建立人民公社问题的决议》 《关于人民公社问题的决议》
1960	人民公社—管理区（生产大队，为基本核算单位）—生产小队	中共中央发出了关于农村人民公社当前政策问题的紧急指示信
1961	人民公社—管理区（生产大队，为基本核算单位）—生产小队 人民公社—生产大队（基本核算单位）—生产队，家庭基本生活单元恢复	《农村人民公社工作条例（草案）》 《关于讨论农村人民公社工作条例草案给全党同志的信》 《关于农村基本核算单位问题的指示》

续表

年份	治理层级	相关文件
1962	人民公社—生产大队—生产队（基本核算单位）	《关于改变农村人民公社基本核算单位问题的指示》《农村人民公社工作条例修正草案》
1980	认可"包产到户""包干到户"，家庭成为生产单位	中共中央75号文件
1982	提出了"家庭联产承包责任制"，家庭成为核算单位	《中共中央批转〈全国农村工作会议纪要〉中共十二大报告》
1982	以村民委员会取代生产大队、生产队家庭成为生产单位、消费单位，成为一个较为完整的经济单位	1982年《中华人民共和国宪法》
1983	乡—村民委员会	《关于实行政社分开建立乡政府的通知》
1988	乡—村民委员会	《村民委员会组织法》

第一个阶段，沿袭传统时期。1952年，政务院六次会议出台了一系列文件，对农村基层的治理体系进行规范，形成了区—行政村—自然村、区公所—乡—村、乡—村等体系，并于1953年建立了完全意义上的党政组织系统，设立了村人民代表会议和人民政府，从而形成了村级政权。在中国历史上这是第一次将村纳入政府行政管理体系。1954年宪法取消区级、村级政府，明确乡为五级政府中的最后一级政府。[①] 村庄退出国家行政序列，这以后开启了另一个剧烈的农村组织化过程。

第二个阶段，基本单元扩大时期。土改工作结束后，国家开始鼓励农民互助合作。1953年中共中央通过了《关于发展农业生产合作社的决议》，大力推进初级合作社。初级合作社与自然村基本吻合。农民以土

[①] 陈锡文、赵阳等：《中国农村制度变迁60年》，人民出版社2009年版，第332—333页。

地、农具等生产资料加入合作社，实行按劳计酬和按股分红的原则。家庭不再是生产单位，但仍是产权单位、消费单位。1955 年，国家将初级合作社合并为高级合作社。高级合作社与规模较大的自然村吻合，或者由若干小自然村合并而成。高级合作社为生产、核算的基本单位，取消了家庭的产权单位地位，但家庭还是消费单位。

1958 年 4 月，中共中央发出《关于把小型的农业生产合作社适当地合并为大社的意见》，全国开展了一场以"小社"并"大社"的运动。1958 年，通过《中共中央关于在农村建立人民公社的问题的决议》，根据决议，人民公社"一般以一乡一社，两千户左右为合适""实行政社合一"的管理体制。1958 年 12 月通过《关于人民公社问题的决议》，人民公社实行统一领导、分级管理的制度，分为公社管理委员会、管理区（或生产大队）、生产队三级。[①] 另外，还有不少地方开始探索人民公社大食堂制度，湖北京山"农忙食堂"、河北徐水的"公共食堂"等，《人民日报》《内部参考》等也赞扬、推荐人民公社食堂制度。1958 年，北戴河会议后人民公社食堂制度迅速向全国推广。[②]

农村人民公社制度将全国农民都整合到行政体系中，基层基本治理单元从村庄上升到乡镇。在农村人民公社体制下，乡镇是基本的核算单位，生产大队是生产单元，生产小队是作业单位，表面上看是三级管理体制，其实乡镇作为基本的核算单位，生产大队、生产小队只是具有执行功能的生产作业单位，实质上就是一级管理体系。1958 年，农村基层治理体系就从中华人民共和国成立初期的三级管理体系演变为一级管理体系，生产、生活、消费、核算、政治组织均由农村人民公社统一负责。家庭的消费单位也被取消了，家庭仅限于生物学意义的"生命生产单元"，即只有生殖功能。虽然农村人民公社要求实施民主管理，但在强大的行政压力和庞大的管理单元下，民主只是一种文本要求和政治表达，没有真正实现。

第三个阶段，基本单元缩小时期。不合实际的农村人民公社及刮"五风"，将整个农村经济推到了崩溃的边缘，因而国家对农村基层治理

[①] 白钢、赵寿星：《选举与治理：中国村民自治研究》，中国社会科学出版社 2001 年版，第 31—32 页。

[②] 罗平汉：《天堂实验：人民公社化运动始末》，中共中央党校出版社 2006 年版，第 107—121 页。

体系开始进行调整，首先撤销了公社食堂，恢复了家庭的生活、消费功能，家庭变成了一个生活单元。1960年11月，中共中央发出了关于农村人民公社当前政策问题的紧急指示信，要求缩小治理的基本单位，基本原则是"三级所有，队为基础"。"队"是指生产大队，即明确生产大队为公社的基本核算单位，将治理的基本单元从人民公社缩小到生产大队。1962年2月的《关于改变农村人民公社基本核算单位问题的指示》进一步调小、调低核算单元，将生产队作为基本核算单位，建议以20—30户为宜。9月的《农村人民公社工作条例（修正草案）》再次明确生产队为公社的基本核算单位，这一规定一直延续到20世纪80年代初期。至此，农村基层治理体系再次回归到公社—生产大队—生产队的三级管理体系，其中生产队是核算的基本单元、自治的基本单元，家庭为生活、消费单元。

第四个阶段，基本单元功能调整时期。虽然自治的基本单元调整到生产小队，即小的自然村这一层级，但生产队依然是生产单位，生产单位与农民传统的家户习惯和家户经济理性依然不一致。1978年，各地开始探索"包产到户""包干到户"。这一改革得到国家认可，1980年的中共中央75号文件，1982年的中央"一号文件"将此规范为"家庭联产承包责任制"。家庭承包责任制将生产队的生产功能还给了家庭，家庭再次成为一个比较完整的经济单元，具有了生产、经营、收入、分配、消费功能，生产单元与核算单位、消费单位一致。家庭承包经营使人民公社、生产大队的功能迅速弱化。1982年，新宪法明确由村民委员会管理农村基层事务。1983年，中共中央和国务院发出了《关于实行政社分开建立乡政府的通知》，宣告农村人民公社体制的终结。[1] 1987年，全国人大常委会通过《村民委员会组织法》，在农村实行村民自治，规定"村民委员会"一般设在自然村；几个自然村可以联合设立村民委员会；大的自然村可以设立几个村民委员会。按照《村民委员会组织法》，中国农村基层实行乡—村两级管理体系。虽然各个村庄根据聚居情况还设立村民小组，但是村民小组并没有法定地位，只是信息交换的一个中转站。

---

[1] 白钢、赵寿星：《选举与治理：中国村民自治研究》，中国社会科学出版社2001年版，第34、36页。

这一政策规定比较灵活，但在政策执行过程中存在三个大问题：第一，自然村是一个很抽象的概念，也是一个没有标准、依据的概念，现实中难以操作，给予地方很多自主裁量权，导致村民委员会规模大小不一、五花八门；第二，简单地一一对应，很多地区将自然村等同于生产大队，简单地将生产大队改为村民委员会，没有将比较大的自然村进行拆分，导致以大自然村为单位的村民委员会规模较大，村民自治难以实施；第三，没有考虑历史合并原因，在合作化时期，很多生产大队是由高级合作社转换过来的，而有些地区的高级合作社由多个自然村合并而成。这类生产大队直接转为村民委员会，一是村庄规模比较大；二是土地所有权在自然村，生产经营权在家庭，法定治理权又在村委会，所有权单元、生产单元、治理单元存在严重的不对称，导致土地纠纷不断，如乌坎的村组、村民冲突就是产权单元、生产单元与治理单元不一致而导致的。①

家庭承包责任制改革在农村基层治理方面有两个重大的贡献：其一，家庭回归为较为完整的经济单元，生产、生活、消费和分配单元一致，解决了生产的激励问题；其二，一部分规模比较小的村庄的基本单元回归到自然村，使自治的基本单元实至名归。由于改革操作过程中的问题，现实中仍然有很大一部分规模比较大的村庄，其基本单元在"行政村""生产大队"这一层级，没有真正下移到靠近农民的"自然单元"。因此，农村基层治理体制面临着进一步向下调整的压力和动力。总体而言，20世纪80年代的改革对于规模比较小的村庄如北方地区，乡—村两级治理体系已经能够满足其需求，但是在长江流域、东南沿海、西南地区则有着自治基本单元回归自然村、重构三级治理体系的强大需求。

四 中国农村村民自治基本单元的新选择

2005年以来，随着农业税的取消以及国家惠农政策、农村公共设施建设和公共服务力度的加大，农民对参与决策、参与自治的需求强烈，农民期待知情权、参与权、决策权和监督权。但是，现有的条件却无法满足农民参与的需求：一是不少村庄规模过大，农民无法参与、无力参与；二

---

① 邓大才：《产权单元与治理单元的关联性研究》，《中国社会科学》2015年第7期。

是治理单元与产权所有、调整单元不一致。这些导致村小组与村庄的冲突、村庄与村民的冲突不断加大，村民自治"形式化""村干部化"。为了解决阻碍村民自治的两大问题，有些地方开始探索将村民自治单元下移到村民小组，比较典型的有湖北秭归的村落自治、广东清远的自然村自治、四川都江堰的院落自治。

（一）湖北秭归的村落自治

湖北秭归属于大山区，山高路远人稀，一个村庄几千人，几十平方公里。农民开玩笑说本村人"讲话容易，握手难"。农民要去村庄办事、开会，需要一两个小时甚至半天。家庭承包责任制后，村庄对农民再也没有吸引力，加之各个小组之间的农民非同宗同祖，彼此交往不多，互不熟悉，村民自治难以在规模较大且没有利益关联的陌生人中实施，基本流于形式，村民自治变成了村干部自治，村庄治理变成了村庄管理。为了解决这个问题，秭归县根据利益相关、产业相同、习俗相近等标准将居住相对集中的农民划为一个村落，作为自治的基本单元，让农民自我管理、自我服务、自我教育。村落大体规模为30—50户，一二百人左右。村落规模不大，农民互相熟悉，需求相同，利益相近，具有强烈的认同感和凝聚力。在村落中，农民方便议事、决事以及有利于共同解决村落面对的公共问题，自治成效比较好。秭归县通过将自治基本单元从村庄下移到村落，建立了乡—村庄—村落三级治理体系，其中，靠近农民的村落为自治的基本单位，实施成效比较好，这样，自治真正地运转了起来。

（二）广东清远的自然村自治

广东清远既有丘陵、也有低山，地理条件不太好。现在的村民委员会由农村人民公社时期的管理区直接转换。村庄规模少的上千人，多的几千人，甚至上万人。村庄面积大，一个村庄又分成若干个聚居区，一个聚居区就是一个自然村、一个宗族。宗族有共同的祠堂、共同的祖坟、共同的祭祀活动，甚至还有公田、公山。村庄的土地所有权在自然村，但是法定的治理权在村庄，两者不统一，矛盾较大。正因为如此，清远的村民自治根本难以实施，村庄也难以指挥自然村。虽然村庄自治难以实现，但是以宗族为主的各个自然村却能够开展各种各样的祭祀活动、建设活动。有鉴于此，清远市干脆将村委会、党支部同时下调到自然村，将自治村变成新的村委会。现有村庄变成一个片区，承担整个片区的公共服务职能。村委会下沉到自然村后，清远进行了土地整治，将所有农户的承包地合并整理，然后抽签再分配。由于自然村乡亲有威望，村落有凝聚力，土地归并整治再承包的过程很顺利，村民自治的效能很高。清远依据产权相同、血缘相连（宗族）、集中居住、规模适度划分基本自治单元，每个村约200—300人。清远通过改革，将过去的乡—村两级管理体系变成了乡—片—村的三级管理体系，片区承担政府的公共服务职能，村庄承担自治功能，即村务与政务分离。靠近农民的村（自然村）是自治的基本单元，处于中间位置的片区则成为专门的行政、服务单元，乡镇主要是行政功能。

（三）四川都江堰的院落自治

四川省都江堰属于成都平原，自然条件、生态环境都比较好。现有的村民委员会由农村人民公社时期的生产大队转换而来。生产大队源于合作化时期的高级合作社，而高级合作社则是由自然形成的多个院落合并构成。村庄规模一般在一两千人之间。虽然都江堰的村庄大部分在平原地带，但是各个院落相距较远，农民彼此之间没有更多的交往和利益关联。村民自治因规模、距离和利益而流于形式。2008年都江堰利用汶川大地震后的灾后重建机会，以院落为单位重新建构自治组织：一方面，重建时以院落为单元来重建；另一方面，将相对集中的院落划分为自治组织。都江堰按照居住集中、规模适度、产权相同、方便自治的原则来确定院落。以院落为自治的基本单元，每个院落有300—500人。院落以理事会的方式进行民主管理，村民以家庭为单位参与院落的公共事务。都江堰通过将自治下移到院落，建立了乡—村—院落的三级治理体系。

三个地方的治理体系改革有五个共同特点：一是村庄治理体系从乡—村两级变为乡—村（片区）—院落、村落、自然村三级体系；二是规模比较大的村庄被划分为更小的单位作为自治的基本单元，规模是在山区100—200人，在丘陵为200—300人，在平原为300—500人；三是自治基本单元主要承担自治功能，行政或服务功能留在上一个层级，即贴近农民的层级组织承担自治功能，远离农民的层级组织承担行政和服务功能；四是在自治的基本单元实施村民自治，主要解决农户不能解决的公共问题；五是自治基本单元的划分标准主要有产权相同、利益相关、文化相近、血缘相连、产业相同、地域相近等。

值得深思的是，三个地方在自治单元下移时有些利用了村民小组，有些则没有利用村民小组，如秭归取消了村民小组，而是以小组内部的各个村落为基本单元；都江堰则把小组和村庄之间聚落在一起的农民称之为院落，一个院落可能包括几个小组；广东清远则是自治单元下调到自然村，自然村大多与村民小组一致。三个地区并没有统一地下调到村民小组，说明了村民小组并不是一个自然形成的单元，而是为了方便管理设置的一个单元，自治单元只能根据五个原则选择自然形成的农民聚落。三个地方的改革其实是对农村人民公社体制的进一步调整，将基层的基本单元回归到靠近农民的层级组织，特别是将多个自然村合并而成的村庄进一步拆分，将自治单元下移到自然村，使自治单元与自然形成的自然单元一致，使自治单元与产权所有单元一致。在下移的过程中没有统一下调到村民小组，而是根据农民凝聚的条件因地制宜地选择。

五 基本结论和进一步讨论

（一）基层治理的基本单元类型多样

对于传统农村基层社会，不管是马克思还是韦伯都认为，基层社会是同质的，没有大的区别，特别是基层治理，要么是专制的，要么是民主的。其实，农村基层社会并非同质的，各地的差异很大，基层的治理也不能简单地是专制的，或者是民主的，或者是自治的。即使东非的部落或者缅甸高地的克钦人，也都是分层级的。国家社会如传统中国，国家有赋税需求，所以有里甲制；国家有治安需求，所以有保甲制。在无国家的部落社会如东非，在村落之上也有共同御敌的部落或者部落联盟。从中国地方基层治理最近的探索来看，基层治理有不同类型的基本单元。从国家视角来看，有行政基本单元；从农民视角来看，有自治的基本单元；自治的基本单元太小，行政的基本单元太大，因而在行政基本单元与自治基本单元之间，一定还会有一个兼具行政和自治的单元，可以称之为协调服务单元，如都江堰、秭归的村庄、清远的片区。所以，不能将农村基层治理视为统一的、同质的，农村基层治理也应该分层次，总体来说，有行政的基本单元（乡镇）、协调服务的基本单元（村庄）及自治的基本单元（自然村）。

（二）自治的基本单元的位置和规模

从人类学的经典研究、中国历史及当前改革探索来看，农村基层自治的基本单元一定是靠近家户的群体性组织，这个组织与农民直接打交道，不需要再经过其他的群体衔接。自治基本单元的规模取决于两个条件：一是农民参与自治组织的最大规模；二是农民合作解决公共问题的最小规模。两个规模决定了自治基本单元的规模。从历史上看，靠近农民的单元在几十户到上百户之间。从当前对自治基本单元的探索来看，地处山区的秭归在一二百人左右，地处丘陵与山区的清远在二三百人左右，地处平原的都江堰约三五百人左右。在这个规模范围内能够满足两个条件：农民能够直接参与基本单元的公共事务；农民能够合作解决公共问题。因此，自治基本单元的"两大标准"还从内在制约着基本单元的规模。

（三）自治基本单元划定的原则和依据

"两大标准"只是内在制约，或者说是一个"事后经验计算"的理论结果。对于农民和政府来说，如何选择基本单元呢？从人类学经典叙述、中国的历史及当前的改革探索来看，自治基本单元是自然形成的村落、院落、屯、自然村等。人们要么有相同的产权，要么有共有的牧场，要么有共有祠堂，前者如东非的部落，后者如广东的清远；或者人们之间有很强的利益相关性，如共享一条河、一条路等，如湖北的秭归；或者血缘相连、文化相同，如广东的清远、蕉岭、缅甸的克钦人；也有地域相近的，如湖北的秭归、印尼的巴厘岛人。可见基本单元的选择不是随意选择的，否则就会破坏经济、社会、政治系统导致重大损失，影响治理成效，如农村人民公社时期的集体化；或者会导致重大的冲突，如乌坎事件。自治基本单元只能根据产权相同、利益相关、血缘相连、文化相近、地域相同来确定自然形成的群体，同时还必须满足"参与标准"和"能力标准"。表面上看，基本单元的选择、划定比较简单，但人类通过几千年探索甚至付出了重大的牺牲才领悟到：在人类自然形成的群体、聚落中用"五个因素"来选择，以"两大标准"来划定村民自治的基本单元。当然，在非自然形成的群体中，如新型农村社区、城郊社区等依然可以用"五个因素"和"两大标准"来确定自治基本单元，前者为充分条件，后者是必要条件。

（四）中国农村基层治理发展的基本趋势

从传统时期到现代国家，中国农村基层治理及其体系发生了巨大的变化。

1. 从多线治理结构转向单线治理结构。在传统帝国时期甚至在民国政府时期都曾经有过多线治理体系，如以赋税为目标的里甲制度，以治安为目标的保甲制度，以宣讲为目标的乡约制度，还有传统的乡村体系；除此之外还有其他的宗族组织、宗教组织，以及水利会社、灌溉会社、庙会等功能性社会组织。但是，在民国时期只有行政体系和保甲体系。中华人民共和国成立后只有国家规定的区、乡、村及与之共生的党的各级组织。可以发现，中国农村基层治理体系从多线转向单线。

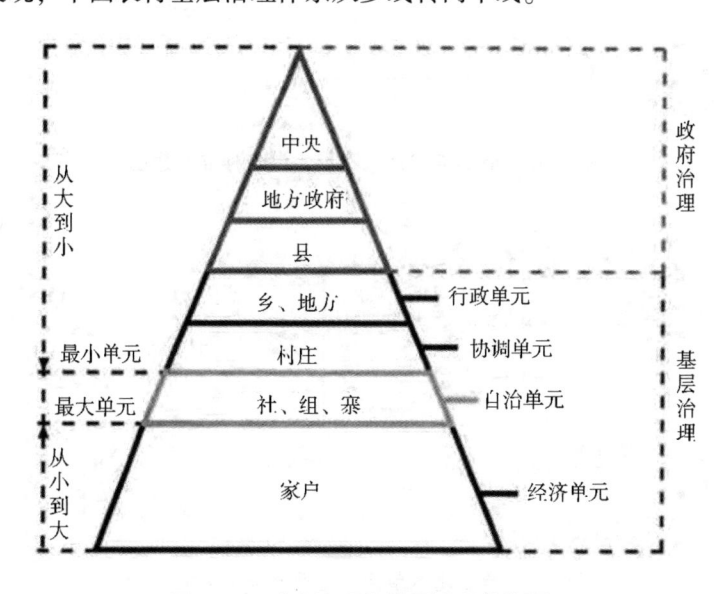

图9—1 政府治理和基层治理结构图

2. 从多层级转向较少的层级。在晚清时期，基层治理有的地方多达五个层级，如福建就存在乡—里—都—图—保，还有乡—里—村—甲四级体系，民国政府也是区—乡—闾—邻四级体系。1949年后开始设立区—乡—村三级体系，后来逐步缩小为农村人民公社一级治理体系。最后，又不断地增多和下移，变成人民公社—生产大队—生产队的三级管理体系。改革开放后，由于村民小组没有法律地位，中国农村基层治理实际上变成了乡—村两个层级。两个层级的治理体系并不适合于中国农村基层，因此不少地方在探索三级治理层级，将自治单元下沉，形成乡—村—组（自然村）的治理格局。从中国国情来看，农村基层的三级治理体系比较符合中国的实际，靠近农民的为自治基本单元，靠近地方政府的为行政基本单元，处在两者之间的为协调服务基本单元。

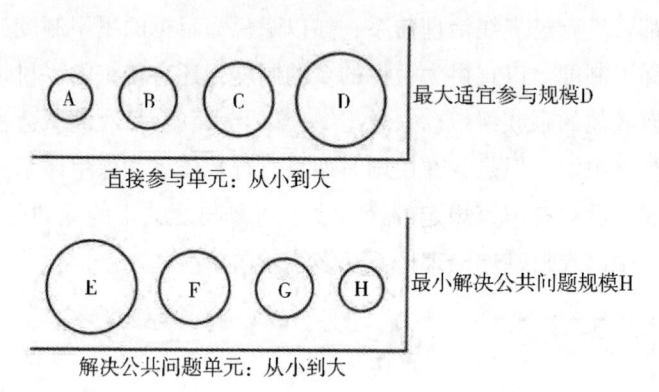

图9—2 最小能力标准和最大参与标准示意图

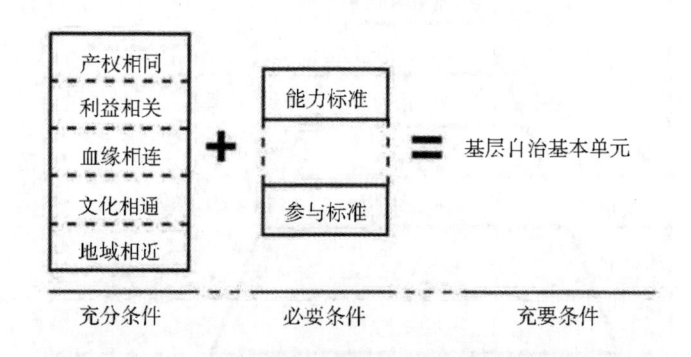

图9—3 自治基本单元决定要素与要求关系图

第十章 多单位治理：基层治理单元的演化与创设逻辑*

2016年，中共中央办公厅和国务院办公厅印发了《关于以村民小组或自然村为基本单元的村民自治试点方案》，鼓励以村民小组和自然村为单元进行村民自治的试点。2017年2月，"两办"又印发了《关于加强乡镇政府服务能力建设的意见》，明确规定乡镇为公共服务的组织单位、资源的配置单位和责任单位。为什么国家会在此时鼓励各地探索村民自治单元并明确乡镇为基本的服务单位？为什么国家要重构自然村、行政村和乡镇之间的功能？这些问题需要学界进行深入地讨论和研究。本章认为，在传统国家迈向现代国家的过程中基层治理会出现三个演变过程：一是纵向的"统治功能"演化为横向的"治理功能"的过程；二是"单单位治理"演化为"多单位治理"的过程；① 三是单位治理功能的专业化趋向和多元化趋向并存的过程。改革开放以来，这种演化更为明显和突出中国基层出现了自治单元、行政单元、服务单元和经济单元等多种单位。本章将以中国农村基层治理单元的演变为研究对象，考察中国农村基层治理的"多单位治理"演变过程及各单位的生成逻辑。

一 文献梳理与理论假设

治理单位从柏拉图、亚里士多德开始，就是一个令人关注的政治学话

---

* 本章作为独立论文发表于《学习与探索》2017年第5期。原文与张利明博士合著，收入本书时，获得了他的同意，在此表示感谢！

① 徐勇教授称之为"复合治理"。"复合治理"虽然能够较准确地表达其内涵，但是不太形象，所以本书称为"多单位治理"，与此相对应的是"单单位治理"。

题。古今中外的学者们对此进行了多角度、多方位的探讨,形成了一系列的"单位理论"研究成果。

(一) 文献梳理

1. 有效治理的单位:城邦

经典作家对城邦的有效治理规模做过大量研究。柏拉图认为,城邦的规模和疆土"不能超过最佳限度",大能"保持统治",小能"守卫城邦"。① 在《法律篇》中柏拉图将城邦规模进一步量化,城邦不仅"应当足以维持一定数量的最有节制的人的生活",还能够"足以保护自己,反对侵略",柏拉图认为,5040位土地所有者是最佳的城邦规模。② 从柏拉图的研究可以发现,城邦单位对内有统治功能,对外有防卫功能,还有维持城邦物质供给的生产功能。

亚里士多德则拓展了城邦的规模研究。他提出从土地来看城邦"应当以足使它的居民能够过闲暇的生活为度"③;从人口来看,城邦"足以达成自给生活所需要而又是观察所能遍及的最大数额"④;除此以外,亚里士多德还从自治和民主的维度讨论城邦规模,"一邦公民人数不能超过万人;居民都远近相望,里间相逢,互知其行为、能力、门望、贫富;平时集会可以朝至夕归,战时征召可以朝令夕合"⑤。亚里士多德认为城邦单位的规模受制于自治、自给和自卫三个要素,也可以说,城邦兼顾统治功能和自治功能,既是统治单位,也是自治单位。

2. 有效统治的单位:国家

走出中世纪后,学者们开始讨论国家的治理规模。卢梭认为国家的规模要适度,不能逾越其"极限""使它既不太大以致不能很好地加以治理,也不太小以致不能维持自己"⑥。在人口和土地的比例关系上,卢梭

---

① [古希腊] 柏拉图:《理想国》,商务印书馆2012年版,第137页。
② [古希腊] 柏拉图:《法律篇》,载《柏拉图全集》第3卷,人民出版社2003年版,第495页。
③ [古希腊] 亚里士多德:《政治学》,吴寿彭译,商务印书馆2013年版,第362页。
④ 同上书,第361—362页。
⑤ 同上。
⑥ [法] 卢梭:《社会契约论》,何兆武译,商务印书馆2003年版,第59页。

提出"地足以供养其民，民能以地为生"①。为此，卢梭认为"民主政府就适宜于小国"②。由此可见，卢梭的观点主要有两个：国家治理的规模不能太大；民主只能在小国实现。他的观点很明确，小国是一个很好的民主单位。

孟德斯鸠也主张"小国寡民"。他认为，小国宜行共和，大国宜成专制③，而且民主只能在小国实现，"在一个小共和国里，每个公民都能更多地感受和了解公共福利，与公共福利更为接近"④。因此孟德斯鸠得出结论，认为共和国有一定的规模约束："小则亡于外敌，大则毁于内弊。"⑤ 因此，民主的单位只能在小的国家、小的范围内实现。

与卢梭、孟德斯鸠的"小国民主"不同，密尔认为，当面积和人口超过了一定的规模，人们直接参与公共事务就难以实现，在这样的情况下，理想的政府是代议制政府。⑥ 美国联邦党通过争论达成共识，"民主政体将限于一个小小的地区，共和政体能扩展到一个大的地区"⑦，他们也在美国实践了密尔的代议制民主，彻底打破了民主只能在小国、小区域实现的经典论述。罗伯特·达尔则将国家规模与治理有效性进一步深化，指出："民主的城邦国家之所以更为优秀，在很大程度上是因为它更加充分满足了公民效能和体系能力这两个标准。"⑧

3. 多单位的协作或竞争性治理

经典作家主要是讨论民主有效实现的单位和政体有效统治的单位，而且是基于城邦和国家单元的治理研究，这些研究没有充分考虑国家或者城邦内部各单位之间的关系，但是当代有些学者的研究已经涉及了"多单位治理"。例如，达尔提出了"多元主义民主"，他认为民主可以通过多个自

---

① [法] 卢梭：《社会契约论》，何兆武译，商务印书馆2003年版，第62页。
② 同上书，第83页。
③ [法] 孟德斯鸠：《论法的精神》（上册），商务印书馆2012年版，第149页。
④ 同上书，第146—147页。
⑤ 同上书，第155页。
⑥ [英] J. S. 密尔：《代议制政府》，汪瑄译，商务印书馆1992年版，第55页。
⑦ [美] 亚历山大·汉密尔顿、约翰·杰伊、詹姆斯·麦迪逊：《联邦党人文集》，商务印书馆1995年版，第66页。
⑧ [美] 罗伯特·A. 达尔、爱德华·R. 塔夫特：《规模与民主》，上海人民出版社2013年版，第21页。

治组织及组织（单位）之间的竞争而实现①；奥斯特罗姆认为，人们借助于不同于国家和市场的社群组织这一制度安排实现适度治理②；麦金尼斯称之为"多中心治理"，即"一种多中心政治秩序意味着众多权威和责任的领域（或中心）交叠共存"③；笔者从纵向维度考察了基层治理单位的规模、类型和层次④，从横向维度考察了产权单位与治理单位的对称性⑤。

经典作家们的研究无疑具有开拓性、启发性，但是这些研究也存在以下三个问题：其一，都是以一个独立性的政治单元为研究对象，重点考察单元的规模、规模的制约因素和治理形式，没有考虑多个单位的情况，更没有考虑政体内部各单位之间的关系；其二，都是一种静态研究，没有将时间因素考虑进来，即没有考虑随着时间变化、经济发展，治理单位及其职能发生的变化情况；其三，虽然达尔的"多元主义民主"和奥斯特罗姆的"多中心治理"考虑了国家单元内部各个小单元之间的关系，但是没有考虑各单元之间的功能、性质、层级，也没有考虑在不同的经济条件和国家治理能力条件下各单元的更替和发展关系。因此，这些"单元理论"或"单位理论"均无法解释当前中国农村基层的单元变化，无法解释当前清远、秭归等地的自治单元下移实践，也无法解释东莞、佛山等地服务单元的出现，这些新出现的治理单元需要学界进行深入的研究并做出合理的解释。本章拟建构"多单位治理"框架进行解释。

（二）多单位治理的理论假设

从传统迈向现代的过程中，纵向的国家"统治功能"不断演变为横向的"治理功能"，横向的"单单位治理"逐渐演化为"多单位治理"。为便于分析，笔者对"多单位治理"做了三个假设。

假设一，多单位的治理取决于经济发展条件和国家的治理能力。随着

---

① [美] 罗伯特·A. 达尔、爱德华·R. 塔夫特：《规模与民主》，上海人民出版社 2013 年版，第 25—26、33—34 页。
② [美] 埃莉诺·奥斯特罗姆：《公共事务的治理之道：集体行动制度的演进》，上海三联书店 2000 年版，第 10 页。
③ [美] 迈克尔·麦金尼斯：《多中心治道与发展》，上海三联书店 2000 年版，第 2 页。
④ 详见本书第九章。
⑤ 邓大才：《产权单位与治理单位的关联性研究——基于中国农村治理的逻辑》，《中国社会科学》2015 年第 7 期。

经济水平的提高及国家治理能力的增强，国家统治和国家管理会演变为国家治理，这种国家治理方式的转换会导致两个过程：一是纵向的"统治功能"演变为横向的"治理功能"，有些会形成横向的"治理单位"；二是横向的"单单位治理"演变为"多单位治理"。

假设二，治理单位数量的增长是有限度的，但单位治理功能的增长是无止境的。随着经济发展和国家治理能力的增强，治理单位的数量会增加，但是单位的出现要考虑成本因素，因而其增长是有限度的。由于社会发展对治理功能的需求越来越多，要求治理功能越来越丰富，因而单位治理功能的增长则是无止境的。可以说，治理单位的数量与经济发展水平、国家治理能力先是强相关，在达到一定的限度后则转变为弱相关；治理的功能与经济发展水平、国家治理能力成正比。

假设三，多单位的产生有一定的顺序，依次为自治单位、行政单位、服务单位和经济单位。① 当然在不同的地区其顺序会有一定的差异。多单位取决于国家、社会和市场的需求：有些单位的产生取决于国家的需求，如行政单位和服务单位；有些单位的产生取决于社会的需求，如自治单位；有些单位取决于市场的需求，如经济单位。当然，随着经济、社会和政治的发展，也许还会有其他类型的单位产生。

二 中国农村基层治理单元的变迁

近百年来，中国农村基层治理单位呈现出从"单一"走向"多元"趋势，一些比较发达的地区开始出现"多单位治理"的格局。

（一）传统乡村的基层治理单元

在传统乡村社会，县是基层的治理单位，但是每个知县要管辖20—25万名居民②，根本不可能实施积极的治理，只能依靠县以下纵向的"统治功能"和横向的"自治功能"。

---

① 为了简化研究，本章只考察四种主要的单位功能，即行政功能、自治功能、经济功能和服务功能，其他的功能都归并到这四种功能中。

② 萧公权：《中国乡村：论19世纪的帝国控制》，台北联经出版事业公司2014年版，第5页。

1. 横向的自治单位

不管是中国的南方还是北方，人们聚集在一起自然形成的单元，就是村、庄、寨、堡等聚落。萧公权说，"村庄是自然发展而成"，村庄的规模不大，一般在300—3500人之间，相当大一部分村庄在1000人以下。[①] 村庄主要由村民推选的若干会首或者会头来管理村庄的公共事务，主要体现在六个方面：一是道路、桥梁等公共设施的建设，由会首商量决定和组织，经费要么由地主捐赠，要么村民按照地亩分摊；二是组织看青，看青由地主或者会首提议，请青夫守护，经费按照所有地或耕种地进行分摊；三是防卫，由全村适龄男丁按照地亩或者男丁分派打更，或者巡逻；四是救济，主要是对村庄的穷人或者孤寡老人进行援助；五是求雨、庙会，由会首或者村庄中有威望的人提议，由善男信女自愿捐助或者有地农户分摊组织；六是会首代表村庄与邻村、县里交涉，会首由全村村民推选产生，或者由有威望、有土地的农户推选产生，决策由会首们商量决定，村庄及会首的工作与县里没有关系，县里也不知道会首。[②] 可见，自然形成的村庄通过一定的民主方式组织村庄的公共建设、公共行政和公共文化，是典型的自治单位，发挥自治功能。当然，只有富裕的村庄才具备上述多种自治功能，大部分村庄的自治功能还相当简单。

2. 纵向的统治功能

作为统治者的国家主要通过两个纵向体系实施统治和管理：一是以治安为目标的保甲组织。清代以前的保甲制与民国政府的保甲制相比，目标相同，但是规模不同，前者一保有1000户，一甲有100户。保甲设有保正和地方，一般若干个村设置一位保正和一位地方，防治小偷、盗窃等治安问题及向政府报告谋反事宜；二是以征税为目标的里甲组织。一般10户为1甲，110户为一里，设有里长。[③] 在现实中，里甲与保甲并不重合，但是两者的规模都比较大，后来保甲制逐渐取代里甲

[①] 萧公权：《中国乡村：论19世纪的帝国控制》，台北联经出版事业公司2014年版，第18、21页。

[②] 徐勇、邓大才：《满铁农村调查》总第1卷·惯行类第1卷，中国社会科学出版社2016年版，第3—11页。

[③] 萧公权：《中国乡村：论19世纪的帝国控制》，台北联经出版事业公司2014年版，第35—46页。

制,具有了征税功能,保甲和里甲合二为一,构成了国家治理的纵向行政单元。① 一般是十几个或者几十个村庄有一位保正、一名地方,全县也只有几十人。保正、地方对县里负责,但是县里不给保正、地方支付薪水,由保正、地方找相关的村庄收取。可见,政府只能通过纵向的征收钱粮、治安来保证国家对乡村的基本统治、管理,不能给农民提供基本的公共服务、公共建设。

在传统时期,县以下的横向自治单位与纵向的国家统治,主要是行政管理,各自运行,互相没有领导和被领导、指导与被指导的关系。对于自治单位的村庄治理,政府及保正、地方不会干涉,会首也不为政府征税,不参与政府的行政事务。保正、地方负责催钱粮,村民直接到县的粮柜完粮纳税。除刑事案件及罢免保正、地方等事情外,自治单位与行政功能没有任何交集,两者独自运行。②

可见,在传统时期国家通过纵向的保甲、里甲制度实施统治功能:收税和提供秩序的"最后保障"。在县以下的基层社会只有村庄治理单位,具有自治功能,保障基层社会的自我运转,传统时期的基层社会属于典型的"同功同体"的"单单位治理"格局(详见表10—1)。

表10—1　　　　　　　　功能与单位的性质组合表

	单位	
	同	异
功能　同	同,同(同功同体)	同,异(同功异体)
异	异,同(异功同体)	异,异(异功异体)

(二)转型中的基层治理单元

1911—1949年间,以农业为主的农村经济结构没有任何变化,但是由于政府强力推进国家建设,纵向的统治功能逐渐转换为横向的治理功

---

① 这里要说明的是,自然形成的单元还有乡,但是乡不确定也没有具体的职能;行政单元还有社;里甲制时还有里老人,或者设置社书来催粮或者变更粮册。参见徐勇、邓大才《满铁农村调查》总第1卷·惯行类第1卷,中国社会科学出版社2016年版,第11、22、51、94页。

② 同上书,第44—53页。

能，基层社会的治理单位因之发生了深刻的变化。

1. "统治功能"融入"自治单位"

20世纪40年代初，新的保甲制取代了原有的会头制或者会首制，保长、副保长成为村庄治理的主体。保长和副保长由村民选举产生，并由县公署颁发委任状；甲长也由本甲推选产生，协助保长、副保长组织村务工作。保长、副保长和甲长协商处理村务，但是在现实中保长的权力逐渐增大，民主的程度日益弱化。保甲长主要有三方面工作：一是原有的村庄自治事务；二是税费征收工作；三是协助警察分所维持村庄的秩序和治理。[①] 可见，保甲长既要对村民负责，也要对乡、县负责，行政功能通过保甲制渗透到自治单位并转化为自治单位的功能，自治单位具有了自治和行政两种功能。这样，村庄从"同功同体"就演变成"异功同体"，但仍然是最基层的治理单元（详见表10—2）。新的保甲制与大部分村庄的规模一致，在百户左右的村庄设一村一保；比较大的村庄就分成多个保，村内各保组成联保，推选出联保长，联保长相当于原来的会头或者村长。

2. "纵向功能"演变成"横向单元"

传统的保甲、里甲制虽然有一定的管理幅度，但是它并不是一个横向的单位，而是一种纵向的行政体系。"中华民国政府"在国家建构过程中废除了纵向的保甲、里甲制度，成立区、乡单位，后来区逐渐虚化，乡成为一个横向的治理单位。乡（区）长由各保的保长选举产生，其职责主要有四项：一是税费征收；二是组织村庄防卫；三是承接县公署委托的教育、治安、合作社的工作；四是组织乡范围内的公共建设如防水、修路、建坝等工作。县不给乡提供经费，乡根据需要向所属各保摊派。[②] 可见，乡从过去的纵向行政体系变成了一个横向行政单位，具有行政、公共建设、公共防卫功能，但是没有公共服务功能。乡是一个比较典型的横向"行政单位"。乡（区）的建立是国家纵向的"行政功能"向横向的"行政单位"演化的结果，也是国家统治和行政管理功能的横向化，乡（区）单位只有行政功能，其性质为"同功同体"。

---

① 徐勇、邓大才：《满铁农村调查》总第1卷·惯行类第1卷，中国社会科学出版社2016年版，第215—216、351—352、420页。

② 同上书，第103—104、199—200、310—314、371页。

表 10—2　　　　　　　　　　转型时期的多单位治理

单　位	单位功能	单位性质
乡（区）	行政功能：公共行政（征税、派役）、公共建设、公共防卫等	同功同体
村	行政功能：征税、派役、费用摊派 自治功能：村庄内部事务	异功同体
功能分布	行政功能分布：乡、村 自治功能分布：村	多单位治理

在"中华民国政府"时期，国家强制推进教育、警察、防卫制度。国家建设的第一项工作就是大办教育，在乡村举办学校，将原来的庙宇、祠堂、祖屋变成新式小学，大部分学校的经费由所在村或者学校周边的村庄负责，县会通过田赋附加征收一部分学款，但是学款的大部分供县公署的工作人员使用，小部分用于县办学校的补贴，即便如此，小学经费不足部分依然由所在村及周边村庄分摊；[①] 第二项工作就是在各个区或乡设置警察分所，负责维护所辖区域的治安，警察分所的费用由所辖村庄分摊，警察分所由县公署直管；另外，县委托乡（区）承担了一些防卫功能，主要是组织联保会、联庄会或者自卫团、保卫团等组织。[②] 通过分析可以发现，教育功能、防卫功能其实还是由基层治理单位负担的，警察功能由县里负责，但是驻扎在乡（区）警察及治理功能还没有完全单位化，教育、防卫功能进一步强化了乡镇的行政功能。

由此可见，"民国政府"时期是国家建设的一个重要时期，国家治理和社会治理已经完全不同于传统时期。从功能来看，行政功能已经分布在乡（区）、村两级，如果同时还有区单位，则分布在区、乡、村三级；自治功能依然只存在于村庄之中。从单位来看乡（区）只有行政功能，其性质是"同功同体"；村庄既有行政功能，也有自治功能，其性质是"异功同体"。从整体来看，中华民国时期的基层社会已经从清代晚期的"单

[①] 徐勇、邓大才：《满铁农村调查》总第 1 卷·惯行类第 1 卷，中国社会科学出版社 2016 年版，第 61、63、196—199、383 页。

[②] 同上书，第 104、217—218、306—307、368 页。

单位治理"演变成"多单位治理"。

(三) 激变时期的基层治理单元

中华人民共和国成立后,经过土改、合作化运动,最后建立了农村人民公社体制,这个体制将民国政府的两级"多单位治理"拓展为三级"多单位治理",即生产队、生产大队及公社。

第一,生产队单位。根据《农村人民公社工作条例(修正草案)》规定,农村人民公社由三级构成。生产队相当于自然村,规模比较小,主要有三项功能:一是经济功能,主要是生产单位和产品分配单位;二是自治功能,按照条例规定,生产队所有权力属于社员大会,实施民主管理,队员的福利安排均由社员民主决定;三是一定程度的行政组织功能,同时要向国家交"公粮",即生产队既具有行政功能,还具有传统的统治和管理功能。[1] 相比传统时期和转型时期,自然村取代村民成为经济的组织者、福利的分配者、社会秩序的维护者及国家统治的基层代理者。

第二,生产大队单位。生产大队是一个比较综合的单位,具有四种属性:一是经济单位,特别是产权所有单位,但是它的经济功能不同于公社和生产队,主要是生产组织功能;二是行政单位,生产大队负责整个大队的队务管理、社会稳定和社会秩序;三是服务单位,生产大队还是社员生老病死的负责单位;四是自治单位,按照条例规定,生产大队也是一个自治组织,规模不大的实施直接民主,规模较大的实施单位民主[2],但是这些在当时的条件下是难以实现的。

第三,公社单位。公社比大队更为宏观,它具有三种功能:一是经济功能,主要承担经济的规划和管理特别是农村工业的所有单位、组织单位;二是行政功能,公社是政府的底层,负责公社的管理工作,承担国家统治和管理功能;三是服务功能,公社还是生产型、生活型公共产品的建设单位,如水库、河堤、水坝、公路等的建设单位和提供单位。[3]

从上述内容可以发现,1962年以后的中国农村基层社会已经完全不

---

[1] 徐勇、邓大才:《满铁农村调查》总第2卷·惯行类第2卷,中国社会科学出版社2016年版,第625—636页。

[2] 同上书,第623—634页。

[3] 《建国以来重要文献选编》第15册,中央文献出版社1997年版,第617—623页。

同于传统时期和转型时期的治理架构。从功能来看，公社、生产大队、生产队都具有经济功能、行政功能，但公社、生产大队具有服务功能，而生产大队和生产队具有自治功能，四大功能被分置在不同的生产单位。从单位来看，生产队有自治、经济、行政三大功能；生产大队具有四大功能；公社具有除了自治以外的三大功能（详见表10—3）。整体来看，农村人民公社时期的基层社会属于"异功异体"的"多单位治理"。

表10—3　　　　　农村人民公社时期的多单位治理

单　位	功　能	性　质
生产队	经济功能：生产功能、分配功能 自治功能：社员自治、直接民主 行政功能：组织社会并交纳税费	异功同体
生产大队	经济功能：组织规划 行政功能：管理生产大队及下属事务 服务功能：主要是社会保障功能 自治功能：直接民主或间接民主	异功同体
公社	经济功能：规划功能、农村工业 行政功能：管理公社 服务功能：提供生产性建设服务	异功同体
功能分布	自治功能：生产大队、生产队 经济功能：公社、大队、生产队 服务功能：公社、大队 行政功能：公社、大队、生产队	单位：多单位治理 整体：异功异体

在此我们必须看到，农村人民公社时期出现的"异功异体"性质的"多单位治理"，并不是经济的内生需求，而是国家理想统治的建构性结果。因此，农村人民公社时期的"多单位治理"并不是经济发展、国家治理能力的必然要求，而是一种以理想为目标的建构型"早熟产品"。

（四）改革开放后的基层治理

改革开放以后，国家对超经济发展水平和治理能力的"多单位治理"

架构进行了重大调整，从"三级治理单位"变成"两级治理单位"。

第一，乡单位。根据中共中央国务院1983年印发的《关于实行政社分开建立乡政府的通知》，乡镇从"政社合一"的"多功能单位"转变成一个纯粹的行政单位。乡单位的规模和组织由公社转变而来，具有两大功能：一是行政功能，"领导本乡的经济、文化和各项社会建设，做好公安、民政、司法、文教卫生、计划生育等工作"；二是服务功能，"农业技术推广、林业、畜牧兽医、农业机械、经营管理等基层事业单位，供销社和信用社，都应进一步做好改革工作扩大服务范围，提高服务质量，逐步形成一套技术、管理、流通、金融的服务体系"[1]，即乡也是公共服务单位。就经济功能而言，乡的经济功能已经移交给"合作经济企业""根据生产的需要和群众的意愿逐步建立经济组织"，也就是说，经济功能不再是乡单位的基本功能。

第二，村单位。《关于实行政社分开建立乡政府的通知》规定："村民委员会是基层群众性自治组织，应按村民居住状况设立。"文件没有规定究竟是生产大队还是生产队转变为村庄，而在实践中各地大都将生产大队转变为村庄，以原生产大队为单位组织村民委员会。村民委员会有四项职能：一是自治功能，明确规定村民委员会是"基层群众性自治单位"，"积极办理本村的公共事务和公益事业"；二是行政功能，"协助乡人民政府搞好本村的行政工作和生产建设工作"；三是经济功能，"有些以自然村为单位建立了农业合作社等经济组织的地方，当地群众愿意实行两个机构一套班子，兼行经济组织和村民委员会的职能，也可同意试行"[2]。

从上面可以看到，国家已经从理想类型的"多单位治理"退回到与经济社会、国家能力相适应的简单的"多单位治理"。从功能来看，乡只有行政功能、服务功能，不强求经济功能；村庄有自治功能、行政功能，有条件的地方可以有一定的经济功能（详见表10—4）。总体来看，改革开放后的基层社会类似于中华民国时期的"多单位治理"中的两级"单位治理"格局，不过行政功能和行政能力远远超过民国时期。

---

[1]《新时期农业和农村工作重要文献选编》，中央文献出版社1992年版，第221—222页。
[2] 同上书，第222页。

表 10—4　　　　　　　　改革开放时期的多单位治理

	功　能	性　质
村庄	自治功能：村民自治 行政功能：管理村务、协助政务	
乡	行政功能：公安、民政、司法、文教等 服务功能：农业技术、牲畜、机械等服务	异功同体
功能分布	行政功能：乡、村共有，同功异体 服务功能：同功同体 自治功能：同功同体	单位：多单位治理 整体：异功异体

在实践中，因为村庄规模比较大，特别是南方地区和山区，村庄面积大、人口多导致自治功能大打折扣；乡镇缺少财力，导致服务功能发挥严重不足。乡、村的主要功能是行政，自治功能和服务功能严重不足。所以，本章称之为简单的"多单位治理"。《关于实行政社分开建立乡政府的通知》中没有提到生产队的问题，特别是南方以自然村为单位的生产被忽视了，导致改革开放以后，村庄的行政功能强大，但是服务功能不足；自治规模太大，效果不甚理想。

三　多单位治理：中国农村基层单元的裂变

上文提到，由于《关于实行政社分开建立乡政府的通知》忽略了生产队（自然村）而导致改革开放以后基层社会自治功能严重不足。21世纪以来，因为经济发展和国家治理能力的提高，国家、市场和社会对自我治理、公共服务和经济发展的需求不断增多、增强。对于这些新的需求，不少地方通过对农村基层治理单位的创设予以满足，形成新的"多单位治理"格局。

（一）东莞实践

21世纪初东莞开始进入经济腾飞时期，随着经济的快速发展以及东莞市财政能力的迅速提高，市以下的基层单位逐渐演化成多单位治理体系。一是市与乡建立了区域性的公共服务中心，为辖区全体居民提供公共服务，形成了服务单位；二是乡镇成为综合单位，具有行政、征税、经济发展等功能，成为基层治理的"综合单位"，既是行政单位、公共服务单位，也是经济单位；三是在乡镇和村之间有很多市场组织，这些组织可能是跨村的，也可能是跨乡镇的，形成了经济单位；四是村居变成了社区，已经无法进行自治，既承接了政府大量的行政职能，又具有经济发展职能，即发展经济联社，由此，村居成为一个兼具行政和经济的单位；五是自然村变得相对简单，主要就是通过自治确保经济社的运转（详见图10—1）。

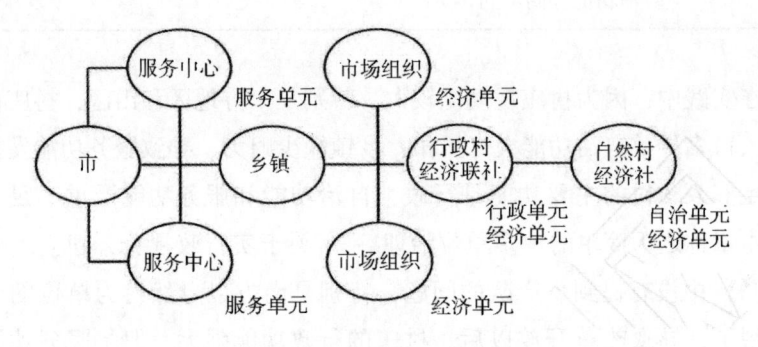

图 10—1 东莞市多单位治理结构图

从图 10—1 中可以看到，东莞市级以下的农村基层社会治理单位多而复杂，形成纵横交错的"多单位治理"体系，而且各个单位的功能不同，同一个单位有多种功能。从功能来看，乡镇、行政村和自然村（组）都具有经济功能；乡镇和行政村具有行政功能和服务功能；行政村和自然村具有自治功能。从单位来看，乡镇具有行政、经济、服务功能；行政村庄具有行政、经济、服务和自治四大功能；自然村具有自治和经济功能。整个基层社会属于"现代多单位治理"，既有纵向的"层级多单位治理"，也有横向的"多元多单位治理"；既有跨越村庄的经济单元，也有跨越乡镇的经济单位。

东莞市"多单位治理"系统的形成缘于三个原因：其一，东莞市经济发展已经达到了比较发达的程度，因而具有强烈的公共服务需求和自我治理需求；其二，东莞市财力比较雄厚，能够提供比较丰富、多样化的公共服务；其三，因为经济比较发达，村民需求差异大，因而允许自然村和行政村实施自治。

(二) 清远探索

近年来,广东省清远市以乡镇为单位进行基层治理体制改革:一是将规模比较大的村庄变成片区,作为公共服务中心为辖区内的居民提供公共服务;二是将规模大的行政村拆分成规模适度的行政村,行政村主要从事村庄的行政管理工作;三是将自治功能从原有的行政村下移到自然村;四是开始出现以土地或者农产品为对象的跨自然村、跨行政村甚至跨乡镇的经济单位(详见图 10—2)。

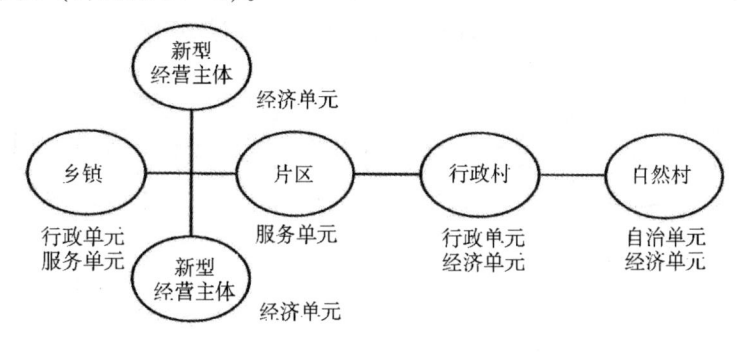

图 10—2 清远市多单位治理结构图

从功能来看,服务功能主要集中在乡镇和片区,行政功能主要集中在乡镇和行政村,自治功能主要集中在自然村。从单位来看,纵向形成了四级治理单位,同时还有横向的经济单位。可见,清远市的基层治理改革不仅走出了传统的"单单位治理"模式,而且走出了改革开放前后的层级式"多单位治理"模式,既有横向的"多单位治理",也有纵向的多单位治理(不同于传统时期的纵向"多单元治理"),即形成了纵横交错的"多单位治理"架构。

清远市"多单位治理"的形成主要缘于三个原因:其一,村庄特别是宗族型村落对自治的需求;其二,市场对要素和农产品的规模需求及整合需求;其三,经济发展促进了国家治理能力的提高,也推动了农村基层治理和服务效能的提升。

(三) 东平改革

山东省东平县属于鲁西南的贫困县,通过新型社区建设促进了经济社会发展。新型社区建设带动了基层治理单位的变化,主要体现在三个方面:其一,行政村进行了股份制改革,因此有了两个单位,即村庄行政单位和股份合作社单位。村庄集行政单位、经济单位和自治单位于一体。由于北方没有自然村,因此自治单位融于行政单位。其二多个村庄组成新的农村社区,它们仅仅是生活单位、行政单位。其三,乡镇与传统社会发生了一定的变化,除了行政功能外,还有一定的服务功能,因此乡镇既是行政单位又是公共服务单位(详见图10—3)。

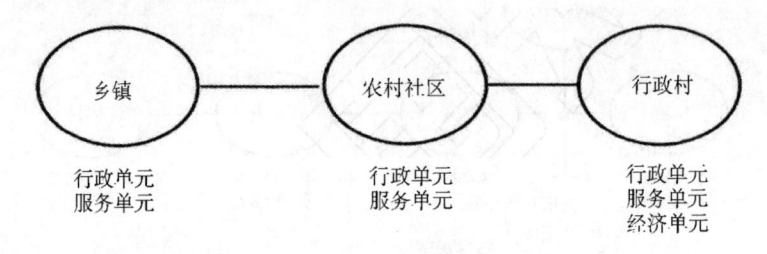

```
  乡镇 ——— 农村社区 ——— 行政村

行政单元    行政单元    行政单元
服务单元    服务单元    服务单元
                       经济单元
```

图10—3 东平县多单位治理结构图

从上面三个例子可以发现三个现象:一是经济越发达,经济单位就会越多,既有纵向的经济单位,也有横向的经济单位;二是经济越发达,国家治理能力就会越强,纵向的行政、公共服务功能逐步转向横向的单位服务,特别是出现了专业化、专门化的公共服务中心;三是经济越发达,自治需求就会越强,自治的独立性和规范性需求也会随之增强,自治单位会要求独立设置。

四 进一步讨论和结论

中华人民共和国成立后,中国农村社会发展经历了一个剧烈的变迁过程,其治理方式也几度发生根本性变革,通过对中国农村基层治理中单元演变过程的分析可以看到,"单单位治理"向"多单位治理"演变与中国社会发展、社会主义革命与建设同步互动,是一个客观的历史进程和社会发展的必然产物。因此中国的基层治理实践必须以此为基础做出科学的判断,并提出相应的对策。

(一) 几个基本的结论

1. 基层治理单位的变化

在传统国家转向现代国家的过程中,基层治理单位会发生三个方面的变化:其一,纵向的"统治功能"转换为横向的"治理功能"。纵向的治理功能会分解到不同层级的治理单位中,有些会形成横向的治理单位;其二,横向的"单单位治理"转换成"多单位治理",后者又会从"简单的多单位治理"转换成"复杂的多单位治理";其三,进入到现代国家后,"多单位治理"还会发生变化,从层级"多单位治理"变成纵横网络的"多单位治理",如东莞市的"多单位治理"。

2. 多单位治理生成的逻辑

多单位治理的生成主要缘于三个因素:其一,国家治理能力。国家治理能力越强,源于国家需求的单位就越多,如行政单位、服务单位等;其二,经济发展水平。经济发展水平越高,国家治理能力就会增强,经营主体跨区域整合资源的可能性也越高,因此会出现经济单位及为经济单位服务的公共服务单位;其三,主体的需求。需求产生功能,功能产生单位,主体的需求越强、越多,治理单位就会越多。具体而言,国家需要产生行政单位和服务单位,村民需求产生自治单位,市场需求产生经济单位。

功能会产生单位,但是功能与单位并不是一一对应的,有了功能并不见得就会单独设置单位,因为可以将其功能归并到相应的单位之中。另外,治理功能和治理单位的发展趋势也不一致。从图10—4可以发现,随着国家治理能力增强、经济发展水平提高,治理单位会增多,但是达到一定的程度后(如图10—4的C点),治理单位的增长则比较缓慢。治理功能则与此不同,随着国家治理能力增强和经济水平的提高,治理功能的增长是逐步增加的,且没有限度。由此可见,治理单位的增长有限度,但治理功能的发展则无止境。

如果不考虑经济社会发展水平和国家治理能力,或者超经济、社会和国家发展水平地创造治理单位,则会导致治理混乱、治理失效。例如,人民公社时期农村理想化的、建构性的"多单位治理"就超越了当时经济、

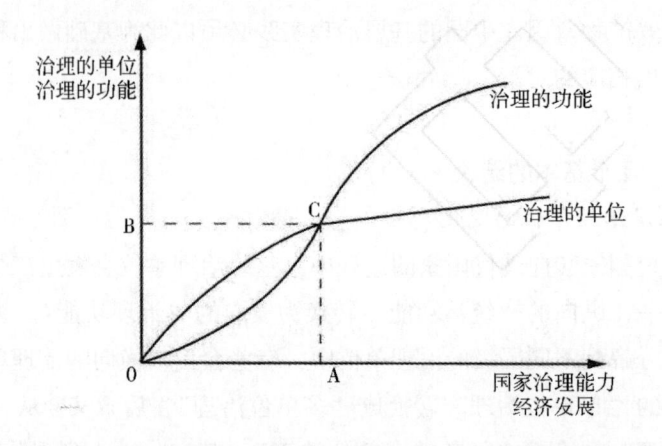

图10—4 治理功能单位与国家治理能力、经济发展关系图

社会发展水平和国家的能力。如果基层社会有巨大的功能性需求，但是治理单位没有及时出现也会导致治理无法有效实现。例如，改革开放以后，前期因为忽视村民小组或者自然村的自治功能导致自治失效；后期因为服务功能供给不足也无法使基层治理和国家治理有效实现。

3. 多单位产生的大致顺序

在"无国家社会"下的单位，经济结构简单，可以自我治理，只需要自治功能就会形成自治单位。传统国家下的单位，经济结构也简单，村民从事简单再生产，只需要自治功能和行政功能（这里指统治和管理功能）维持单位运转，就会形成自治单位和服务单位。经济的发展、国家治理能力的增强，使得传统国家转向现代国家的同时，产生了公共服务功能，形成服务单位，市场会产生资源整合的需求形成经济单位。

通过上述分析，可以得出多单位产生的顺序：首先是"无国家社会"下产生自治单位；其次是传统国家下产生行政单位；最后是经济和市场的发展产生服务单位和经济单位。总之，基层治理单位的形成都源自于国家、社会和市场的需求。

4. 多单位之间的基本关系

基层社会有自治、行政、服务和经济四类单位，但是各单位的地位和作用有一定的差异：其一，自治单位是基础，因为即便没有行政单位、服务单位和经济单位，自治单位也能独立存在，正常运行；其二，行政单位是条件，它是保障基层社会秩序的必要条件。如果没有行政单位，自治单位内部的行政管理需要自己负责，自治单位之间的矛盾和冲突也需要自己协调，治理成本会相当高；如果没有自治单位，行政单位的成本会相当高；如果行政单位的边际成本超过自治单位的边际成本，就必须容忍自治单位的存在；其三，服务单位和经济单位是有效实现基层治理单位的基本动力，有了服务单位和经济单位，基层就能更好地自治，国家就能够更好地治理。可见，"多单位治理"中的"单位"作用和功能各不相同，当然在某些特殊地区、特殊时期，某个单位的某种功能会更加突出。

（二）几个政策建议

1. 充分认识"多单位治理"的必然性

国家和地方政府要充分认识到，多单位治理是经济社会发展的必然结果，也是国家治理能力增强的必然结果。现代国家一定是"多单位治理"。因此，国家和地方政府要及时了解需求的变化，根据社会和市场所需要的功能，设置必要的治理单位。同时，也要宽容、保护社会和市场根据自身需要所形成的新单位，如社会组织、经济组织和自治组织等。社会和市场所需要的单位越发达、越成熟，国家治理的行政成本就会越低，经济和社会就会发展得更好。

2. 根据单位类型"因单施策"

需求产生功能，功能产生单位。不同的单位有不同的功能，不同的单位有不同的外部环境。因此应该区分单位的性质"因单施策"。如自治单位要尊重自治单元的规律，确定自治单元的规模，选择适合的治理形式；服务单位要遵循成本和成效的原则，确定服务半径和服务质量；经济单位要根据经济规律进行设置、保护和运行；行政单位既要保证秩序的需求，又要遵循节约成本的原则。

3. 根据需要和成本创设治理单位

有需要就一定要有功能的对应和满足，但是对应和满足并不一定就需要设置新的治理单位。如果新的需求和新的功能可以借用原有的单位，则可以与原有的单位重合形成"异功同体"的治理单位，这样节省治理成本；如果新的需求和新的功能无法借用原有的单位，就需要设置新的单位，这样新出现的单位因为功能、需求均与其他单位不同，就能够形成

"异功异体"型的治理单位体系；如果某些单位因为出现了其他单位所具有的新需求，则可以在此单位设置新的功能，这样就使某项功能出现在不同的单位，从而形成"同功异体"型治理单位体系。

第十一章　复合政治：自然单元与行政单元的治理逻辑[*]

近几年，中央"一号文件"均提出了"基本单元"的概念，鼓励各地以自然村或者村民小组为基本单元开展村民自治的试验。广东省清远市提出了"重心下移"，将村治单元下移到自然村或村民小组；湖南省却反其道而行之，合村并组，扩大村庄规模。我们的疑问是，为什么中央会一再强调"基本单元"，并鼓励在基本单元中实施村民自治？广东清远市和湖南省为什么会相向而行，一个缩小自治规模，一个扩大治理规模？笔者认为，产生这一问题的根本原因是不清楚农村治理的基本单元是什么，基本单元从何而来，又在哪里，更重要的没有搞清楚自下而上的"自然单元"和自上而下的"行政单元"之间的区别及其组合设置。本章拟通过对中国农村基层治理基本单元（包括自然单元和行政单元的形成、属性、功能及国家为了统治、管理、治理农村而改造利用自然单元）的考察，研究基本单元的类型、功能演变、互动关系，及其对国家基层治理的价值和意义。

一　文献梳理与问题意识

（一）基本概念界定和阐释

所谓基本单元，是人们为了满足生产生活需要，以家庭或者个体的方式聚集在一起，或是国家、政治团体将一定的人群按一定的区域划分为一

---

[*] 本章作为独立论文发表于《东南学术》2017年第6期。

定的行政空间。这种聚集或者组合可能是一个组织，也可能是一个空间，还可能是一个平台。基本单元是最接近家庭、位于治理层级最底端且不可再分割，但是又能满足一定公共生活的组织平台、范围和空间，它由若干自然人或者若干家庭构成。

基本单元有几个主要的特点：

1. 位于社会或者行政链条的最底层。从纵向来看，基本单元是处于纵向链条的最后，是最接近家庭和个人的组织、平台、范围和空间。

2. 规模最小且不可再细分。从规模来看，基本单元虽然是大于家庭的若干家庭或个人的组合，但在纵向行政链条中，位于最底端，因此规模最小；从内容来看，基本单元是难以再细分的组合，如果能再细分便不是基本单元，所以说是最小的组合。

3. 有一定的公共生活。人们聚集或者组织在一起就是为了实现公共生活，没有公共生活的群体不能称为基本单元。

（二）基本单元的分类

中国农村基层治理基本单元分为两类：自然单元和行政单元。在人类历史发展过程中，自然形成的基本单元称为自然型基本单元，简称为"自然单元"，有些地方称为"自然村"，有些又称为湾、冲、屯等。自然单元又分为原生性自然单元、再生性自然单元、派生性自然单元三类，其主要功能是群众性自治，通过自治解决生产生活的公共性问题。因此有些人也将其称为自治单元。[①]

有些村庄会形成双层自然村，即在自然村规模比较小，无法解决生产生活的公共性时，上一级自然形成的单元会变成次级自然村，本文称为组合性自然村，如有些自然村随着发展，越来越大，下面相继形成了更小的单元，这个小单元便称为自然村，而原有的单元则称为组合性自然村。但组合性自然村与自然单元对应，国家为了便于统治和治理，用行政的方式设置和划定了统治、管理、治理的基本单元，这些单元称为行政型基本单元，简称为"行政单元"。1949年以前主要是保甲、邻闾、里甲、社村等

---

① 邓大才、张利明：《多单位治理：基层治理单元的演化与创设逻辑》，《学习与探索》2017年第5期。

制度；1949年以后为初级社、高级社、生产队、生产大队、村民小组、村民委员会等。与自然单元位于最底层不同，行政型基本单元具有一定的规模，其基本单元不是甲、邻、初级社、生产队、村民小组，而是保、闾、高级社、生产大队、村民委员会等，行政单元的主要功能就是保障国家的统治和治理功能的实现。

（三）文献梳理和问题意识

对于农村基层治理基本单元，学界尚无专门的研究，但有几位学者的研究领域有所涉及。其中，摩尔根在其《古代社会》中对基本单元有诸多探讨，并进行过规律性研究。摩尔根的观点主要有如下几个方面：一是氏族成为古代社会的基本单元和基础，"随之而来的趋势是使氏族成代替婚级而成为社会组织的基本单位"[1] "这也是一种社会政治制度的基本组织单位，它是古代社会的基础。"[2] "在社会的组织中，氏族是基本组织，它既是该体系的基础，又是其单元。"[3] 二是以氏族为单元构成的社会结构具有单元特点，"因为印第安人组织其社会时所依据的社会政治体系即以氏族为其基本单元。这种单元组成的社会结构必然也带有这种单元的特色，因为单元如此，其组合物也会如此"；[4] 三是低层级单元组成高级单元，"民族以部落为其单元，部落以胞族为其单元，胞族以氏族为其单元，但是氏族并不以家族为其单元""氏族则是社会制度的基本单元，是长期存在的。"[5] 四是乡区是政治社会的基本单元和基础，"乡区及其固定的财产以及它所拥有的、组成政治团体的居民，成为一种截然不同的新政治制度的基本单位和基础"[6]。乡区基本单元取代氏族基本单元则使古代社会迈入到政治社会之中。"这个国家的基础是地域而不是人身，是城邑

---

[1] ［美］路易斯·亨利·摩尔根：《古代社会》，杨东莼、马雍、马巨译，江苏教育出版社2005年版，第47页。

[2] 同上书，第51页。

[3] 同上书，第188页。

[4] 同上书，第68页。

[5] 同上书，第186页。

[6] 同上书，第52页。

而不是氏族,城邑是一种政治制度的单元,而氏族是一种社会制度的单元。"① 五是基本单元的性质决定其上层体系的性质。"基本单元的性质决定了由它所组成的上层体系的性质,只有通过基本单元的性质,才能阐明整个的社会体系。"② "基本单元是怎样的,其复合体也是怎样的。"③ 六是基本单元是一切治理的开始。"人民如果要学会自治之术,要维护平等的法律和平等的权利与特权,那就必须从基本单元开始。"④

迈克尔·曼对各种单元有过相关阐述,一是提出过各种不同单元,如家庭单元、人群单元、部落单元、文明单元,这四个单元的规模依次变大,紧密程度依次降低。另外,他还提出过群体单元、行政单元、政治单元、自治单元、地域单元、人种单元、血亲单元、联合单元、经济单元等具体分类,但没有明确解释及分析其性质、功能。⑤ 二是对基本单元规模的上限做出相关论述。他认为,史前社会基本单元的规模在 50—500 人之间,最大的土地面积为 200 英亩。一旦超过 400—500 人,要么是居留点分开,要么就发生角色和身份的特化。⑥ 三是提出社会单元具有固化性和交叉性。"前历史显示了一种走向地域和社会的更加固化的社会单元趋向,……社会单元是交叠的。"⑦

笔者对基本单元或单元治理理论进行过系统的论述,一是从产权单元与治理单元的对称性来研究治理的成效;⑧ 二是探讨村民自治基本单元的确定原则,认为自治的基本单元由产权相同、利益相关、血缘相连、文化相通、地缘相近等要素来决定;⑨ 三是探讨中国农村基层的多单位治理,

---

① [美]路易斯·亨利·摩尔根:《古代社会》,杨东莼、马雍、马巨译,江苏教育出版社 2005 年版,第 96 页。
② 同上书,第 191 页。
③ 同上书,第 222 页。
④ 同上。
⑤ [英]迈克尔·曼:《社会权力的来源》(第一卷),刘北成、李少军译,上海人民出版社 2002 年版,第 57—58 页。
⑥ 同上书,第 59—60 页。
⑦ 同上书,第 92 页。
⑧ 邓大才:《产权单位与治理单位的关联性研究》,《中国社会科学》2016 年第 7 期。
⑨ 详见本书第九章。

认为中国基层的治理是从单单位治理转向多单元治理的过程。[1]

虽然摩尔根、迈克尔·曼和笔者等都对基本单元有过论述或者研究，但非专门研究，基本单元是什么？如何才算基本单元？基本单元如何形成？有何分类？有什么功能？如何处理好自然单元与行政单元之间的关系？更为重要的是基本单元与国家治理之间的关系如何？这些问题尚不清楚，需要学术界对此进行专门的研究。

（四）研究目标和假设

本章将以中国农村研究院的村庄田野调查资料为基础，对中国农村基层基本单元进行专题研究。通过对中国农村基层基本单元的形成、性质、类型、功能的研究对如下假设进行验证：

基本假设一，基本单元的功能与国家治理能力相关。其中，自然单元的社会功能与国家治理能力反相关，行政单元的行政功能与国家治理能力正相关，即在国家治理能力比较弱的情况下，自然单元较行政单元承担更多的公共生活的组织功能；而随着国家治理能力的逐渐增强，自然单元承担公共生活组织的功能会逐渐减少，行政单元则将承担较多的公共生活组织功能。

基本假设二，自然单元与行政单元的功能互补。自然单元的功能维持自然村的生产和生活；行政单元的功能最初是保障国家统治的需要，后来扩展到对辖区的公共管理、公共建设、公共服务等治理的需要，行政单元逐渐覆盖或取代自然单元的社会功能。[2]

基本假设三，行政单元的行政功能呈扩张趋势，但是行政功能无法完全取代自然单元的自治功能。在一定的条件下，行政单元的功能和自然单元的功能会同向增长。

二 自然型基本单元的形成与治理功能

中国农村自然型基本单元就是自然村，笔者将其称为"自然单元"。

---

[1] 邓大才、张利明：《多单位治理：基层治理单元的演化与创设逻辑》，《学习与探索》2017年第5期。

[2] 自然单元具有社会功能，这种社会功能又称为社会自治功能，简称为自治功能。行政单元具有行政功能，这种行政功能逐渐演化为公共管理、公共建设、公共服务等治理功能。

自然村是农民在生产生活过程中自然形成的一种聚落、村落。在自然村内，农民有一定的协作性、共同性和认同性。它是农民自我组织生产生活的社会性基本单元，也是国家治理农村基层社会的最重要载体。自然村的形成具有一定共性，但是因为区域地理、社会条件等不同，自然村形成的过程、组织方式、凝聚程度及功能都会有一定的差异。

（一）以血缘为基础的自然单元及治理功能

华南地区的自然村与宗族的发展紧密相连，血缘是自然村最重要的影响因素。宗族的形成过程就是自然村的形成和分化过程，而且因为血缘与宗族的关系，自然村的社会功能比较多，自治能力比较强。

广东省连平县司前村，为吴氏单姓村，1949年司前村有近600人，现有约1600人。明朝元年吴氏祖先在此开基立籍，由此逐步形成司前单姓自然村。1949年之前，吴氏宗族为自然村内的居民提供安全防卫、水利建设、社会保障、救灾救济、公共教育等方面的服务和保障。从行政建制来看，明朝初期，司前村设为司前围，隶属于河源市忠信图，正式纳入行政建制；1935年，司前村隶属于连平县忠信区，设1保6甲，保甲行政单元主要是收税、征兵，要做好这件工作还需要族长、房长配合。1949年改为司前村，后来变成高级社和生产大队，1987年设立司前村民委员会。可见，司前自然村为原生性自然村，1949年以前治理功能比较多。司前村与保甲分立，互不干涉。1949年以后行政单元与自然单元一致，具有民政、民兵、水利建设、经济发展、教育等多种功能。[①]

广东省龙川县山池村，1949年有1740人，其中谢姓有1500人，现在约有6000人，依然以谢姓为主。明朝中早期谢姓开基祖迁入前，当地就有罗、许、邝等多姓居住，形成了山池自然村，经过几百年的发展，谢氏成为山池自然村的最主要的居民。1949年以前，谢氏宗族为自然村内的谢氏居民提供防卫、教育及孤寡老人扶持等社会功能。1805年山池村设置为山池约（堡），成为正式的行政建制单元。1930年成为山池乡（小

[①] 张利明：《和合共生：农商并举之族的立与兴——粤北司前村调查》，载于徐勇、邓大才等《中国农村调查》（总第3卷·村庄类第2卷·华南区域第2卷），社会科学文献出版社2017年版。

乡制），下辖3保18甲，保直接对乡负责，与山池自然村没有关系。保甲长的责任是征税、抓兵，与族长、房长互不干涉。1949年设置为山池村政府，后来变成高级社、生产大队，1987年改为山池村民委员会。山池村为再生性自然村，1949年以前有较多的功能，1949年以后行政单元依托自然单元设置，具有几乎所有的政府功能。①

福建省龙岩市永定区中川村，现有约2832人，是一个胡氏单姓村庄。1420年左右，下洋胡氏第九世铁缘公迁入"枫坑"（中川村旧时叫法），渐渐形成了枫坑自然村。在胡氏迁入枫坑之前，村内还有张、谢等姓氏的几户村民居住，胡氏日渐强大，逐渐成为枫坑自然村主要村民。1949年以前，胡氏宗族以族田为经济基础，为自然村内的胡氏村民提供教育、防卫、救济等社会功能。1478年，枫坑自然村设置为金丰里中坑村（中川村曾用村名），正式成为行政建制单元，1935年中川村隶属永定县第五区下金区下洋联保管辖，1949年正式设置为中川村，合作化和农村人民公社时期分别为中川高级社和生产大队，1987年变为中川村民委员会。可见，中川是一个再生性自然村，中川自然单元与行政单元的范围一致，1949年以后因为行政单元的强力运行，自然单元的功能逐渐为行政单元取代。②

广东省蕉岭县福岭村，现在约有2966人，以陈姓为主。明朝中后期在陈姓迁入之前，当时的福岭村由唐、卜、练等多姓组成一个自然村。陈姓迁入之后，其他小姓搬迁或者消亡，陈氏成为聚落的主体。随着人口的增多及一些有较强实力房支的形成，自然村的统驭功能减弱，一些房支自我组织公共活动，形成次级血缘聚落（房），各个分裂的房拥有自己独立的公共财产，举办公共活动，提供公共保障，自然形成的房单位是基本单元。1633年，福岭村设置为"龟浆二图八里"。1949年福岭村有5121人，形成20多个以房为单位的聚落。每个聚落就是一个房支，每个房支有自己的祠堂和族产，承担本房的公共事务，如扶弱助残、义教等事务。合作化时期福岭村为高级合作社，农村人民公共时期为生产大队，1999

---

① 胡平江：《大族崛起：以分促合的治理——粤北山池村调查》，载于徐勇、邓大才等《中国农村调查》（总第2卷·村庄类第1卷·华南区域第1卷），社会科学文献出版社2017年版。

② 材料来源于唐丹丹对华南宗族村庄的调查报告，未刊稿。

年设置为村民委员会。可见，房成为派生性自然单元，而福岭村则具有组合性自然单元性质，房成为福岭的基本单元。①

从四个村落来看，有如下几个特点：一是在华南宗族地区，原生性自然村、再生性自然村、派生性自然村并存。二是在传统时期，自然单元与行政单元分立，互不干预，但有时会相互支持；1949年以后国家以自然村为依托设立了行政组织，两类单元合二为一。三是在传统时期，自然单元承担了较多的治理功能，而行政单元仅限于基本的统治功能：征税、抓兵，两类单元一直分设；1949年以后行政单元取代、覆盖了自然单元，拥有了更多的社会、政治功能，自然单元的社会功能有所弱化。

（二）以地缘为基础的自然单元及治理功能

长江流域的自然村主要是因为移民、垦荒、围湖造田等因素形成，人们在自然村的范围内生产生活和协作，形成了基层社会的基本单元。以地缘为基础的自然单元，其规模比较小，治理功能比较弱。

湖南省汉寿县乌珠湖村，位于西洞庭湖湖汊地带，湖泊、河流、堰塘、沟渠纵横。1862年国家允许开荒、围堰造田，一些有实力的人"插草为标、挑土围堤"，形成了3个垸子：安家、周家和范家。安家与周家毗邻，共享一个土地庙和土地会。范家大多为自耕农，相对较富，有独立的土地庙和土地会。其后周家搬到较远的一角，也形成了一个聚落，3个聚落之间的距离均超越了500米。三个聚落构成乌珠湖一甲（因为当时没有人愿意当甲长，所以三个聚落合成一个甲），属于岭湖保。1949年时，安家湖有11个姓13户、范家8个姓16户、周家湖6个姓15户。3个聚落之间的距离较远，有明显的边界，每个聚落都有自己的土地庙和土地会，除了丧葬需要3个聚落共同完成外，生产和生活互助均在各个聚落内部形成。可见3个聚落就是3个自然村，1949年后3个自然村组成了1个行政村，合作社时期为3个初级社，农村人民公社时为3个生产小队，隶属于凤凰大队，1987年后者改为凤凰村民委员会（后更名为乌珠湖

---

① 白雪娇：《分形同气：农工并举之族的裂变与整合——粤北福岭村调查》，载于徐勇、邓大才等《中国农村调查》（总第4卷·村庄类第3卷·华南区域第3卷），社会科学文献出版社2017年版。

村），3个自然村为其中的3个村民小组。由此可见，不管是1949年以前还是以后，自然单元均小于行政单元，前者只有一定的生产生活协作功能，没有其他的治理功能。

湖北省宜昌市宜都市余家桥村，位于长江支流九道河岸边，境内小河、水沟、堰塘、沟渠纵横交错。明初很多村民从江西南昌县迁移而来，"纳草为基、垦荒耕种"，或向县衙购买土地形成4个聚落。4个聚落之间的边界明显，或以沟渠、河流为界，或以堰塘为界，聚落相距50—500米。中华民国时期，余家桥村有29个姓氏、81户农户，划分为两甲，归属太平乡第五保，保甲的主要功能就是征税和抓壮丁。1949年后4个聚落组成1个行政村、合作社时分成3个初级社、农村人民公社时分成5个生产小队。4个聚落各有一座公共的土地庙、一至两口公共堰塘。日常生活中的生产合作、丧葬互助、社会交往等以聚落为单位，有些协作和合作，如求雨、土地会、打醮、洪灾后的赈济、抬杠班子、"水管会"等需跨越聚落来完成。由此可见，4个聚落是典型的自然村。不管是在1949年以前还是以后，自然单元均小于行政单元。在1949年以前自然村只有一些生产、生活的协作及聚落秩序维护功能；在1949年以后自然单元归并于行政单元，因为行政单元比较强势且功能较多，自然单元的功能也逐渐消失。

安徽省安庆市望江县南湾村，最早可以追溯住户为吴姓，其先祖于南宋末年为躲避战乱由淮北迁居于此，当时此地为泥塘河洪水过后形成的无主之地，吴氏先祖在高士岭下挑水塘，汲湖水，开垦田地，繁衍生息，逐渐形成单姓村落，称为吴屋。吴屋与周边村落大致以土地、河流、山岭等比较固定的自然边界为界，各个村落之间相隔1000—2000米。保甲制时期，吴屋改名为南湾村，设置童岭保第一甲。南湾村有自己的龙王庙、土地庙、祖堂和堤委会，村落内任何一家婚嫁，其他各户都要送礼和帮忙；土地灌溉由村落内相邻的几户共同挑塘或提水灌溉。1949年南湾村有120多人，与周边5个自然村合为一个行政村。1955年为南湾初级社，后来归属于同圩高级社、同圩生产大队，后者1987年改为村民委员会。可见，源于吴屋的南湾村属于原生性自然村，一直小于行政单元，在传统时期，自然单元只有一些生产生活的小协作和帮忙，没有治理功能；1949年以后行政单元将自然村归并于其下，承担了大量的社会、政治和文化功能。

江西省都昌县胡家坝村,位于鄱阳湖中下游地区,村落境内河塘密布、沟渠纵横、水网交错。元朝末年胡姓搬迁至此,圈地画宅,拓土围屋,以姓立村。随后其他姓氏逐渐随迁,人数逐渐增多,最终形成了以血缘为纽带的八个姓氏小聚落,称为胡家坝村。在婚丧嫁娶、重修庙宇、修坝围堤时,八个聚落相互合作,共建共用土地庙。为了弥补单姓氏力量的不足,各姓氏联合成立了"八大家"组织。中华民国时期,八个聚落分成四甲,隶属丁仙乡第九保,合作化时期是初级社、农村人民公社时期为生产小队。胡家坝与周边的自然村相距500米左右,属于典型的原生性自然村,自然单元一直小于行政单元。

四川省新都区曲水村,元末明初和明末清初两次"湖广填四川",移民迁徙至此,各自插站落业,最终形成十四个姓氏、十四个小聚落。聚落由相互邻近的数个同族聚居,或是佃户共居的"院子""院落"组成,聚落内农民在生产上合作挖沟、换工;在生活上红白喜事相互往来;聚落之间则常相隔数亩田地。村内有几个土地庙,日常修建与维修为土地神所保护范围内的农户共同集资与出工;秧苗醮为保甲长组织,以其中一个土地庙为活动地点。中华民国时期,曲水作为行政村,设为一个保,下设为8个甲,主要功能是征税、抓壮丁。1949年曲水村由保改为行政村。合作社时期曲水村为初级社,与通联村共同组织成高级社。在农村人民公社时期,改为第三生产大队,1987年改为村民委员会。可见。曲水村属于再生性自然村,但是村庄规模较大,除了初级社时期外,自然单元与行政单元基本一致;1949年以后国家建设行政单元的功能逐渐增多,自然单元及其功能也逐渐弱化。①

从长江流域来看,自然村主要有如下几个特点:一是自然村的性质,自然村主要是因租佃、围垸、开荒而形成;规模比较小,一般只有几十户左右;姓氏比较多、比较杂。自然村之间的距离比较大,但聚落相距很小。二是自然村的功能,自然村居民之间只有生产生活的协作、合作关系,如丧葬等无法独立完成的活动会跨越自然村合作,长江流域的自然村会有一些共有的设施和仪式,但是很少有社会功能。三是自然单元的规模

---

① 以上引用材料来源于中国农村研究院长江流域的村庄调查,分别来自史亚峰、李华胤、董帅兵、林龙飞、刘思的村庄调查报告,尚未正式出版。

一般小于行政单元，1949年以前行政单元与自治单元一直分设，互不干涉；1949年以后行政单元的功能逐渐增多、能力增强，自然村的社会功能被行政取代，社会功能逐渐消失，但其社会功能并未完全消失。

（三）以多缘为基础的自然单元及治理功能

华北地区是中国最早被开发的地区，具体形成的历史难以溯源，但生存环境较好。其自然村的规模一般比南方要大，且类型多样，有些以血缘为基础，有些以地缘为基础，还有些是以军缘为基础形成的自然单元。

江苏省徐州市丰县赵集村，原名永宁集，源于明朝永乐年间。1949年前约有1000多人，以赵姓为主，其余9个姓氏均为"住亲戚"而来，占比很小。赵姓始迁先祖及其族人助明破元，随军而下，占籍于此，形成村落。村落为村民提供安全防卫、公共教育、水利建设等服务。赵集村距离周边村落约1.5—5公里不等。1919年以前赵集村有寨主，且可以参与县域官员选举。1928年，国民党重划区域、撤寨设保，赵集村被分为南保、北保，隶属第五区单楼乡。1949年后，两保又重新合并，行政单元沿革至2000年。合作社时期赵集是一个初级社，后为一个高级社。人民公社时期是一个大队（赵集大队），下设8个小队，后来增设为12个。2000年后，赵集、宋园两个行政村合并，统称为"赵集村"。由此判断，合并前的赵集村为原生性自然村，政府的行政单元设置晚于自然村单元，行政单元小于自然单元；1949年后自然村落的社会功能为行政单元取代，自然单元的功能逐渐消失。

山西省永济市城子埒村，地处黄河冲积平原。明朝洪武年间，因实行军垦制度，郭、王、陈、朱等四大家族的兵役来到城子埒村东边开荒，形成了城子埒营聚落。四大姓氏的村民聚族而居，分别形成了营里、后营、西营、东营四个聚落，各个聚落有明确的边界，但是相隔只有一条路或者一个围墙。在信仰方面，每个营都有自己的神庙和祠堂；在生产合作方面，每个聚落的村民，生产合作、红白喜事等事务互助合作；在治安方面，每营的人自主组织巡夜打更。1949年以前城子埒营共有141户、709人。当时村子分为四个闾，每个营为一闾。初级社时，每个营是初级社；四个营构成高级社；人民公社时期，城子埒营为生产大队，城子埒营和隔壁的城子埒村合并为一个行政村。可见，城子埒营是以兵役为基础而形成的自然村落，自然单元与行政单元基本一致，1949年以前城子埒营有一定的社会功能，多于长江流域的自然单元，可是少于宗族地区的自然单元；1949年以后自然单元的功能逐渐被行政单元所取代。

山东省东平县王仲口村，始建于元朝，原名刘老庄，最初仅为10余户刘姓族人聚居之地。明洪武年间，京杭大运河山东段的会通河重修，外来王姓迁居此地，并在此处建成渡口，更名为王渡口，后演变成王仲口村。而后张姓、蒋姓等姓居民也前来此地定居，在村的东南、东北侧有张家海子、蒋庄村落，为了防止土匪抢劫，3个村落统一安排打更、巡夜等安全防卫，但宗族祭祀活动均在各村落自行开展，婚丧嫁娶中的生活互助圈、帮工换工的生产互助圈也主要限于各个自然村落内部。中华民国时期，3个自然村落组成一保，设六甲。由于战乱水患，王仲口村周边的小村落为抵御自然灾害与安全风险，也逐渐迁至王仲口村附近，各村落的空间边界逐步靠近乃至消失。1949年5个聚落构成王仲口村；在合作化时期，刘老庄成为初级社、王仲口为高级社；在人民公社时期，刘老庄为生产小队，王仲口设置为生产大队。可见，刘老庄是一个自然村，王仲口村是五个自然村形成的组合性自然村。

河南省偃师市南蔡庄村，因明朝初年奖励垦荒，由山西省洪洞县迁民40多户至此，开垦荒地，开枝散叶。中华民国23年实行保甲制，全村被划分为南、北两个总保，南保有6个小保，北保有7个小保，全村有鲍、刘、朱、郭等40多个姓氏2400余口人。南蔡庄村与周边村庄相距500米到2000米之间。1949年以前，南蔡庄村的绅士设立有义学，村中学生免费读书。村庄有大小13座庙宇，每年由村庄举办7次大型公开庙会。一家一户难以完成的生产生活事务常常通过村内关系好的几家自发组成的会、社完成。婚丧嫁娶之时，同一条街道居住的人（范围大致和现在的村民小组相符合）要帮忙和送礼。1949年以后，在合作化时期南蔡庄成立了20个初级社，农村人民公社时期设置为生产大队。1983年取消人民公社建制，改为南蔡庄行政村，将原来的20个生产小队改为20个村民小组。显然，南蔡村是一个移民性自然村，也是一个再生性自然村，1949年以前行政单元小于自然单元；1949年以后行政单元与自然单元一致。1949年以前的行政单元仅限于收税和抓丁；1949年以后行政单元的功能增多，自然单元的功能逐步消失。

第十一章 复合政治：自然单元与行政单元的治理逻辑

陕西省泾阳县社树村，据《泾阳县志》记载，唐朝时社树村建有东公寺，元末皇室驸马姚成从河南举家迁至寺背后村一带置地居住，经商致富后逐步向泾河北岸延展，并最终在社树村修建城堡，成为村中最大家族。随姚家来到社树的管家姓刘，账房姓邢，发展为村中另外两个大姓。社树村与周边的村庄相隔600—1500米。1949年以前，该村属泾阳县百谷乡管辖，置1保10甲。中华民国年间，公共教育、水权分配、灾荒救济、安全防卫等公共职能均由"保"来提供。村内寺庙基本废置，除个人自发组织的社火等活动外并无公共活动。1949年时，社树村约有900人，合作化时期设置为高级社，后变成生产大队。可见，社树村是一个再生性自然村，行政单元与自然单元一致，不过此村的行政单元的功能一直强于自然单元的功能。

河北省邯郸市馆陶县常儿寨村，明朝永乐二年（1404），常儿寨4大姓氏从山西洪洞县迁至于此。4大姓的先民在此拓地、繁衍。各姓以片（街道）为聚居单元，具有明显的族际边界。村民同挖水井，凑钱修建本姓聚落的土地庙和神庙，以姓氏为单元祭祀祖先，以片为单元进行生产生活互助和共同防卫。常儿寨与周边的村庄相距1000—2000米。1949年前，常儿寨村实行庄间制，全庄共分为8个间，各片被分为1个或若干个间。1949年，常儿寨有900人。合作化及集体化时期，常儿寨分别为高级合作社、生产大队。显然常儿寨是一个典型的移民性自然村庄，一直以来行政单元与自然单元一致。[①]

从华北地区来看，因为开发时期比较早，且缺少文字或者家谱记载，因此自然村的性质不太清楚，而且北方也没有自然村的概念。但是根据自然村的判定标准，上述几个村寨均具有自然村特点，几个共同的特点总结如下（详见表11—1）：一是自然村规模都比较大，从几百人到几千人不等，远远大于长江流域的自然村。有些地方因为村庄较大，在一个村落范围内会分成几个聚落，这些聚落有一定的公共性且形成生产生活的协作圈。因此可说聚落是一个自然村，整个村落也是一个自然村，前者为基本单元自然村，后者为组合性自然村，即是两级自然村。二是1949年以前

---

① 以上引用材料来源于中国农村研究院黄河流域的村庄调查，分别来自邓佼、郭瑞敏、孔浩、董帅兵、余孝东、姜胜辉的村庄调查报告，尚未正式出版。

自然单元的规模一般大于或者等于行政单元；1949年以后华北地区基本上以自然单元为依托建构行政单元。三是华北地区的自然单元有一定的社会功能，强于长江流域的自然单元，但弱于华南宗族的自然单元。1949年以前行政单元的治理功能通常比自然单元要多；1949年以后前者的功能基本被前者取代。

表 11—1　　　　　　　各个区域自然单元的基本特点

	华南宗族地区	长江流域	华北地区
规模	几十户到数千户之间	几十户	百户以上比较多
与行政单元关系	大于、等于或者小于行政单元	小于行政单元	大于或者等于行政单元
两类基本单元设置	1949年前：分设 1949年后：合二为一，或者自然村归并行政单元的下辖单元	1949年前：分设 1949年后：自然村归并行政单元的下辖单元	1949年前：分设 1949年后：合二为一
主要社会功能	提供较多的公共性：防卫、养老、教育、救助等	不提供公共性；但是邻里之间互助、调解	提供一定公共性：村落防卫、调解、邻里互助
仪式及设施	有共同的仪式、设施	有一定的共同仪式、设施	有一定的共同仪式、设施
类型	原生、再生和派生性自然村都有	原生性自然村为主	再生性自然村为主；组合性自然村

三　行政型基本单元的形成及治理功能

中国农村基层的基本单元除了自然村以外，还有国家建制的基本单元，即行政型基本单元。虽然上文对不同区域的行政型基本单元的设置与自然单元的关系已经有所考察，但是行政单元的历史脉络仍旧模糊，在此拟对它的嬗变进行相关梳理。

(一) 传统时期行政型基本单元

传统时期，国家为了便于统治，建立了保甲体系、里甲、社村等多个体系，从而形成了基层社会的统治与治理单元：保甲、里甲、社村等。

1. 保甲单元

保甲制度形成较早，但是全面的正式实施则在清朝。一般情况下，10户为一牌，10牌为一甲，10甲为一保，牌设牌长，甲设甲长，保设保长。[①] 保甲的主要功能：人口管理、治安监察。在现实操作时，有时为了方便，每保、每甲的户数也可能多，也可少。按照十进位制确定的保甲制，通常与自然村并不吻合，有些保比自然村大，有些保则比自然村小。萧公权先生认为，清朝政府有意让国家建制的保甲制与自然村分离。[②]

2. 里甲单元

里甲制度最早可以追溯到元朝的里社制度，在明朝改为里甲制度，清顺治时期正式设置。每11户设一甲，每110户设一里。里甲作为国家征税的基层组织，主要就是收税、登记土地台账。里甲只有两个层级：里、甲；保甲有三个层级：保、甲、牌。萧公权先生认为，在保甲制中，户是基本单元，牌是基层单元；在里甲制中，户也是基本单元，里是基层单元。[③]

3. 社村单元

中国地域广阔，基层治理单元存在区域差异。除了上述保甲、里甲单元外，还存在"社"制，以社作为基层行政治理单元。不同时期的"社"的功能和组织形式不同。不同地区的社也不同，有的比村大，有的比村小。社主要是为了农事合作与祭祀，有些时期和地区还会征税。[④]

国家设置的行政单元中，征税单元与治安单元相互分离，且行政单元远远大于自然单元，但是各个区域存在一定差异。清朝时期在华北平原，保甲的保、里甲的里与自然村的规模较为一致；在长江流域，甲与自然村的规模较为相当；在华南宗族区域，保甲、里甲可能大于，也可能小于或

---

① 各个朝代的保甲会有所区别。
② 萧公权：《中国乡村：论19世纪的帝国控制》，张皓、张升译，台北联经出版公司2014年版，第36—42页。
③ 同上书，第43—47页。
④ 同上书，第47—50页。

者等于自然村。自然单元与行政单元不论是否一致，两者都是分设，以实现不同功能。

（二）中华民国时期行政型基本单元

中华民国初期，基层社会建立了以自然村为单元的村庄制度，1923年开始实施邻闾制，并在《县组织法》中规定，每5户为一邻，25户为闾。[①] 但其成效并不理想。1937年开始实施保甲制，每10户为一甲，每10甲为一保。根据《保甲条例》，保甲制的功能可以归纳为四个字："管"主要包括清查户口，查验枪支，实行连坐切结等；"教"包括办理保学，训练壮丁等；"养"包括创立所谓合作社，测量土地等；"卫"包括设立地方团练，实行巡查、警戒等。[②]

民国时期，国家建制的基本单元为保，有些地方为联保。保、联保有些与自然村单元一致，有些则不一致，但是随着保甲制的建立，保甲长取代了传统社会的村长、会首、庄长、寨首等治理主体，也取代了自然村的部分功能，除了征税、征兵外，其功能逐渐增多，开始承担教育、防卫、调解、管理控制、服务、组织等社会功能。

（三）激变时期行政型基本单元

1949年中华人民共和国成立后，农村基层社会的治理单元发生多次变化。首先建立村政府，以自然村为依托；其次建立合作社，先是在自然村内推行互助组、初级合作社，进而组成高级合作社；再次建立农村人民公社，1958年若干高级合作社，包括几个甚至几十个，组建成农村人民公社，相当于现在的乡镇规模；最后调整农村人民公社的制度，最初以人民公社为核算单位，但是管理相当困难，后以生产大队为核算单位，仍旧导致与生产单位的分离，直至1962年才再次将核算单元下移到生产小

[①] 中国第二历史档案馆编：《国民党政府政治制度档案史料选编》（下册），安徽教育出版社1994年版，第525页。

[②] 公安部户政管理局编：《清朝末期至中华民国户籍管理法规》，群众出版社1996年版，第228—231页。

队,① 即将核算单元下放到自然村。

1962年以后,公社、生产大队、生产队已经分工明确,公社是国家政权在农村的"基层单位",生产小队为"基本核算单位"。按照群众的意愿,可以实施三级组织:公社、大队、生产队;也可以实施两级组织:公社和生产队。在三级组织中,生产大队具有计划、公共建设、征粮征税、民兵、民政、治安、文教卫生等功能;而生产队则具有生产、利益分配,济贫、救助等社会功能。②

显然,1949年以后,国家致力于对农村基层的治理单元的重构,从初级社、高级社到农村人民公社,后来又逐渐回到生产大队、生产队。在北方,生产大队一般与自然单元一致;在南方,除广东以外生产队与自然单元一致。这一阶段,基本单元不仅具有生产的经济功能,还有大量的社会治理功能。行政单元的功能极其强大,几乎将自然单元的功能完全覆盖。虽然如此人们对自然单元仍有认同感,生活中的互助、协作、帮忙等,还是以自然村为单元组织实施。

(四) 改革时期行政型基本单元

农村实施家庭承包责任制以后,"政社合一"的公社体制已不再适应农村经济社会的需要。1983年,中央的35号文件规定,"政社分开,建立乡政府",其下建立的村民委员会,作为"基层群众性自治组织,应按村民居住状况设立""有些以自然村为单位建立了农业合作社等经济组织的地方,当地群众愿意实行两个机构一套班子,兼行经济组织和村民委员会的职能。"村民委员有两大主要职能,"积极办理本村的公共事务和公益事业,协助乡人民政府搞好本村的行政工作和生产建设工作"③。可见,此时的村民委员会兼具了自然村的自治功能,也承担国家的行政功能和经济发展功能。

1987年的《村民委员会组织法》进一步明确规定:"村民委员会根据

---

① 中共中央文献研究室:《建国以来重要文献选编》(第15册),中央文献出版社1997年,第616—625页。

② 同上书,第625—627页。

③ 中共中央文献研究室、国务院发展研究中心:《新时期农业和农村工作重要文献选编》,中央文献出版社1992年版,第222页。

村民居住状况、人口多少，按照便于群众自治的原则设立。村民委员会一般设在自然村；几个自然村可以联合设立村民委员会；大的自然村可以设立几个村民委员会。"村民委员会的主要职能："办理本村的公共事务和公益事业，调解民间纠纷，协助维护社会治安，向人民政府反映村民的意见、要求和提出建议。"同时也规定："村民委员会协助乡、民族乡、镇的人民政府开展工作。"①

可见，改革开放后建立的村民委员会，职能更加丰富，既有自治职能，也有行政职能。在基本单元的选择方面，虽然文件明确提出了依托自然村、借助自然村建立基本单元。但是在实践中，各地多以高级社或者生产大队为行政性基本单元，这些在北方与自然村吻合度比较高，但是在长江流域和华南地区则相反，导致行政凌驾于自治之上，自治逐渐虚化和形式化。可见，自然单元与行政单元之间长期存在张力。

（五）当前各地对基本单元的选择与探索

在南方地区，行政单元远远大于自然村，行政、自治上存在不少问题，因此南方的部分区域开始探索基层治理的基本单元。从各地实践来看，主要有两个途径：一是下移基本单元，如广东的清远提出了"自治下移"到村民小组；广东的蕉岭实施以"自然村"为单元的自治；湖北京山实施"湾冲自治"；广东的宜州实施"屯自治"。② 二是上移扩大基本单元，如湖南省实施合村；再如巴东县为了推行"农民办事不出村"制度，合并多个村庄设置行政中心。③ 河南省、山东省在进行新农村建设过程中，多村撤并建立"农村社区"。④ 两种路径反映了两种视角之间巨

---

① 中共中央文献研究室、国务院发展研究中心：《新时期农业和农村工作重要文献选编》，中央文献出版社1992年版，第493—496页。

② 徐勇、吴记峰：《重达自治：连结传统的尝试与困境——以广东云浮和清远的探索为例》，《探索与争鸣》2014年第4期；邓大才等：《蕉岭创制："四权同步"的基层治理模式》，中国社会科学出版社2016年版；详见本书第三章。

③ 肖全胜：《关于做好乡并村后村"两委"换届选举工作的建议》，《中国民政》2016年第23期；邓大才等：《巴东创举：技术牵引下的政府自我变革》，中国社会科学出版社2015年版。

④ 黄亮宜：《关于扎实推进河南新型农村社区建设的若干建议》，《河南社会科学》2013年第1期；袁其谦、李理：《建设新型农村社区推进城乡一体化》，《中国财政》2011年第14期。

大的张力:"下移派"强调自然村性质,强调自治的功能,主张充分利用农民的自我认同、自我组织、自我教育来治理农村。"扩大派"强调行政效率和成本,但是忽视了自然村的价值和自治的功能。

从行政单元及其功能的变迁来看,清代晚期、中华民国到现代,行政单元的功能渐趋增强,只在20世纪80年代初,基层单元的行政功能才开始减少,但是在2005年后又开始上升。与行政单元的变化对应,自然单元的社会功能逐步降低,有些地方的自治功能几乎虚置了,只有在20世纪80年代初,自然单元的自治功能才开始回升。2005年以后自然单元和行政单元的功能同时增长。

四 基本结论和进一步讨论

总体来看,中国农村基层存在两类基本单元,国家建构的行政单元和自然形成的自然单元,前者具有行政性治理功能,后者具有自治性治理功能;从长期来看,两者的功能互补,且存在此消彼长的趋势。行政单元与自然单元的治理功能及其演变构成具有中国特色的基层"复合政治"。

(一) 自然单元的属性与社会功能

中国农村的自然单元是在人们开垦荒地、围湖造田及生产生活中慢慢形成的。一是自然单元的基本类型:原生性自然村、再生性自然村和派生性自然村。在自然单元规模相当小的情况下,邻近的自然村会组合成次级自然村。二是自然村的确立标准。自然村是自然形成的村落、聚落,它有一定的标准:自然形成的聚落;明确清晰的边界;与周边自然村存在一定的距离;可提供基本的公共服务,有公共活动或仪式、设施;邻里互助、协作的圈子;同时是心理认同的圈子,即在"我们""我村"的认同范围之内。

自然村有如下几个特点:一是自然性,即自然村是人们在生产生活中自然形成,非人为建构或者划定;二是稳定性,自然村聚落相当稳定,如果不是人为拆分不会消失,即使将自然村与其他的自然村合并后,原自然村的地理边界、心理边界及地理距离、心理距离依然存在;三是认同性,自然村比较稳定主要源于村民对聚落的认同感,以聚落来区分"我们"

和"他们";四是规模的适度性,自然村的规模大小取决于生产生活的条件,也取决于人们的需要,如果生产生活条件比较好,规模就会大些,反之则会小些。如果村民的需要在现有的自然村落中不能解决,就会扩大自然村规模,否则会缩小自然村规模。

自然单元具有一定的社会功能,从传统时期来看,华南宗族地区、华北地区、长江流域的自然村在某种程度上都能解决农民生产生活的公共性需求,但其社会功能呈现依次递减;从历史视角来看,在行政单元的治理功能的挤压下,自然单元的社会功能在逐渐减少,但随着近几年社会建设的推进,其社会功能在有些地区却有增加的趋势。

(二) 行政单元的属性与治理功能

行政单元是自下而上划定的统治单元和治理单元,主要经历了国家统治、国家管理和国家治理三个阶段。在国家统治阶段,行政单元的功能主要是征税、征兵或者其他的徭役,与此同时,也分设为征税单元和治安单元;在国家管理阶段,行政单元的功能有所增加,如控制、管理、督促、服务功能;在国家治理阶段,则主要是国家以公共服务、公共管理与自然单元进行协商,共同治理行政单元与自然单元。总之,行政单元的治理功能随着时间的推移在逐渐增多,治理能力也逐渐增强。

(三) 自然单元与行政单元的基本关系

自然单元主要是自治的功能,包括自我服务、自我管理。行政单元主要是统治、管理、治理的功能。在传统社会,自治单元与行政单元是分设的,前者反映了农民的需要,后者反映了国家需求,两者共同维持中国农村基层的生产生活秩序(见图11—1)。在民族国家建构阶段,即1911—2005年期间,行政单元的功能与自然单元的功能呈反向变化,前者的功能在增加,后者的功能在减少。只有在2005年以后两者的功能同步增长,可以预期随着国家治理能力的增强,国家对自然单元认识的深入,自然单元与行政单元的治理功能、治理能力会继续实现同步增长。

从历史来看,自然单元和行政单元的选择和设置方面主要有五个阶段:第一阶段,自然单元阶段,因为自然单元先于行政单元产生,在很长时间中只有自然单元,没有行政单元;第二阶段,两类单元共存而且分设

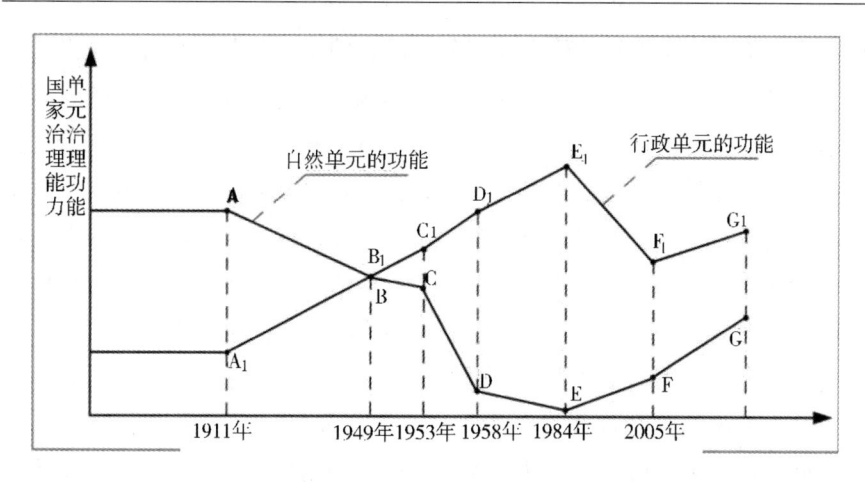

图11—1　自然单元、行政单元的功能与国家治理能力

的阶段，传统时期两者分设，互不干涉，且行政单元本身也分设为治安单元和征税单元；第三阶段，相互借助阶段，主要是行政单元借助自然单元，如村、寨、堡、屯等来完成征税和人力摊派，有些自然单元也会借助行政单元调解纠纷和进行防卫；第四阶段，相互归并阶段，当两类单元规模相当时，合并在一起，当两类单元规模不一致时，某类单元归并到另一单元；第五个阶段，开始分设阶段，即在最近一段时间，各地开始探索自然单元与行政单元的分设，以便让自然单元发挥自治功能，降低行政单元的治理成本。

其中有一个比较特殊的时期，即民国政府后期到合作化、农村人民公社时期，行政单元几乎完全覆盖、取代了自然单元，自然单元的自治功能、自治空间几乎被挤压殆尽，但是自然单元并没有被消灭，还在以一定的程度、一定的方式存在并起作用。

（四）国家治理能力与基本单元的关系

经过对基本单元的实证描述和行政单元的历史分析，可以清楚地看到基本单元与国家治理能力之间的关系。总体来看，自然单元与国家治理能力成反比，即随着国家治理能力的增长，自然单元的功能逐渐减少，但是其功能绝对不会完全消失。只要自然单元存在，或者在心理层面存在，自然单元的功能就会存在。所以自然单元的功能只是减少的问题。行政单元与国家治理能力呈正比，随着国家治理能力增强，国家有能力、有财力提供更多、更好、更细致的管理和服务，两者的正向关系还会持续下去。

经过对基本单元的实证描述和行政单元的历史分析，可以清楚地看到基本单元与国家治理能力之间的关系。总体来看，自然单元与国家治理能力成反比，即随着国家治理能力的增长，自然单元的功能逐渐减少，但是其功能绝对不会完全消失。只要自然单元存在，或者在心理层面存在，自然单元的功能就会存在。所以自然单元的功能只是减少的问题。行政单元与国家治理能力呈正比，随着国家治理能力增强，国家有能力、有财力提供更多、更好、更细致的管理和服务，两者的正向关系还会持续下去。

鉴于上述结论和规律（详见图11—2、图11—3），国家和地方政府要高度重视中国农村基层的基本单元，充分利用自然单元的属性，赋予合适的功能，以提高国家治理能力。尤其注意，自然单元与行政单元的组合和选择，两者可以一致，也可以相悖。在一致的情况下，也要保证自然单元发挥治理作用，切忌用蛮力使行政单元取消、替代自然单元，切忌"一元论"——只考虑行政成本和效率，置自然单元及功能不顾，片面扩大行政单元；或者只考虑自治成效，置行政单元及功能不理，片面缩小治理单元。根据经济社会发展条件，按照"复合政治"的基本原则选择和设置中国农村基层的基本单元，将是提高国家治理成效的重要举措。

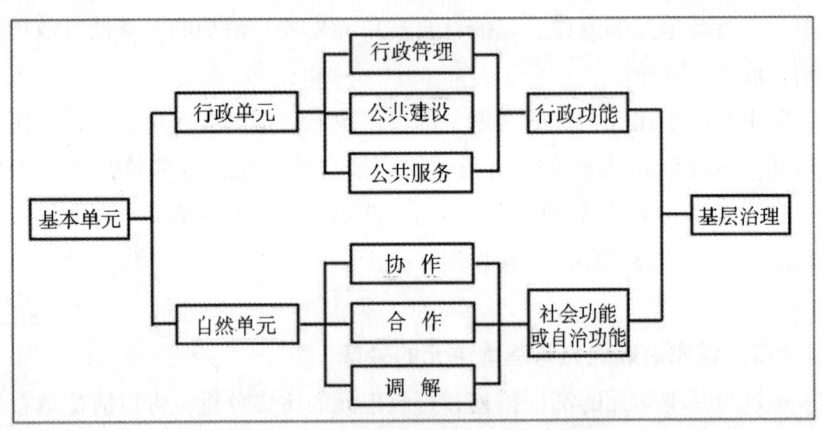

图11—2　现代社会基本单元的功能结构图

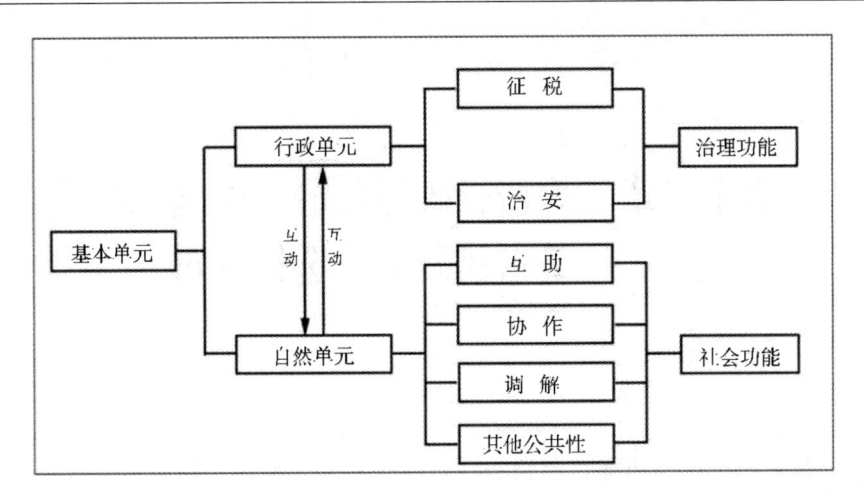

图 11—3 传统时期基本单元的功能结构图

第十二章　均衡行政与自治：中国农村基本建制单元选择逻辑*

最近几年，各地都有调整基层行政区划的大动作，2013年广东省多地调整自治单元，特别是清远市自治单元下移至自然村或村民小组，2016年湖南全省推动建制村的合并工作。面临着相同的农村发展、劳动力外流问题，为什么两个地区的选择截然不同？其背后的逻辑是什么？其实，湖南省主要从行政角度考虑减少行政成本，提高服务效率；广东省主要是考虑如何实现有效自治。湖南有自己扩大单元的理由，广东有自己下移单元的动力，那么如何才能够均衡行政与自治的关系，选择一个适合的基层治理单元，且这个单元既有利于高效行政，又适合自治？这些问题困扰着各地政府，亟须学界能够从理论层面予以支撑和解释。本章将以湖南省和广东省部分地区的基层治理单元调整为研究对象，结合日本区划调整的经验，考察工业化、城市化背景下中国农村基层治理单元的选择及其背后的逻辑。

一　文献梳理与问题意识

（一）行政与政治难以得兼：国外的观点

从全球范围来看，基层单元的选择主要有两种：一是扩大；二是维持。[①] 总体来讲，经济发达国家随着工业化和城市化的推进，基层单位在

---

* 本章作为独立论文发表于《中共中央党校（国家行政学院）学报》2019年第1期。

① 在国外，地方政府就包括了村庄的治理，不同的国家有不同的基层单元。在美国是乡镇；在日本是町村；在法国是乡镇或者村庄；在英国，有乡镇、教区、村庄。所以美国与法国的乡镇与中国的村庄类似，是最基层的治理单元。

减少，治理单元在扩大。1950—2007年，英国的基层单元减少了79%，德国减少了41%，比利时减少了75%，瑞典减少了87%，法国减少了5%。① 显然减少基层单位，扩大治理单元是一个大趋势。那么基层单元规模要多大？又究竟该如何确定？

行政视角的观点。从行政和地方治理的视角来看，减少治理单位，扩大治理规模是必然的选择。一是可以节省成本，提高治理效率。"对地方政府管理范围最佳规模的追求是出于效率的考虑，并受到规模经济理论的推动。"② 但是奥尔森认为，扩大规模不一定会提高效率。分散化反而提高了效率。③ 二是可以推进服务专业化。"市级政府过于看重他们的行政和提供服务的角色。"④ 扩大治理单元"能够雇用到职业化和专门化的公共管理人才"⑤。所以从行政的视角来看，必须减少治理单位，扩大治理规模。

民主视角的观点。从民主的视角来看，减少治理单位，扩大治理规模有损民主。一是减少了居民参与的渠道。"乡镇和县议会的成员数量减少了一半。人民直接参与地方政治的渠道现在受到威胁。"⑥ 二是从直接民主转向代议制民主。"代议制民主也让公民参与各种地方政府管理活动变得困难了。"⑦ 三是行政主体远离居民。"现在公民与地方议会和地方管理机构之间的距离变大了。部分的只是通过咨询性的地方代表使得情况有所改善。"⑧ 四是自然形成的单位天然具有民主性。乡镇是自然形成的，托克维尔认为，"出自上帝之手"，乡镇的自由是"自己生成的"。⑨ 法国人对乡镇认识也是如此，"市镇孕育了民主、共和、自治的胚芽，奠定了宪

---

① 上官莉娜：《走出治理破碎化困境》，人民出版社2012年版，第144页。
② [澳] 布莱恩·多莱里：《重塑澳大利亚地方政府——财政、治理与改革》，北京大学出版社2008年版，第92页。
③ 同上书，第93页。
④ [加] 理查德·廷德尔等：《加拿大地方政府》，于秀明等译，北京大学出版社2005年版，第290页。
⑤ [德] 赫尔穆特·沃尔曼：《德国地方政府》，北京大学出版社2005年版，第43页。
⑥ [德] 沃尔夫冈·鲁茨欧：《德国政府与政治》，北京大学出版社2010年版，第302页。
⑦ [美] 理查德·C.博克斯：《公民治理：引领21世纪的美国社区》，中国人民大学出版社2014年版，第93页。
⑧ [德] 沃尔夫冈·鲁茨欧：《德国政府与政治》，北京大学出版社2010年版，第302页。
⑨ [法] 托克维尔：《论美国的民主》，商务印书馆2006年版，第66、67页。

政之基"①。

行政与民主均衡的观点。行政视角要扩大规模，民主视角要尽量贴近居民。因此有学者就提出，基层治理单元的选择要考虑两者的关系。托克维尔认为："乡镇的面积并未大得使全体居民无法实现其共同利益的地步；另一方面，它的居民也足以使居民确实能从乡亲中选出良好的行政管理人员。"②

沃尔曼认为，提高地方政府行政管理绩效，同时保持地方民主的有效性并不太容易，服务提供和规划能力的提高，是以地方代表性的丧失和牺牲地方自主性为代价的。③ 学者们认为，治理单元的扩大和地方治理要处理好代议（政治角色）和行政（服务角色）的平衡，前者关注民主，后者关注的是个人利益。④ 多莱里认为，效率与民主代议制之间存在矛盾。⑤

扩大治理单元一个理由是可以使行政和服务更为专业化，专业化考虑的是效率问题，但是往往忽视了政治所需要的为公众利益服务和对地方民主的强调，而且专业主义会削弱地方自主性和多样性。⑥ 廷德尔还用一个比喻，实现售卖机与谷仓的平衡，前者只是考虑给消费者提供高效的服务；后者则包括公民和社区的责任。⑦

扩大治理单元主要是为了增加治理能力，包括增加财政收入，获取规模效率。学者对此非常警惕，鲁茨欧认为，通过更大单位的较强的经济和财政力量最大限度地实现管理工作任务，同时兼顾共同的归属感、清晰性和人民参与的机会。但是两者难以同时实现，更大的单位损失了群众的参与机制，议员数量减少。⑧

---

① 上官莉娜：《走出治理破碎化困境》，人民出版社2012年版，第141页。
② [法] 托克维尔：《论美国的民主》，商务印书馆2006年版，第68页。
③ [德] 赫尔穆特·沃尔曼：《德国地方政府》，北京大学出版社2005年版，第42—43页。
④ [加] 理查德·廷德尔等：《加拿大地方政府》，于秀明等译，北京大学出版社2005年版，第359页。
⑤ [澳] 布莱恩·多莱里：《重塑澳大利亚地方政府——财政、治理与改革》，北京大学出版社2008年版，第92页。
⑥ [加] 理查德·廷德尔等：《加拿大地方政府》，于秀明等译，北京大学出版社2005年版，第159—160页。
⑦ 同上书，第372—373页。
⑧ [德] 沃尔夫冈·鲁茨欧：《德国政府与政治》，北京大学出版社2010年版，第302页。

文森特·奥斯特洛姆则认为,扩大规模根本不见得会带来效率的提高,有些小社区的服务可能有着更高的效率和回应率。① 日本学者也认为,强制合并侵害了市町村自治。②

(二) 重效率重服务:国内的观点

在中国,合村并组起源于 21 世纪初的农村税费改革,各地为了减少村庄运行成本而合村并组,比较典型的是湖南省曾经一度全面取消村民小组长;另外,就是新农村建设中的"村改居"促进合村并组。国内的研究主要围绕着这两个问题展开,主要有以下几类观点:

合村并组与减负。在中国合村并组最直接的动力是减少村干部,减少农民负担,因此合村并组减负成为一个重要的研究主题。王久高认为,撤乡并镇合村可以减少乡村干部,减轻农民的负担,有利于党组织整合村内资源,统筹发展。同时也会带来一定的问题,村干部服务面扩大,工作量增加;村域半径增大,干群沟通少;村际利益矛盾和惯性思维冲突协商难。③ 韩庆龄认为,合村并组只是表面上减轻了财政压力,实际上并未很好的减轻负担,还搅乱了村庄内部的办事程序,给村民和村干部带来了诸多不便,农民依然在原有的村界内活动,无法形成内在的整合。④

合村并组与治理。合村并组对治理带来了巨大的影响。唐皇凤、冷笑非认为,村庄合并可以节省成本,促进村级基层组织建设,同时由于规模的扩大,对村民自治和基层民主政治建设会造成消极影响。⑤ 罗义云认为,合村并组对民主化村级治理带来的巨大的挑战,而且削弱了村庄的公共服务功能。⑥ 阎向阳、李伟认为,村组合并节约治理成本、提高了治理

---

① [美] 文森特·奥斯特洛姆等:《美国地方政府》,北京大学出版社 2004 年版,第 153 页。
② [日] 金井利之等:《日本地方自治》,社会科学文献出版社 2010 年版,第 40 页。
③ 王久高:《撤乡并镇合村对村级党组织建设的影响及对策》,《北京行政学院学报》2009 年第 2 期。
④ 韩庆龄:《合村并组后的村庄》,《中国老区建设》2013 年第 1 期。
⑤ 唐皇凤、冷笑非:《村庄合并的政治、社会后果分析:以湖南省 H 县为个案》,《社会主义研究》2010 年第 6 期。
⑥ 罗义云:《"合村并组"应慎行》,《调研世界》2006 年第 7 期。

的效率，但是它削弱了民主，使村民自治陷入泥泞之中。①

合村并组与规模。合村并组引发了学者对基层治理单元规模的探讨。党国英认为，既然行政村还有公共服务职能，就要方便人们办事。一顿饭的工夫去村里办一件事，这样的行政村大小就适合。如果要花大半天时间，规模就不适合。②陈前金认为，改革开放20年后再保留原有的乡、村规模是不可取的，这制约了经济的发展，加重了财政的负担，主张扩乡并村，③但是他并没有讨论规模应该多大。村组规模并不是越大越好，村组的规模应适中，应根据人口分布情况、村民间联系的程度、村内的交通状况和村民的出行方式来确定。④

国内外的研究为确定基层治理单元的位置、规模提供了有益的启发，但是这些研究无法回答现在基层治理实践的三大问题：第一，各个国家都在实施扩大治理单元，为什么中国会出现缩小治理单元现象，如广东的清远、三水，湖北的秭归，广西的宜州？第二，在同一个国家的同一个阶段，为什么有些地方会扩大基层治理单元，有些地方会缩小基层治理单元？扩大或缩小的逻辑是什么？第三，究竟如何选择治理单元才能够既保证行政的高效，又能够保障自治的有效。本章将从行政与自治关系的视角探讨基层治理单元的选择。

二 扩大治理单元：湖南的选择与逻辑

湖南省在区划调整方面一直走在全国的前面，在税费改革开放时，湖南省就曾经取消过村民小组长，号称减少"村官"10万人。2016年湖南省启动区划调整，全省实施，要求全面完成。

（一）扩大治理单元的政策要求

为了实施乡镇区划调整政策，湖南省发布了两个重要的文件：《中共

---

① 阎向阳、李伟：《村组合并后的村庄治理：苏北Y村个案研究》，《理论月刊》2005年第11期。
② 党国英：《不可盲目推行"大村庄制"》，《村委会主任》2009年第12期。
③ 陈前金：《扩乡并村：农村机构改革的必然选择》，《地方政府管理》2000年第3期。
④ 王习明：《税费改革与合村并组》，《荆门职业技术学院学报》2003年第2期。

湖南省委湖南省人民政府关于开展乡镇区划调整改革工作的意见》《湖南省乡镇区划调整改革领导小组关于切实做好建制村合并工作的通知》（以下简称《意见》《通知》）。我们就以《意见》《通知》为基础进行政策分析文本。

合大并强的目标。通过建制村的撤销合并，实现优势互补、规模适度、实力增强、班子更优、机制更活的目标。

合大并强的原则。并村方案要综合考虑历史沿革、风俗习惯、人文渊源、河流水系、山脉走向、资源分布和产业布局等具体情况，合理确定村级规模，1000人以下的村原则上要合并。

合大并强的程序。并村方案由乡镇（街道）人民政府（办事处）提出，经相关村的村民会议适当形式通过方可上报，经县市区人民政府批准的并村方案一般不得随意变更，特殊情况需要变更的应当重新按程序征求村民意见，报县市区党委、政府批准。

合大并强的规定。并村工作要依照现行有关法律法规和政策进行，坚持农民享受的政策不变，农村山林、土地及其附着物、水利、资源等权属不变，农业经济利益关系不变"三个不变"原则。要依法保护农村集体经济组织成员的合法权益。依法保护和开发利用历史文化名村、历史文化遗址遗迹和具有地域特色的村庄。①

从上述政策要求，我们可以发现几个特点：一是并村主要是搞活资源、提高效率、增强实力和加强管理；二是并村的原则只考虑行政管理的方便性、可能性，基本没有考虑村民自治的问题，1000人是合并的底线，原因是什么并不清楚；三是并没有明确的村民自治程序，即合并前的村民自治和合并之后的村民自治均没有明确。从这些政策规定，我们可以得出如下两个结论：第一，以行政管理为主要目标的区划调整，目标是管理效率和方便；第二，没有按照村民委员会组织法来安排程序和方式；第三，村庄规模没有科学的论证，也没有明确的理论指导。

（二）个案村的合并过程及成效

在湖南省实施乡镇区划调整后，笔者曾经前往几个村进行调查，仅以

---

① 以上内容摘自《中共湖南省委湖南省人民政府关于开展乡镇区划调整改革工作的意见》《湖南省乡镇区划调整改革领导小组关于切实做好建制村合并工作的通知》。

HS 村（新村名）的合并为对象考察。在合并之前，HS 村有两个村庄：QHS 村和 WZH 村。QHS 村经济较 WZH 村发达，WZH 村有较多的负债。在 20 世纪 50 年代，两个村曾经属于一个村，但是村庄太大，没有运行几年就分开了。

并村后的规模。村庄人口达到了 3900 多人，其中 QHS 村有 2200 人，WZH 村有 1700 人。耕地 5700 多亩，其中 QHS 村有 3000 亩，WZH 村有 2700 亩，村庄南北距离约 6.8 公里，东南宽约 3 公里。并村前 QHS 村有 5 名村干部，WZH 有 4 名村干部，合并后两种干部数量不变，依然是 9 名村干部。

并村的程序。乡镇组织两村的在任干部、退休村干部开会。开会主要不是讨论是否需要并村，而是传达并村方案（说明并村方案由乡镇制订，没有经历村民自治）。另外，传达了相关的人事安排，新村的书记由 QHS 村的人担任，主任由 WZH 村的人担任。最后讨论了村名，因为 WZH 村原村名叫 FH 村，因此根据 QHS 村和 FH 村两村的村名，各取一个字，形成了新的村名 HS。

并村的结果。在一段时间后，乡镇安排一位纪委书记来宣布并村结果和人事安排。参加人员为原村干部、退休村干部及新任村干部，会后大家吃了一顿饭，据说还是新任村支书个人请客，会议结束后并村事项就完成了。

并村的成效。从调查走访来看，两村的农民对并村意见很大，一是并村没有经过村民同意，村民不同意并村；二是并村后负担并没有减轻，还是 9 名村干部；三是并村后的公共服务也没有明显的改善，而且很多事没有人管了；四是群众办事非常不方便，经常找不到村干部；五是干群几乎没有交流，大部分的村民要么不认识书记，要么不认识主任。群众戏言，"中央、省、市、县的领导看得见，但是村干部看不见，也不认识"。

（三）并村的讨论

湖南省的并村范围大、力度大、速度快，在并村过程中很多村如 HS 村一样，没有按照村民委员会组织法的规定，甚至都没有按照湖南省的政策规定，经过"相关的村民会议"。从湖南省的政策和 HS 村的并村过程，我们可以清晰地看到，并村是一种完全的行政行为；并村的目的也是为了政府对村庄的"行政管理";并村根本没有实现优势互补、规模适度、实力增强,反而是农民办事不方便,公共事务没有人管理,出现了"行政无为"。湖南的并村是一种典型的"行政主导"的"行政导向改革",村民自治基本被抛弃。

三 缩小自治单元,重定片区功能:清远的选择与逻辑

广东省清远市作为一个粤北比较贫困的山区,面对劳动力外出打工、土地抛荒及村庄发展难等问题,在2012年通过完善村级组织推动农村综合改革。清远颁布了一系列的改革文件,其中通过发布《中共清远市委清远市人民政府关于完善村级基层组织建设推进农村综合改革的意见》拉开了改革试点的序幕。改革内容很多,本文关注的是行政规模的调整和村民自治的深化改革。

(一)行政架构的调整

调整行政架构。积极探索完善村民自治的有效途径,将现有的"乡镇—村—村民小组"调整为"乡镇—片区—村(原村民小组或自然村)"的基层治理模式。简单来讲,就是将村民自治单元下移到自然村、村民小组,当前建制村变成片区。① 自治单元下移后数量增加,规模缩小。

规范行政设置。在乡镇以下根据面积、人口等划分若干片区建立党政公共服务站,作为乡镇派出机构,承办上级交办的工作、开展公共服务和为群众提供党政事项代办服务,由县镇统筹管理和开支。从改革实践来看,大多数以原建制村为单位设置公共服务站,也有以一个建制村设置多个公共服务站的情况。

缩小自治单元。按照便于群众自治,有利于经济发展和社会治理的原则,在片区下以1个或若干村民小组(自然村)为单位设立村委会,开

---

① 清远市的村庄规模都比较大,小的村庄都是一两千人,大的村庄有五六千人,而且在山区村庄面积相当大,以致管理太难,自治更不可能。因此,政策考虑将自治单元下放到自然村或者村民小组。

展村民自治，所需经费由村民会议通过筹资筹劳解决，缩小自治单元主要目标是为了实现有效自治。

（二）基层组织的设置

基层组织的设置主要有三大块：一是片区公共服务组织；二是村民自治组织；三是集体经济组织。

自治单元组织。自治单元设置村委员，设立村主任及相关委员。村主任及相关委员由全体村民选举产生。在自治单元，如果党员人数足够设立党支部；如果党员人数不足，与邻村一起建立支部。

股份合作社。在自治单元设立股份合作社，股份合作社设立理事长、监事长。在调查中发现理事长基本由村主任兼任，在非改革村庄就由村民小组长或者自然村的负责人兼任。[①]

党政公共服务站。县、镇根据面积、人口、工作难度等核定党政公共服务站工作人员数量，由乡镇统筹安排、统一管理。工作人员原则上从辖区内现有村"两委"成员中选取，乡镇按照岗位要求，制订标准和条件进行选拔和录用。党政公共服务站隶属各乡镇人民政府（街道办事处）领导和管理，主要负责承接上级政府部门延伸到村级的党政工作和社会管理事务。

（三）行政规模调整的成效及讨论

从清远的改革来看，行政架构的调整只是农村综合改革的一个内容，也不是全面推开，还属于试点试验阶段。一是改革是有序推进的，先试点，然后再逐步扩大到整个乡镇；二是改革是严格按照程序进行的，特别自治单元下移到村民小组或自然村后，必须召开村民会议选举村委会委员。选举也是对设置村委员的一种同意性表决。

从实践调查来看，笔者走访了几乎所有的改革乡镇，而且走访了多个自治单元（即新的村庄），新村庄的村委会或者自治组织发挥了很大的作

---

① 清远的改革只是一种试验，只有几个乡镇在试点，其他村庄则仍按照传统的组织架构。因此要注意区分改革实验村庄和非改革实验村庄，否则会不太理解。本章所研究的是实施改革的村庄。

用，积极推进美丽乡村建设，大力发展股份合作社。自治组织及新村村委员得到了群众的拥护，可以说村民自治得到了有效实现，村庄也得到了发展。

片区及党政公共服务站（后又称为农村综合服务站）作为乡镇派出机构，专门从事本应由政府负责任的党务、行政管理和公共服务工作。按照片区设立党政公共服务站推动了村级行政事务与自治事务相分离，剥离了村委会承担的行政和公共管理事务，实现政府行政管理与基层群众自治的有效衔接和良性互动。

通过上述描述，我们可以对清远的改革进行分析：一是清远市的行政架构调整既要激活村民自治，又要保障提供好的公共服务。从改革实践来看，双重目标均已实现。二是缩小自治单元激活了自然村或村民小组的活力，在村委会的带领下积极建设自己的村庄，发展经济。自治单元除了本村的事务外，不再承担上级政府的各项工作，自治独立化、专门化、专业化。三是设置片区党政公共服务站，建立了专门的行政管理、行政服务机构，能够提供专业化、高效率的公共服务。当然也许有人会批评：一方面是村委会数量增加了；另一方面是片区公共服务站的设置增加经济负担。如果能够激活自治，能够带来村庄的发展，村委会的增加并不见得就是一件坏事情；而片区公共服务站的设立是经济发展的必然结果，我们应该顺势而为，大力建设。

四 调整治理单元：日本并村与自治

湖南省、广东省清远市的改革具有很强的对比性，但是我们要寻找到改革的决定因素及逻辑，还需要有参照的改革。因此，本章选择与中国同样具有自治传统的日本作为参照系来进行中外比较研究。

（一）扩大治理单元：并村三个阶段

日本村庄的合并有三个阶段，分别是明治、昭和和平成合并。1888年，日本农村的自然村单位规模过小，无法履行教育、户籍业务及征税、土木等行政职能，于是实施村庄合并，形成了以300—500户为单位的市町村。明治合并使 71000 个自然村减少为 16000 个市町村。① 昭和合并则是因战后民主化的推进，特别是新制学校、警察、社会福利、保健卫生相关事务划归市町村管理，为处理这些事务不得不扩大市町村的规模。以能够设立一个新制学校约为 8000 人为依据，村庄合并后，全国市町村只剩下 3500 个。② 而平成大合并则发生在 20 世纪 90 年代后半期。为了减少政府干预，向下分权，同时为解决新环境问题、社会老龄化问题及财政危机问题，政府推动了第三次市町村的合并，在 2007 年左右只剩下 1804 个市町村。③

（二）合并的法律和程序

以法治推合并。日本政府在推进村庄合并，制订不少法律，在昭和合并期间，1953 年制订了《町村合并促进法》，1956 年制订了《新市町村建设促进法》，1965 年制订了《市町村合并特例法》。在最近日本又制订了《市町村合并特例法修订》《合并新法》《地方自治修订》，这统称为"合并三法"，可见日本政府为了适应经济社会的发展而不断提高市町村的规模。④

以程序来办事。如市町村的合并，根据《市町村合并特例法》有如下程序：首先，有合并意愿的村要先成立合并协议会，并由其中一村的议长或者议员担任合并协议会的会长；其次，从相关市町村的议员、职员等选任委员，商量合并方案，方案要由各自的议会表决通过；最后，再向都道府厅报告，都道府厅再向总务大臣报告，批准之后才可以合并。⑤

另外，市町村之间也存在转换关系，如村可以申请为町，町可以申请为市。村转换为町也是有程序的，根据日本地方自治法的规定：村变为町，要达到一定的人口规模，不同的区域有不同的标准，一般是 5000 人。议会表决同意之后向所在的都道府县提出申请，都道府县议会表决同意之

---

① ［日］金井利之等：《日本地方自治》，社会科学文献出版社 2010 年，第 44 页。
② 同上。
③ 同上书，第 45 页。
④ 同上书，第 44—46 页。
⑤ 『市町村の合併の特例に関する法律』第 3—6 条。

后，再提交总务大臣，总务大臣同意就可以将村变成町。①

（三）合并的成效及评价

日本的市町村的合并与日本经济社会发展需求相适应，不同的经济发展阶段设定不同的单元规模。从日本的发展来看，调整后的市町村规模适应了日本经济的发展，也为政府向村民提供专业化的行政服务提供经济和规模条件。日本的市町村本身就是一级政府，实施地方自治，因此基层治理单元规模的扩大，既是行政单元的扩大，也是自治单元的扩大。随着规模扩大和经济发展，政府自治不断代替村庄自治（或社会自治）、行政服务代替村庄服务（社会服务）。日本传统的自治组织町内会功能逐渐减少，最后只有基本的生活协作和自治。另外，日本的町村合并先出台法律，再依照法律，严格按照法定程序进行，在合并中尊重各町村及村民的意愿，这是日本町村合并成功的一个基本原则。

五 结论与深度讨论

通过对湖南省、广东省及日本合并村庄的对等分析，我们可以得出一些结论。

（一）并村是经济社会发展的产物

不管是湖南、广东清远，还是日本农村，村庄合并是一个必然的趋势。这个趋势是经济发展的产物，主要是工业化、城市化的发展及提升村庄治理水平和公共服务水平的要求。中国的村庄合并从2000年税费改革开始，2008年以后的新农村建设及社会治理后得到较快的发展。

虽然村庄合并是经济发展的结果，但是必须看到不同的经济发展阶段有不同的发展规模，如日本的三次大合并就是日本经济起飞阶段、快速发展阶段和高水平阶段的产物；湖南省的合并、广东省的下移及设置片区都是经济发展的结果，合并才刚刚开始，属于初始阶段的合并，随着经济的发展还会进一步合并村庄并扩大治理规模（详见表12—1）。

---

① 『地方自治法』第7、8条；『市町村の合併の特例に関する法律』第5、6条。

表 12—1　　　　湖南、广东与日本调整治理单元的对比表

	湖南	清远	日本
经济发达	一般	一般	发达
村庄土地性质	集体所有	集体所有	私有
改革目标	效率、整合资源	自治、效率	民主、效率
改革出发点	以政府出发点	以村民和政府为出发点	以村民为出发点
改革内容	扩大治理单元	缩小自治单元 设置片区服务	政府自治 全方位高效服务
单元选择	单元合一： 行政取代自治	单元分设： 行政与自治均衡	单元合一： 行政与民主制衡
改革逻辑	行政逻辑	行政与自治均衡逻辑	行政与民主制衡逻辑

（二）并村有其内在逻辑及均衡

湖南省推动村庄合并主要是行政目标，为了更好地管理村庄，基本没有考虑村民自治问题，而且以行政强制推动，也没有基本的程序。可以说这种村庄合并是以政府需要为导向的合并，属于"行政逻辑""管理逻辑"。从形式上讲，并村后的治理单元是行政单元与自治单元"合二为一"，以"行政替代自治""以行政替代治理"。

广东省清远市的下移自治单元，设置片区公共服务中心，是从当地实际出发来进行的改革。一方面，清远市的自然村比较团结，便于自治，激活村庄；另一方面，又要保障政府的行政需要和公共服务：专业化、专门化。前者要考虑适合自治、方便自治；后者要考虑规模和效率。因此，清远市"分而治之"，自治单元下移，彻底激活；片区单元赋权，专门从事行政管理和公共服务。自治、行政单元分设，行政架构的设计考虑了行政与自治的均衡。清远的改革兼顾了"行政逻辑"和"自治逻辑"，并考虑两者的均衡，因此改革比较稳妥，成效比较好，也受人们欢迎。

日本的合并有其特殊性，市町村是一级政府，实施地方自治。总体来看，随着町村单元的扩大，政府自治代替社会自治；行政服务代替了社会服务。在町村扩大和自治、服务代替过程中，日本始终注意行政与民主的关系，即行政的扩展不能损失居民的民主参与，而且后者必须制衡前者。

可见，日本的町村扩展遵循了行政与民主的"制衡逻辑"（详见表12—1）。

（三）治理单元的中国特殊性及选择

村庄合并是一个大趋势，是经济发展的必然，但是我们必须看到中国基层治理单元的特殊性：一是中国村庄的土地为集体所有，而且这个集体是一个个的小单位，可能是村民小组、自然村，也可能是建制村；二是中国农村有着几千年自治历史和传统。由于这两个特殊性，中国农村村庄的合并可能会与日本有一定的差异：第一是如果土地所有制不改变，以自然村、村民小组、建制村（土地所有单位）为单位的经济自治永远存在，即使进入完全的工业化、城市化阶段依然如此，如北京市已经城市化的村庄依然有经济自治。另外，因为各个单位的人均土地和资源量是不相同的，村庄合并不可能将人均占有资源抹平。第二是在经济发达的地区或者经济发达的阶段，基层治理单元可以借鉴日本，行政单元与自治单元合二为一，以行政自治替代社会自治。在经济欠发达地区或者阶段，政府无法全部解决居民所需要的公共服务，可以实施"行政与自治的二元分立"，"自治"选择在适合自治、方便自治的单元进行；"行政"选择在具有规模效应的单元进行。

（四）治理单元的规模及其选择

根据前文分析，村庄的规模受两个因素的影响：一是经济发展水平，不同的发展水平会有不同规模的治理单元；二是行政与自治的均衡决定基层治理单元的规模。这种情况又可以分为以下两种：

行政单元与自治单元分设，这时只需要考虑行政、自治的逻辑就行了，即前者是行政逻辑，追求规模效率和专业化服务，需要一定的规模；后者是自治逻辑，必须是产权相同、利益相连、方便自治，因此规模不能太大。此处必须考虑，居民对行政服务的参与和监督问题，也必须考虑行政单元尽量贴近居民、方便群众。因此在这种意义上，也存在行政与参与政治的均衡问题。

行政单元与自治单元合二为一，在这种情况下就必须考虑行政与自治的均衡问题，即基层治理单元的选择要考虑行政的规模效率，也要考虑自治的有效性，因此基层治理单元的规模应该是两者都能够接受的规模——可以是"有效率行政单元的最小规模"，也可以是"自治单元最大规模"。当然，村民自治的直接民主和代表制民主所决定的自治单元的规模又会有差异，即如果实施直接民主的村民自治单元肯定要小些，实施代表制民主的村民自治单元肯定要大些。

综上所述，经济发展为基层治理单元的选择提供最大可能性，但是行政与参与的制衡、行政与自治的均衡决定了基层治理单元的最大规模。中国的村庄合并在不考虑集体所有制的情况下，可以由经济发展决定的治理单元规模和行政与自治均衡、行政与参与制衡决定的治理单元规模结合考虑，前者是"最大可能性规模"；后者是"最小可能性规模"。

第十三章 "合并浪潮"：农村基本建制单元重组与民主争议[*]

最近几年中国农村基本建制单元有两大令人侧目的案例：一是广东清远的"下移—上构"，将自治单元下移到自然村，承担自治功能，将村庄重构为片区，承担行政和公共服务功能；二是湖南省"合村—并镇"，将邻近的村庄或乡镇合并成一个较大的村庄或乡镇。两地农村基本建制单元调整的方向截然相反，对此，官员、学界众说纷纭、莫衷一是。那么，农村基本建制单元究竟是下移、缩小，还是合并、扩大？笔者觉得有必要将视野投向发达国家，考察其农村基本建制单元的历史演变与发展趋势。本章拟通过对发达国家近100年、70年、50年来的农村基本建制单元变化的考察，研究农村基本建制单元变迁的规律、争议及对中国的启示。

一 发达国家农村基本建制单元的"合并浪潮"

如果只关注最近10年或者20年，西方发达国家农村基本建制单元基本没有变化或者只有少许变化，但是如果将视距延长50年、70年，甚至100年，我们将会发现发达国家农村基本建制单元发生了翻天覆地的变化，一波接一波的"合并浪潮"，此起彼伏。

（一）合并幅度比较大的欧洲国家

20世纪50年代以来，不管是规模比较大的国家如英国、德国，还是规模比较小的国家如丹麦、瑞典、挪威等，农村基本建制单元都出现过合

---

[*] 本章作为独立论文发表于《山东社会科学》2019年第1期。

并浪潮。1950—2007年,瑞典、保加利亚、丹麦农村基本建制单元减幅均超过了80%,分别为87%、81%和80%。英国农村基本建制单元数量减少了79%,比利时减少了75%;德国、奥地利、挪威基本建制单元分别减少了41%、42%和42%[1](见表13—1)。显然农村基本建制单位数量的减少是欧洲发达国家的共同特征。

表13—1　　欧洲发达国家的基本建制单元变化对比表　　（单位:个;%）[2]

国家	1950年市镇数量	2007年市镇数量	增减
英国	1118	238	-79
德国	14338	8414	-41
比利时	2359	596	-75
丹麦	1387	277	-80
瑞典	2281	290	-87
奥地利	4039	2357	-42
挪威	744	431	-42
保加利亚	1389	264	-81

（二）合并幅度比较大的亚洲国家

日本是亚洲发达国家,农村基本建制单元在过去100多年内也发生了巨大的变化。日本是传统农耕大国,1888年以前农村只有村庄,没有市、镇,当年村庄的数量为71314个。其实大部分村庄属于只有300—500人的自然村,农村单元极为分散。日本共有三次村庄"合并浪潮":一是"明治大合并"。1888年基本建制单位改革,实施市町村制度,大量的自然村合并,改革后只有15820町村。二是"昭和大合并"。1953年政府以8000人为标准,力争将市町村减少1/3,经过几年的努力,在1961年时只剩下3500个市町村,这一数据维持了很长一段时间,在1990年时市町村数量为3200个。三是"平成大合并"。1990年后日本再次实施市町村

---

[1] 欧洲国家的基本建制单元很复杂,有些是县、市,有些是镇、乡、市镇,有些是村、教区、社区等。虽然有些是市、镇,但是规模也只有几百人、上千人,类似中国的村庄。

[2] 上官莉娜:《走出治理破碎化困境:法国地方政府改革研究》,人民出版社2012年版,第144页。

合并，2007年市町村数量减少到1804个，其中町为827个、村为195个（见表13—2）①。

表 13—2　　　　日本基层建制单元变化对比表②　　　（单位：个；%）

	1888年	1889年	1922年	1956年	2007年	2007/1956 增减
市	0	39	91	495	782	57.97
町	71314	15820	1242	1870	845	-54.33
村			10982	1574	197	-87.48
合计	71314	15859	12315	4668	1804	-61.35

日本农村基本建制单元合并出现了三个变化：一是农村基本建制单元大幅减少；二是农村基本建制单元按照规模和建设目标出现了层级化，即如果村庄规模扩大可以申请为町（町就是规模比较大的村），当町达到一定规模后可以申请为市③；三是日本的村、町在减少，市在增多，即村町逐渐变成市，人口流向市区。

（三）合并幅度不太大的美国

美国农村基本建制单元有些复杂，有些州的基本建制单元是县，有些是乡、镇，有些又是市，还有些是村。除此之外，还有地方政府分支机构是学区，以及为特定目标而设立的特别区。市、乡镇的自治权力比较大；学区自治权力比较小；特别区具有半自治性质。这几类基层建制单元相互交叉、相互覆盖。从比较视角来看，美国的乡镇类似于中国的村庄，规模并不是特别大。过去70年美国的基本建制单元发生了一些变化，1932年到1987年乡镇数量减少了16.45%；学区减少了88.53%；自治市的数量增加了16.8%（见表13—3）。

---

① ［日］金井利之等：《日本地方自治》，社会科学出版社2010年版，第44—47页。
② 同上书，第47页。
③ 市町村均是基本建制单元，但是三者的规模不同，可以申请转化，即村申请为町，町申请为市。

表 13—3　　　　美国基本建制单元变化对比表　　　（单位：个;%）①

	1932 年	1952 年	1987 年	1987 年与 1932 年相比变化（%）	1987 年与 1952 年相比变化
自治市（市和市镇）	16442	17997	19205	16.8	14.46
乡镇	19978	17202	16691	-16.45	-2.97
学区	128548	56346	14741	-88.53	-73.83
特别区	14572	12319	29487	-15.46	102.35

总体来看，美国农村基本建制单元减幅差异比较大，乡镇数量有一定幅度下降，下降幅度几乎就是自治市增长的幅度。地方政府的派出机构学区数量大幅下降，特别区先是下降，最近反而大量增加。所以，从乡镇来看，美国基本建制单元出现了一定的合并趋势；从学区来看，合并幅度比较大；但是从特别区来看，数量却增加了，所以美国农村基本建制单位有合并，但是没有浪潮，各类基本建制单元变动差异比较大。

（四）变化幅度比较小甚至小幅增长的国家

欧美日的农村基本建制单元都出现较大程度或者一定程度的合并重组，但并非所有国家都是如此。1950—2007 年法国市镇数量只减少了 5%。意大利、匈牙利农村基本建制单元反而增加了，分别增长了 4% 和 5%（见表 13—4）。

表 13—4　　　基层建制单元变化幅度较小的国家②　　（单位：个;%）

国家	1950 年市镇数量	2007 年市镇数量	增减
法国	38800	36783	-5
匈牙利	3032	3375	5
意大利	7781	8101	4

---

① ［美］文森特·奥斯特洛姆等：《美国地方政府》，北京大学出版社 2004 年版，第 50—52 页。
② 上官莉娜：《走出治理破碎化困境：法国地方政府改革研究》，人民出版社 2012 年版，第 144 页。

从上面的分析，我们可以对发达国家过去 100 年、70 年、50 年来农村基本建制单元数量的变化得出如下结论：一是大量的小规模自然村、村庄或者乡镇数量成倍的减少，合并浪潮此起彼伏，特别是英国、日本、北欧洲诸国合并幅度更大，合并速度快；二是留存下来的农村基本建制单元的规模（包括人口和面积）相对比较大；三是在农村基本建制单元数量减少的同时，自治市、市镇的数量在增多。

二 发达国家农村基本建制单元的"合并道路"

欧洲、日本等发达国家基本建制单元出现了"合并浪潮""重组浪潮"，但是合并重组的方式、方法并不相同。概括起来有如下几条道路：

（一）日本合并道路：立法先行、行政主导、间接民主

日本是所有发达国家中基本建制单元合并数量最多、合并力度最大的国家，能够大规模、大力度持续推进农村基本建制单元的合并与日本选择的合并方式不无关系。

1. 立法规范合并。日本推进农村基本建制单元合并非常重视立法。除了早期"明治合并"主要是采取行政力量强制实施外，第二次世界大战日本农村基本建制单元的合并都是先立法，再合并。在立法中，规定合并的时限、标准、目标，再以行政力量推动完成。"昭和合并"在 1953 年制订了《町村合并促进法》，1956 年制订了《新市町村建设促进法》，限期大力推进市町村合并。1965 年制订了《市町村合并特例法》，要求 10 年限期内实施合并。最近的"平成合并"修订和出台"合并三法"：《市町村合并特例法修订》《合并新法》和《地方自治修订》。[①]

2. 行政推动合并。日本基本建制单元合并主要依赖行政力量的持续推进。为了适应经济社会的发展，日本内阁根据经济、社会发展及时推进农村基本建制单元的调整。内阁提出合并立法或者修订合并法律，在法律中明确要求总务大臣、都道府县的责任并限期完成。日本的合并法律中明确规定了行政"强制条款"。在实际合并过程中，总务大臣负责确定基本

---

① ［日］金井利之等：《日本地方自治》，社会科学出版社 2010 年版，第 44—46 页。

方针，都道府提出合并构想。① 所以，日本农村基本建制单元的合并，处处可以看到行政推动的"影子"，看到"行政推力"。

3. 间接民主决定合并。虽然立法和行政推动合并，但是在具体推进合并过程中还是严格按照程序进行。首先由议员或者议长提出合并意向；其次有合并意愿的町村先成立合并协议会，由其中一村的议长或者议员担任合并协议会的会长；再次，从相关町村的议员、职员选任委员，商量合并方案，然后由各町村的议会（具有议员、议长资格的人）表决通过方案；最后，再向都道府厅报告，都道府厅再向总务大臣报告，批准之后才可以合并。② 从日本农村基本建制单元合并的制度和程序来看，最后两次合并可以概括为：由立法规范、行政推动和间接民主三个环节共同完成。

（二）美国合并道路：立法先行、地方提议、民主选择

美国农村基本建制单元比较复杂，有自治市、自治镇、学区、特别区。自治市和镇是"独立法人"，具有自治宪章，自治权力很大；特别区根据特殊需求建立，具有准自治性质；学区属于州政府的分支机构，自治程度最低。③ 因此不同单位的合并重组差异比较大。

1. 自治市、镇的合并。首先是州立法机关立法；其次制订合并的一般程序；最后通过公民投票来选择。如果州立法机关通过特别立法来对待合并重组，则一项法规就可以实现合并和重组，不需要公民投票即可实施。当然，州立法机关的立法程序严格依照规定和程序进行。④ 从美国自治市、镇的合并来看，州立法机关很少使用特别立法来强制推行基本建制单元的合并重组，必须经过合并单位公民投票表决，所以镇或乡合并重组难度大，合并速度比较慢。

2. 学区的合并。学区合并也由州立法机构立法，并成立一个全州范围的学区重组委员会，由该委员会负责设计全州学区的重组计划。学区重组也需要公民投票决定。随着教师协会和其他专业教育者的支持，学区重组较容易实现。因此，学区单位的合并速度快，规模大。

---

① ［日］金井利之等：《日本地方自治》，社会科学出版社 2010 年版，第 46 页。
② 参考日本『市町村の合併の特例に関する法律』第 3—6 条。
③ ［美］文特森·奥斯特洛姆等：《美国地方政府》，北京大学出版社 2004 年版，第 50 页。
④ 同上。

3. 特别区的合并。特别区是为了特定目标，解决特定需求的单位。州立法机关立法后，公民可以自己创制特别区。随着公民需求越来越多，美国的特别区单位不仅没有减少，反而快速增长。① 地方市民可以根据公民创制权和公民投票程序来创建新的政府单位。另外，扩大疆界、更多的单位合并都必须经过社区同意和各自辖区公民公投中多数人的同意。②

从美国基本建制单元合并重组来看，总体的程序是：议员提出，州议会立法，合并建制单元公民投票决定，最后实施合并或重组。或者公民提议或基本单元提议，公民投票决定。美国基本建制单元合并重组，与日本有差异，虽然有立法，但是民主是一个最重要的环节，而且法律并没有授予行政部门强制实施的权力。因此有大量的重组失败案例，乡、镇的重组难度、阻力大，速度比较慢。

（三）德国、北欧合并道路：先行立法，行政强制

在快速的工业化和城镇化过程中，德国也存在农村基本建制单元规模过小、财力不足、工业发展跨越基本建制单元等问题，由此各州由州政府或者州议会成立专门委员会研究合并基本建制单元问题。德国宪法授权州政府有决定基本建制单元的权限。因此，在合并重组基本建制单元时主要由州议会立法，州政府强制推行。当然在强制推动合并重组时，也会以"规劝"或者财政刺激的方式诱导、引导合并。

虽然德国行政部门有法律支撑，也有各种行政手段配合使用，但是德国基本建制单元的合并依然受到强大的抵制。按照法律规定，基本建制单元如果不满意合并方案，可以向宪法法院甚至联邦法院上诉，但是法院只审查州议会、行政部门的程序合法性问题，不审核合并与否问题。也就是说，对于合并与否，基本建制单元没有讨价还价的空间，也没有民主程序选择的机会。③ 因此，德国基本建制单元的合并是一种强制性合并，这种合并道路虽然遇到地方、公民的强烈的抵制，但是合并成效依然显著。

北欧国家也是行政和立法强制，如挪威就成立了一个基本建制单元委

---

① [美] 文特森·奥斯特洛姆等：《美国地方政府》，北京大学出版社2004年版，第51页。
② [美] 罗讷德·J.奥克森：《治理地方公共经济》，万鹏飞译，北京大学出版社2005年版，第114页。
③ [德] 赫尔穆特·沃尔曼：《德国地方政府》，北京大学出版社2005年版，第34—41页。

员会，这个委员会提出合并重组方案，议会立法，然后实施合并重组。只要委员会的决议没有变，基本建制单元反对也能够实施合并重组。瑞典有两轮合并浪潮，第一轮由议会制订措施实施合并，合并速度比较快；第二轮合并采取渐进和自愿的办法，速度比较慢。①

（四）英国合并道路：立法先行，行政主导

在发达国家中，英国农村基本建制单元的合并重组速度快，合并规模大，这与他们的合并重组方式的选择紧密相关。首先，议会立法，颁布《地方政府法》及其他相关法案；其次，议会立法成立地方政府区划委员会，负责对英格兰地方政府地区的边界、选举和结构进行审查。地方政府区划委员会独立于政府和政党，直接对下议院议长委员会负责。②

英国基本建制单元合并重组的程序：首先，由地方政府或者议会提出申请；其次，地方政府区划委员会根据意见进行评审，然后向国会提出立法建议；再次，国会裁定并将裁定意见发给地方政府区划委员会执行，地方政府区划委员会有义务进行复审；最后，由地方政府或议会执行合并或重组方案。③

英国基本建制单元的合并重组是先立法，然后由行政部门执行。立法是一次性的，当然议会要根据情况进行修订。虽然英国基本建制单位的合并既有自上而下的程序，也有自下而上的程序，但是没有公民参与和投票的程序，虽然合并重组的力度比较大，但是依然能够迅速推进。

（五）法国合并道路：议会立法，行政协商，民主决定

在西方发达国家中，法国农村基本建制单元的合并重组比较独特，有很多条件和"门槛"。从合并和重组程序来看，第一，议会立法，制订《市镇合并与重组法》；第二，选举产生专门的咨询委员会，由省议会主席、4名议员和10位代表性市镇长组成；第三，市镇或者行政部门提出

---

① ［丹麦］埃里克·阿尔贝克等：《北欧地方政府：战后发展趋势与改革》，北京大学出版社 2005 年版，第 144、206 页。

② LGBCE 2011, *The Local Government Boundary Commission for England: annual report and accounts* 2010 *to* 2011, p. 2.

③ "Local Government Act", *The House of Commons*, 1972, pp. 27 – 31.

合并方案；第四，公民投票决定，至少有1/4的选民参与投票，且绝大多数赞成票通过，才可以实施合并。如果一个村有一半以上的选民参与投票且2/3的选票反对合并，则不能强制合并；第五，咨询委员会审核合并和重组方案，并征求有关省议员和市长们意见；第六，省政府颁布合并法令实施。

虽然法国对农村基本建制单元合并重组有立法，但是合并重组的程序最多、"门槛"最多，特别是要经过合并重组建制单元的公民投票表决，因此法国农村基本建制单元的合并重组难度最大，速度最慢。

总体来看，发达国家的合并重组的道路，总结起来就是三个路径：一是强制推行路径，如日本的行政主导、英国的行政强制等。这种强制合并重组，不太考虑基本建制单元的诉求，也不太考虑辖区居民的需求。二是强制推行，但是给予引导、规劝或者财政补贴等，如德国的行政"规劝"、财政"诱导"等，会受理合并重组建制单位和居民的一定诉求。三是民主选择，不管是立法、行政推动，最后都需要合并重组基本建制单元公民投票决定，在美国公民主动投票也可以创制、合并或者撤销基本建制单元。在法国不管是简单的市镇合并，还是"联合市镇共同体"均需要经过公民投票决定。

发达国家实施农村基本建设单位合并重组过程中，有两个必备的程序：一是立法先行；二是程序合法。影响合并重组速度主要有两个因素：一是合并法案中是否含有"强制条款"，如果含有强制条款，合并重组的速度就比较快；二是合并重组是否需要经过公民投票决定，如果有公民投票决定的条款则速度比较慢。

三 发达国家农村基本建制合并的原因与民主争议

过去100年、70年、50年以来大部分的发达国家农村基本建制单元发生了深刻的变化，当然也有少数国家只有少许的变化，甚至没有变化。那么发达国家农村基本建制单元发生变化的根本原因是什么？争议是什么？决定合并重组规模、速度的决定性因素是什么？本节将探讨这三个问题。

(一) 农村基本建制合并重组的根本原因

发达国家要合并重组的原因很多，但是归结起来就是三个原因：首先是农村基本建制单元人口减少。随着工业化、城镇化的推进，大量的农村人口流入城镇，导致了农村基本建制单元的人口大量减少，用中国话语讲就是出现了"空心化"，村庄不是村庄，乡镇不是乡镇。其次是公共设施建设的代价相当大。为了几户或者十几户居民要建设电网、水网、路网、油汽网，代价太大，建设和服务得不偿失。最后是公共服务供给成本太高。公共行政、公共服务、公共设施建设需要一定的规模，为"空心化"的基本建制单元提供公共服务和设施，没有规模效应，成本越来越高，效率越来越低。此外，在现实中，很多公共设施、公共服务和产业都跨农村基本建制单元实施、布局，无论从哪个视角来看，农村基本建制单元都已经无法作为基本的组织存在、运行和服务当地居民，而且公民要求享受高质量的公共设施和高水平的公共服务，只能撤并、重组农村基本建制单元。

(二) 农村基本建制单元合并的核心争议

从发达国家农村基本建制单元合并重组过程来看，最大的争议就是效率和民主的问题：究竟是要效率还是要民主，究竟是要自治还是要行政？这一对矛盾可以分为四大民主争议：

规模对民主的侵蚀。公共设施建设、公共服务需要一定的规模，才会有效率。但是有人认为，规模会侵蚀民主。规模大的基本建制单元不能再实施直接民主，只能实施代表民主，即代议制。代议制使公民无法直接参与基本建制单元的管理，而且代议制使人们难以找到自己的代表。基本建制单元的扩大和代议制使政府和议员远离人们，无法及时回应公民的需求。

专业对民主的侵蚀。大规模的行政、良好的公共服务都需要一定的专业人员，需要职业化的人员，而专业化和职业化会排斥议员、排斥公民，导致"专业垄断""职业傲慢"。因此行政和效率所要求的专业化、职业化会排斥、挤压民主，甚至替代民主。

等级对民主的侵蚀。农村基本建制单元规模的扩大、专业化、职业化及效率导向都会产生行政、专业等级，从而形成等级制度。等级制度则是"民主的天敌"。因此，行政化、专业化、职业化形成的等级及等级制度会侵蚀民主。

集权对民主的侵蚀。农村基本建制单元的扩大，必然会导致建制单元或者在某些服务和功能上的集权。集权在本质上是排斥公民参与，排斥公民协商，排斥公民自治和参与民主的，因此农村基本建制单位的合并导致的集权同样会侵蚀民主。

另外，基本建制单元规模扩大后，透明度会降低，责任难以明确，监督更加困难，这些都会损害民主。从上面的分析可以发现，农村基本建制单元的合并重组最大的争议是对民主侵蚀的担忧，担心民主虚化和自治弱化，从而削弱国家民主的基础。

（三）农村基本建制合并规模和速度的决定因素

对于发达国家农村基本建制单元合并重组的规模和速度，国外有不少学者进行过研究，但是国内研究非常少，高秉雄教授曾经对此进行研究。他认为，合并重组的速度与国家形式有关，英国合并速度快，德国速度慢，这与英国是单一制国家，德国是联邦制国家有关系。① 但是笔者研究发现，北欧一些联邦制国家的合并速度也非常快、力度大。显然国家形式可以在一定程度上解释合并重组的速度，但是不能完全解释，我们还需要寻找其他解释因素。

1. 国家强制性条款

发达国家实施基本建制单元的合并重组时，有很多因素会影响合并重组的速度、规模，但最核心的还是强制性条款。不管是行政推动，还是立法推动，发达国家实施合并和重组都会立法。虽然都有立法，但是法案中是否有强制性条款是关键区别。如果包含强制性条款，则不管是否基本建制单元、公民同意与否都得实施，如日本、德国、英国等。所以，国家强制性条款是决定基本建制单元合并重组的关键因素。

2. 对民主与自治的尊重

从合并重组速度快、规模大的国家来看，强制性条款是最关键的影响因素，但是从合并重组速度慢、规模小的国家来看，则是对自治和民主的尊重，如果法案规定，合并重组要尊重基本建制单元、公民的意见，要通过投票来决定。这一条款会影响合并重组速度，特别是对民主、自治极为重视的法国、

---

① 高秉雄：《西方基层政府合并浪潮及对我国的启示》，《社会主义研究》2006年第2期。

美国体现得最为充分。法、美两国均将乡镇、市镇视为民主、自由的基石。这种民主、自治的传统和资源也会影响合并和重组的速度、规模。

公民民主选择又分为两种：一种是公民投票决定，如美国和法国；另一种是合并单位的议会投票决定，如日本需要合并单位议会投票决定。前者是直接民主，对合并重组的速度会形成重大的影响；后者是间接民主，对合并重组的速度有一定的影响，但是影响不大。

3. 建制单元的财政状况

澳大利亚的学者认为，基本建制单元的自治率或者财政状况会影响合并重组的速度和规模。如果财政状况差，无法保障辖区居民的基本公共需求，基本建制单元和居民可能有较高的合并重组愿望。[1] 显然如果公共设施建设和公共服务全部由基本建制单元提供或者部分提供，财政状况肯定会影响居民享受的服务，进而影响建制单元和居民对合并重组的积极性。但是如果公共支出不由建制单元承担则另当别论。

4. 强制性、民主性和合并类型

财政状况对合并、重组的影响相当关键，但并不是所有的公共设施建设、公共服务都由基本建制单元供给，大部分甚至全部公共服务、公共设施的建设是由上级政府提供的。在此我们只考察国家强制性条款和民主性条款对合并、重组的影响及进行类型学分析。

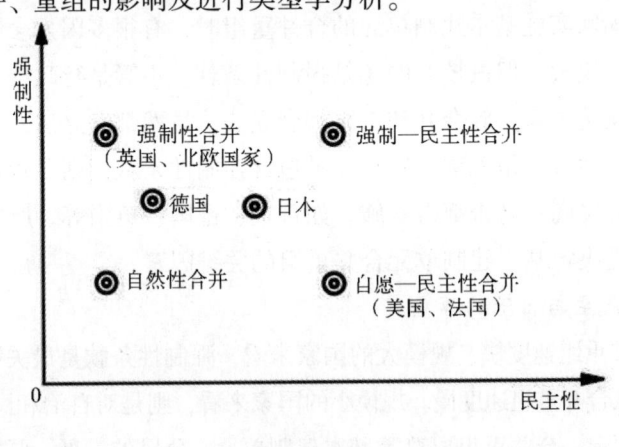

图 13—1

---

[1] [澳]布莱恩·多莱里：《重塑澳大利亚地方政府——财政、治理与改革》，北京大学出版社2008年版，第32—34页。

从13—1图可以发现，强制性和民主性两个因素可以构成四种经典合并重组类型：强制性合并、强制—民主性合并、自愿—民主性合并和自然性合并。根据两个变量，我们可以发现发达国家实施合并的类型：英国和北欧国家属于强制性合并；美国、法国属于自愿—民主性合并；日本属于强制—民主性合并中的间接民主类型。按照强制性和民主性标准，所有国家基本建制单元的合并重组均可以在此图找到自己的位置。

四 发达国家农村基本建制单元"合并浪潮"的启示

（一）农村基本建制单元合并不可避免

通过对发达国家农村基本建制单元合并重组的考察，可以得出一个基本的结论，随着工业化和城镇化的发展，特别是公民对高质量公共服务需求的增长，村庄、乡镇和市镇等基本建制单元合并不可避免。这是经济社会发展所决定的，不以人的目标为转移。但是合并重组不能以降低成本、纯粹追求行政、服务效率为目标，而应以提升治理能力和公民满意度为目标。对于中国来说，不是要不要合并重组的问题，而是要前瞻性地研究如何合并及超越合并的问题：一是研究和选择合并重组时点与经济、社会的结构之间的关系；二是研究和选择合并重组的路径和方式；三是发达国家合并重组的经验和教训；四是寻找超越简单合并重组的道路和方式。

（二）合并重组要先立法、后实施

合并重组基本建制单元是一件涉及面相当广、涉及利益相当大的一件工作，一定要谨慎，依法、依规、依程序推进。从发达国家来看，应先立法，后实施，特别是合并重组的各项制度、措施和程序要与宪法和法律一致，具有合法性。各地在合并重组时要依法、依规、依程序合并，要合理、及时地解决基本建制单元和公民的合理诉求，切忌简单粗暴，切忌追求速度，切忌采取运动方式。

（三）合并重组要注重选择方式

合并重组的路径和方式会影响合并的速度、规模、成效及社会的稳定问题，关键要处理好强制和自愿的关系。人们对自己熟悉的建制单元会依恋、不舍，这是一种正常的心理现象，我们必须尊重。如果经济社会已经发展到不合并就会影响人们的生活，进而影响经济社会本身的发展。这时要坚决合并，但是合并时仍然可以注意工作方法。可以采取强制性要求和自愿性选择相结合的方式，而不是简单的、粗暴的行政命令。

（四）合并重组要处理好行政与自治的关系

基本建制单位合并重组最大的影响是公民参与、公民自治和基层民主。对于中国而言更是如此，千百年来中国的村庄都是农民自我管理、自我教育、自我服务。建议在合并重组过程时要尊重农民自治的传统和习惯。一是对于国家无力、无法提供的公共服务，要尽量允许和鼓励农民自我供给、自我服务；二是没有必要合并重组的村庄坚决不合并重组；三是行政和服务可以合并，但是各村庄的集体资产、集体经济不能简单地合并，不能"归大堆"，要么采取股份制方式，要么"政经分离"，实施"行政合并，经济分治"。

（五）合并重组要处理好行政与民主的关系

合并重组后基本建制单元规模大了，离公民远了，专业性强了，但还是要建立相应民主机制，保障公民的民主参与。一是公共服务的需求要通过民主方式获取，根据民主的方式来提供；二是扩大后的单位应建立多种民主参与机制，包括管理机制、决策机制和监督机制，避免陷入"地方政府腐败陷阱"；三是积极寻找间接民主的方式、方法，化解直接民主后"不民主"的担忧；四是可以实施"项目式民主""工程式民主"等多元参与民主。

（六）超越合并寻找新的重组方式

对于自治传统悠久、自治资源比较多的地区，合并重组难度大，阻力大，可以超越合并，寻找新重组方式。一是寻找超越合并重组的路径。法国建立"市镇联合体"，即在保留各个市镇"法人地位"基础上，建立新的行政委员会；法国还实施"新市镇"，取消原有市镇的"法人资格"，但还是保留相关服务机构。法国通过这两种方式，既满足公民的自治、民主需求，又解决行政效率问题。① 在澳大利亚也探索过"虚拟市政委员会"的方式来满足效率与民主、行政与自治的需求。② 其实，广东清远的"下移—改造"两分法的改革就是一种兼顾式的改革和重组。二是因地制宜地确定合并重组选择。如果小规模的建制单元服务质量好，民主参与也好，这样的单位可以不必强制合并重组。因此，各地可以根据自己的自治传统、资源条件及效率需求探索超越合并重组的新路径、新方法。

---

① 上官莉娜：《走出治理破碎化困境：法国地方政府改革研究》，人民出版社2012年版，第156—171页。

② ［澳］布莱恩·多莱里：《重塑澳大利亚地方政府——财政、治理与改革》，北京大学出版社2008年版，第94—95页。

下 篇

中国乡村治理的善治转型

第十四章　中国乡村治理研究的传统及新的尝试[*]

中国的乡村治理是一个引人入胜的领域，已有很多学者从不同的角度对其进行了深入的研究。概括起来，研究中国乡村治理的范式主要有三种：结构主义、理性主义和文化理论。制度研究、结构功能主义、系统分析、多元主义、精英主义、马克思主义、现代化理论、社团主义，等等。这些研究方法都可以归入结构主义、理性主义和文化理论三大研究范式之中。但是，对于小农社会化引致的新变化、新现象、新问题，结构主义、理性主义和文化理论三大研究范式却不能做出最佳的解释，也不是最好的分析工具。因此，本章另辟蹊径，尝试从社会化的视角，以小农社会化为解释模式来研究中国乡村治理。

一　中国乡村治理研究的范式

笔者所说的范式，并不是学者们在中国乡村治理研究中提出的研究范式，而是传统研究范式。在这一部分，笔者将对中国乡村治理研究进行一些文献梳理和分析，并提出本章的研究方向。

（一）理性主义范式

理性主义沿承霍布斯、斯密和帕累托安排的路线，假定行为者精心最

---

[*] 本章作为独立论文发表于《学习与探索》2012年第1期。

大化他们的利益,研究行为者如何运用理智满足他们的利益。① 后来,理性主义将社会结构纳入分析范畴,考察社会结构因素对行为的影响,企图借用结构主义的优点改造理性主义,从而使理性主义转型为新制度主义。但是,理性主义的基本假设并没有变,仍然认为行为者追求个人利益最大化,从这个假设演绎出普遍性的法则,或者对现象和社会做出通则性的解释。理性主义或者理性选择具有这样的特点:方法论的个人主义,以个人理性为基本假设,坚持实证主义传统,奉行解释和概括方法,属于一种比较静态研究。在中国乡村治理研究中,坚持理性主义传统、用理性选择理论解释和分析的学者并不多,这类学者主要是从经济学、社会学转到政治学领域,或者是政治学者用经济学的方法来研究中国乡村治理问题。胡荣是坚持用理性选择范式做中国乡村治理研究的学者之一,他在博士论文《理性选择与制度实施——中国农村村民委员会选举的个案研究》中,假设选民和候选人在村民自治选举中都是理性的。此后,他的一系列论文都是在理性主义范式下所做的研究。项继权教授的博士论文《集体经济背景下的乡村治理》假定农民是理性的,同时还假定国家也是理性的,研究两个"理性人"互动对中国乡村治理的影响。经济学者姚洋、王淑娜曾经运用理性选择理论研究过基层民主和乡村治理②,像他们一样运用理性选择研究理论的学者比较多,当然他们并不以乡村治理或者基层民主为学术研究职业。另外,徐勇教授以及笔者最近几年也尝试从理性农民的角度来分析村庄治理。③ 理性主义最大的问题是将乡村治理结构及其模式归因于行动者的理性选择,而最小化了结构、文化以及政治本身的功能和作用,它企图从个体推导出群体的行为,这种推理忽略了"休谟铡刀"和"阿罗不可能性定理"的约束。

(二) 结构主义范式

结构主义者对政治和社会制度长期保有兴趣,他们探讨制度背景下的

---

① [美]马克·L.利希巴赫、阿兰·S.朱克曼:《比较政治:理性、文化和结构》,储建国等译,中国人民大学出版社 2008 年版,第6—7页。

② 王淑娜、姚洋:《基层民主与村庄治理:来自8省48村的数据》,《北京大学学报》2007年第2期。

③ 徐勇、邓大才:《社会化小农:解释当今农户的一种视角》,《学术月刊》2006年第7期。

行动者之间的关系，追求因果解释和普遍理论。因此，他们对案例群的研究较多，关注的核心是"关系"。结构主义在马克思和韦伯开创的基础上前进①。结构主义范式主要有这样的特点：以制度和政治本身为研究对象；追求因果解释；追求普适性的结论；以群体为研究对象，坚持整体主义传统；静态研究或者比较静态研究方法。结构主义研究在中国乡村治理中是最繁荣的领域，导致这一现象的原因有两个：第一，社会学的结构功能主义对中国学界的持续影响；第二，国家和社会分析框架的引入以及在国家和社会分析框架中延伸出的国家建构理论的影响。中国乡村治理在结构主义传统下的研究可以分为三类：其一，乡村治理结构本身的研究。如徐勇的《中国农村村民自治》、白钢和赵寿星的《选举与治理》等就是以乡村政治和制度为研究对象的。其二，以国家与社会为分析框架的研究。如黄宗智、舒绣文、萧凤霞、杜赞奇、弗里曼等学者对中国乡村政治的研究就使用了国家与社会分析框架，将小村庄与大国家联系起来，并分析国家对村庄的影响、村庄对国家的作用和功能。国内学者主要在20世纪90年代以后运用国家与社会分析框架，如徐勇的《非均衡的中国政治：城市与乡村比较》、王铭铭的《村落视野中的文化与权力》、张静的《国家与社会》、于建嵘的《岳村政治》、吴毅的《村治变迁中的权威与秩序》等。其三，国家建构理论。国家建构理论又可以分为国家政权建设理论和国家整合理论，前者如杜赞奇的《文化、权力与国家》、弗里德曼的《中国东南的宗族组织》、弗里曼等学者的《中国乡村，社会主义国家》以及徐勇教授的《现代国家乡土社会与制度建构》、王绍光等人的《国家制度建设——第二次转型》、杨雪冬的《市场发育、社会生长和国家构建》等；后者如徐勇、黄辉祥、张兆曙、程美东、朱力、李强等对政治整合的研究。结构主义研究传统将中国乡村治理结构或模式的决定因素归结为结构，包括制度结构、政治结构、权力结构、文化结构等，陷入了"结构决定论"的泥淖，忽视行动者的主观能动性以及偶然因素的作用。结构主义范式只见群体，不见个人；只见共性，不见个性。因此，我们也必须对在结构主义范式下所做研究的不足保持足够的警惕。

---

① [美] 马克·L. 利希巴赫、阿兰·S. 朱克曼：《比较政治：理性、文化和结构》，储建国等译，中国人民大学出版社2008年版，第6—7页。

(三) 文化理论范式

文化理论则走向结构主义的对立面,他们以人们的生活方式、意义系统和价值观为研究对象,追求个案,追求理解,他们经常提供来自实地调查的、关于特定案例细腻而具体的文本。在文化理论方面继续孟德斯鸠、韦伯和莫斯卡的工作。[①] 文化理论范式的特点是:注重个案、个人理解及个案的可靠性,避免概括性或者普适性结论。运用文化理论研究中国乡村治理的学者及成果主要集中在文化人类学领域,如王铭铭的《社区的历程》《村落视野中的文化与权力》,刘志伟、陈春声、赵世瑜、程美宝等也从文化理论角度探讨了农村政治及乡村治理。在文化理论中,还有人高举吉尔茨和福柯的大旗,只求理解,不求解释,更不追求因果关系。在文化理论范式下的中国乡村治理研究,其目的不是研究乡村治理,而是研究乡村文化;不是研究乡村政治,而是研究乡村社会。当然,这一理论在乡村文化研究过程中会涉及乡村治理问题,如文化对治理的影响、文化对治理的决定等等。真正从文化理论视角研究中国乡村治理的著作有梁漱溟的《中国文化的要义》以及中国传统文化先行者费孝通的《乡土重建》《乡土中国》等,还有瞿同祖、张仲礼、黄宗智等人对中国乡村社会习惯法的一些研究也属于这一类。改革开放以后,在文化理论范式下对乡村治理进行学理性研究的成果并不太多,虽然有不少学者借用吉尔茨的"地方性知识"和福柯的"微观权力"来研究乡村社会,但是这类研究要么陷入个案而不能自拔,要么过度地使用"理解",所以有学者批评这种理解性的研究是"走马观花又一村,一村一个新理论"[②]。文化理论范式最终将中国乡村治理结构和模式的决定因素归于文化,陷入了"文化决定论",忽视了农民个人的作用、历史的偶然性影响以及经济、社会、政治结构的影响。以单一的文化因素解释中国乡村治理和农民行为在很多时候是不适用的。文化理论追求个案的可靠性、个人对个案的理解,避免通则和普适性结论,这使其陷入了一种文化相对主义和不可知论。另外,文化

[①] [美] 马克·L. 利希巴赫、阿兰·S. 朱克曼:《比较政治:理性、文化和结构》,储建国等译,中国人民大学出版社 2008 年版,第 6—7 页。

[②] 徐勇:《当前中国农村研究方法问题反思》,《河北学刊》2006 年第 2 期。

理论崇尚细腻和具体的文本分析，经常会陷入材料堆积之中而不能自拔。归纳起来有三个"不能自拔"：即无法从材料中自拔、无法从个案中自拔、无法从相对主义中自拔。因此，我们在利用文化理论和文化范式时必须看到它的限度。

二 范式下的不同视角

不同的研究传统（或范式）下有不同的研究视角，也有不同的研究路径。对于中国乡村治理而言，有些学者直接以村民自治为研究对象，如研究村治中的选举、管理、监督、决策，或者直接以村治的规则、法律等为研究对象，对于这类研究，笔者将其归入制度研究视角。而笔者在此要讨论的是，其他因素与乡村治理之间的因果关系，即乡村治理受什么因素影响，或者说其他因素是如何影响乡村治理的，乡村治理又是如何对这些因素做出反应的。除了制度视角外，国内外学者用得比较多的视角有如下六个方面。

（一）集体经济与乡村治理

从这个视角进行研究的学者认为，公共利益和治理资源是乡村治理的核心，因而他们注重探讨集体经济对乡村治理的影响，探寻集体经济与乡村治理之间的机制。这类研究认为，如果没有集体经济和公共治理资源，就不会有共同的利益；没有共同的利益，农民的政治参与热情就不会太高，村民自治就难以推动。当然也有人得出相反的结论。国外学者主要是黄宗智、戴慕珍、欧博文、劳伦斯、爱泼斯坦、史天健等，国内学者主要是项继权教授，他在《集体经济背景下的乡村治理》一书中以集体经济为背景探讨产权变革对乡村治理的影响。集体经济视角主要是讨论村庄本身或者村庄层面的经济与治理的关系，并没有讨论农民经济、农户经济与村庄治理的关系，运用的是一种整体主义方法论。

（二）农村宗族与乡村治理

从农村宗族视角研究乡村治理的学者很多，如韦伯、费孝通、瞿同祖、杜赞奇、弗里德曼、王铭铭、王斯福等，其中弗里德曼最为著名，他在《中国东南的宗族组织》《中国宗族与社会：福建与广东》两本著作中详细地探讨了中国的宗族组织对社会、国家、乡村治理的影响。王铭铭在《社区的历程》《村落视野中的文化与权力》中也对宗族力量与乡村治理、国家的关系进行过探讨。对于农村宗族与村民自治的关系，也有不少学者进行了研究，比较典型的是王沪宁的《当代中国村落家族文化：对中国社会现代化的一项探索》，他通过对11个案例的研究探讨了家族文化对村庄治理的影响。肖唐镖在《村治中的宗族》一书中用9个案例分析了农村宗族对村民自治的影响。朱炳祥也用5个案例探讨了村民自治与宗族文化、经济、政治之间的关系。[①]

（三）农村文化与乡村治理

农村文化对乡村治理影响的视角也是人类学家和传统文化学者进行研究的一种选择。他们认为，影响中国乡村治理的不是经济，也不是政治，而是根深蒂固的文化。如费孝通先生的《乡土中国》《乡土重建》《生育制度》以及杜赞奇的《文化、权力与国家》，施坚雅的《中国农村的市场和社会结构》，杨庆堃、刘创楚的《中国社会：从不变到巨变》，金观涛和刘青峰的《开放中的变迁》等著作都对农村文化与乡村治理之间的关系进行了卓有成效的分析。王沪宁的《当代中国村落家族文化：对中国社会现代化的一项探索》、王铭铭的《社区的历程》《村落视野中的文化与权力》、王铭铭与王斯福的《乡土社会中的秩序、公正与权威》则是研究乡村治理与文化关系的经典之作。戴玉琴在《村民自治的政治文化基础》一书中，通过对苏北个案的分析，探讨了政治文化对村民自治的影响以及建设农村政治文化的路径。

（四）社会变迁与乡村治理

社会变迁包括经济、社会、政治的变化，这些变化会改变乡村治理的外部环境，从而影响和改变乡村治理的基础和条件。从社会变迁角度研究乡村治理的学者比较多，徐勇教授在其博士论文《中国农村村民自治》《现代国家：乡土社会与制度建构》以及张厚安、徐勇、项继权在《中国

[①] 参见朱炳祥《村民自治与宗族关系研究》，武汉大学出版社2007年版。

农村的村级治理》中均对社会变迁与村治的关系进行了大量的分析。白钢、赵寿星在《选举与治理》中也对中国村民自治为什么产生、怎样产生、其动力是什么进行了探讨。俞可平、徐秀丽在《中国农村治理的历史与现状》中，通过对定县、邹平和江宁的案例进行比较分析，对中国乡村治理的变迁历史进行了梳理和回顾。在以社会变迁为视角而进行的研究中，最典型的是于建嵘的《岳村政治》和吴毅的《村治变迁中的权威与秩序》，这两部著作都从个案的角度研究了自20世纪开始100年来中国社会变迁对村庄治理的影响和变化。

（五）国家建构与乡村治理

民族国家建构促使国家权力向乡村社会渗透，从而影响、改变乡村社会的治理。从国家建构视角进行研究的学者也不少，最早的是杜赞奇，他在《文化、权力与国家》中探讨了20世纪40年代以前清末、民国时期国家权力下沉对乡村治理的影响，他提出了一个著名的概念——"政权内卷化"。徐勇教授最近几年也在《村民自治的生长：国家建构与社会发育》一书中从国家建构的视角研究乡村治理，他的研究成果集中体现在《现代国家：乡土社会与制度建构》一书中。该书从政权下乡、政党下乡、政策下乡、法律下乡、行政下乡等方面展开具体的研究，探讨了中国在民族国家建构过程中国家对乡村治理的影响。黄辉祥博士也从国家建构的角度探讨了村民自治的生长，他认为村民自治会在国家建构和社会发育中发展和完善。

（六）农民流动与乡村治理

这个研究视角是在大量农民外出务工经商、有些甚至多年不回村庄的情况下，学者们从实践或在问题导向下进行的研究。最近几年研究农民流动与乡村治理的学者比较多，最典型的著作是徐勇、徐增阳的《流动中的乡村治理》。该书从农民流动对乡村治理资源、治理秩序、治理权力、村民参与、治理文化等方面的影响入手，探讨了农民流动对村庄治理的冲击和影响。这是中国学者面对汹涌的民工潮问题展开村治研究的第一本专著。墨菲的《农民工改变中国》则是另外一本专门研究农民工流动对村庄经济、社会、政治影响的著作，不过涉及对乡村治理的影响的内容并不太多。其他学者如杜鹰、李强、蔡昉、龚益民、温锐、游梅华等也在对农民的流动研究中涉及了乡村治理问题，但乡村治理并不是他们的研究目标。从农民流动的视角研究乡村治理是对中国经济社会变迁的一个非常及时的回应，是对本土经验与实践的一种思考，但它只是回应了小农社会化的一个方面，即小农走出农村的一面，对小农社会化的另一个方面——村内生产、生活的市场化和交往的货币化则没有给予关注。

另外，张厚安从基层政权的视角；俞可平从公民社会的视角；何包钢、牛铭实、俞可平从民主的视角；邹农俭、吴业苗、党国印从税费改革的视角；徐勇、项继权、任宝玉从参与式财政的视角；徐勇、赵树凯从乡村关系视角；于水从公共产品供给的视角；于建嵘、李连江、欧博文、应星从农民抗争的视角；陆学艺、李强、卢福营从社会分化的视角；秦晖从组织的视角；刘筱红、吴治平从性别的视角；彭勃从国家介入的视角；唐鸣从法律的视角对乡村治理进行了深入的研究。

三　一种新的尝试：社会化范式和视角

理性主义、结构主义和文化理论三种范式都极为经典，也能够对不少社会现象如中国乡村治理中的问题做出合理、有效的解释。而且，在当下三种传统或范式中也有相互融合的趋势，如新制度主义、新政治经济学、后现代主义就是对单一解释因素归因传统的反思而进行的调整和创新。对于中国乡村治理而言，三种传统或范式有各自的优势，也有各自的不足。我们试将三种范式进行整合，既考虑个体，也考虑群体；既考虑动态，也考虑静态；既考虑上层政权，也考虑村庄和农民；既考虑农民与村庄、国家的关系，也考虑农民与市场、社会的关系。对此，笔者暂时称之为社会化研究范式或者社会化小农研究范式。

社会化小农研究范式主要是从经济着手，从农户开始，研究农民与市场、农民与社会的关系，它既有自下而上的路径，也有自上而下的路径；既有自外而内的方式，也有自内而外的方式，以此来探讨小农社会化对中国乡村治理的冲击和影响。社会化本身就是一个变迁的概念，因此，社会化研究范式将以一种动态的方法探讨中国乡村治理的变化与转型。社会化研究范式从农户开始，研究农民与村庄和国家之间的关系，它既考虑了个体,又考虑了群体,兼顾个体主义和集体主义的优点。社会化小农研究范式将追求普适性的解释以及小农社会化与中国乡村治理之间的因果关系。与理性主义、结构主义、文化理论三种研究范式相比,社会化小农研究范式能够将农户、市场、社会和国家融于一个"屋檐"之下,将动态的变化融于静态的结构之内,将个体的行为和群体的制度、规则、关系建立起联系。社会化小农研究范式并不追求归因论,但它也不排斥归因论,它认为乡村治理结构和模式受理性、文化、结构、社会化等多种因素的影响,是多种因素共同作用的结果。

三大研究范式下的研究视角已经将乡村治理研究划分得非常精细和专业化,但大部分的研究还没有从农户视角展开研究,没有从改革开放以来农民的市场化、社会化、货币化的角度研究中国乡村治理。虽然徐勇、徐增阳从农民流动视角研究过乡村治理,项继权、刘金海从产权变迁的视角研究过村庄治理结构和治理模式,但他们没有从农民与市场、农民与货币、农民之间的社会关系等互动中研究乡村治理。对于农民就业的社会化、生产生活的市场化、交往关系的货币化,任何单一的视角、单一的分析工具都无法将社会化小农对乡村治理的影响进行全面的分析和评估。因此,亟须从小农社会化视角研究社会化对乡村治理的影响和冲击,同时也需要建构一个新的分析框架将改革开放以来小农的诸多变化纳入分析范畴进行研究。

第十五章　分权式治理何以形成[*]

随着农村经济和社会的发展，农村村庄治理结构出现了一些新变化、新特点。原有的村委会、支委会（以下简称"村支两委"）共治、合治向"多元分权治理"转变，即从原有的"村支两委"治理向村委会、支委会、监委会、经委会（或股份社）、理事会等多元分权治理结构转变。本章要探讨的是，分权何以会发生？究竟是产权因素还是经济发展因素导致了这些变化？为什么有的村庄治理结构发生了变化，而有的村庄没有发生变化？这些变化是内生的，还是外生的？哪类分权有利于民主的成长？本章将通过广东顺德区、四川温江区、湖北蔡甸区、广东云安县、山东东平县、湖南汉寿县六类村庄的研究来考察村庄治理结构的变化及其原因。

一　文献与问题意识

随着村民自治制度的大力推行，中国农村基层民主已经有了长足的进步，乡村治理格局从自上而下的高度集权向民主治理转变。但是，就目前而言，乡村治理结构仍然是"村支两委"处于主导地位。

1. "村支两委"共治的形成

高度集权的人民公社解体后，乡村治理一时处于真空状态，农民自发选举产生的自治性组织——村民委员会（以下简称"村委会"）应运而生。随后，村委会得到国家的认可、赋权和推广，由此形成了"乡政村

---

[*]　本章作为独立论文发表于《中州学刊》2015年第5期。原文与万磊博士合著，收入本书时，获得了他的同意，在此表示感谢！

治"的农村基层治理结构。① "村治"的引入是基层民主的一大进步，但不可否认，"乡政村治"的治理结构始终伴随着内外部的各种约束。

一是来自村党支部和村委会之间关系的约束。作为农村基层的两个正式组织，村党支部和村委会的权力来源、成员产生方式、功能职责各不相同。从制度文本上，村党支部在村级组织中居于领导核心地位，村委会要在村党支部的领导下开展村民自治。但在实践中，学者们早就发现了二者之间的矛盾、冲突与协调难题。② 对此，许多村庄的做法是：村委会主任担任村党支部副书记，村支书和村委会主任分别是村庄事实上的一二把手，"村支两委"共同掌握村庄的公共权力，由此达到二者的"和谐并存"。这种模式就是"村支两委"共治，构成了乡村治理的"二元权力结构"③。

二是来自乡镇政府与村庄之间关系的约束。尽管法律规定乡镇政府与村委会是指导与被指导的关系，但在实践中，乡镇政府对基层民主仍然存在干预过多、控制过多等问题，有的甚至直接插手乡村治理。乡镇政府对村庄事务的干预强化了"村支两委"共治的治理结构。正如徐勇教授指出的那样："'乡村关系'和'两委关系'成为现阶段村民自治进程中的突出矛盾，也是村民自治进程中理论上争论最多、实践中难点最突出的问题。"④

三是来自压力型体制的影响。在压力型⑤的政治运行过程中，上级政府通过"数量化的任务分解机制"、物质化的奖惩方式，将众多行政事务

---

① "乡政村治"这一模式由张厚安、徐勇等首先提出，指乡镇政权是国家依法设在农村基层的最低一级的政权组织。而在村一级，通过选举村民委员会进行自我管理、自我教育、自我服务。

② 参见徐勇《中国农村村民自治》，华中师范大学出版社 1997 年版，第 203—209 页；张静：《梨树县村委会换届选举观察》，《二十一世纪》1998 年冬季卷；胡荣：《理性选择与制度实施——中国农村村民委员会选举的个案研究》，上海远东出版社 2001 年版，第 19 页。

③ 郭正林：《中国农村二元权力结构论》，《广西民族学院学报》（哲学社会科学版）2001年第 6 期。

④ 徐勇：《现代国家的建构与村民自治的成长——对中国村民自治发生与发展的一种阐释》，《学习与探索》2006 年第 6 期。

⑤ 所谓的压力型体制，指的是各级地方党政组织为了实现经济赶超和其他目标，采取任务数量化分解和高度物质化奖惩相结合的一套管理手段和方式。参见荣敬本《从压力型体制向民主合作体制的转变：县乡两级政治体制改革》，中央编译出版社 1998 年版，第 28 页。

安排到村级组织，使"村支两委"成为乡镇政府的"脚"。强大的行政压力使村民委员会不可避免趋于行政化。① 在实际生活中，村民委员会既要处理政务，又要处理村务，扮演着双重角色。"村支两委"这种围绕政府工作的行政色彩，使其服务对象更倾向于对上而非对下。

四是来自项目制运行方式的影响。随着村庄公共设施建设和公共服务资金项目供给力度的加大，"资源消解自治"② 和"行政吸纳资源"③ 现象不断出现，这使得政府过度干预村庄自治，强化了"村支两委"主导村庄公共资源和公共利益的能力。

在上述多种因素的影响下，乡村治理结构呈现"村支两委"共治的特点。村民投票选举村委会，体现了一定的民主色彩；村党支部和村委会作为基层正式组织掌握公共权力，形成二元权力结构；"村支两委"承担了大量行政事务，具有一定的集权性和威权性。这种特点固化下来成为新的传统，可称之为传统治理方式。

2. 农民组织的兴起及对乡村治理的影响

除了村党支部和村委会作为正式组织外，非正式的农民组织也大量出现，包括经济组织、政治组织、社会组织等。学者们围绕着农民组织兴起的原因进行研究，形成了经济发展论、政府引导论、农民参与论三种观点。

经济发展论认为，市场扩大、专业化分工、规模效应是农民合作经济组织出现的原因，它强调这类组织对农村经济发展的作用，如帮助农民进入市场、抵御风险、提高收入等。同时，经济发展论也解释了农村非经济组织产生的原因，它认为，农村非经济组织的产生源于在经济发展的背景下，农民对基础设施和公共服务的需求不断增加。④

---

① 徐勇：《村民自治、政府任务及税费改革——对村民自治外部行政环境的总体性思考》，《中国农村经济》2001年第11期。
② 李祖佩：《"资源消解自治"——项目下乡背景下的村治困境及其逻辑》，《学习与实践》2012年第11期。
③ 韩鹏云：《农村社区公共品供给的国家治理分析》，《中州学刊》2013年第3期。
④ 相关的论述较多，参见苑鹏《中国农村市场化进程中的农民合作组织研究》，《中国社会科学》2001年第6期；张晓山：《走向市场：农村的制度变迁和组织创新》，经济管理出版社1996年版，第33—35页；张晓山：《联结农户与市场：中国农民中介组织研究》，中国社会科学出版社2004年版，第188、196页。

政府引导论指出，一方面，政府放权为农民组织的出现提供了生长空间[①]；另一方面，政府为了更好地完成行政任务，在农村推动成立各种农民组织，以协助政府或者村干部完成复杂而棘手的工作。[②]

农民参与论强调，社会自我发育促进了农民组织的生成。[③] 农民组织发展源于农村广泛存在的社会资本、农村精英的发起带动作用以及传统文化资源的影响。

总体上看，农民组织在经济发展、政府推动、社会发育的共同作用下不断出现，对传统"村支两委"共治的乡村治理结构产生了不同的影响。一方面，农民组织的功能是提供经济、文化、基础设施等各种服务，从这个意义上说，农民组织有助于提高乡村治理绩效。这在学者中已经达成共识。俞可平指出，农民组织的建立减轻了乡村干部身上繁重的行政任务，改善了农村社会事务的管理；[④] 沈海燕认为，农民组织的出现可以借助民意和舆论的力量来监督、制约村庄公共权力的不合理使用。[⑤] 另一方面，农民组织要求参与农村经济、政治、社会资源的配置，使农村治理呈现出多元分权治理的格局。但是，从民主的角度来说，在一定时间段内，农民组织未必一定带来民主，有可能只是作为"村支两委"的配套设施。俞可平从正反两方面对农民组织做出总结："它们的出现对于改善农村的民主治理产生了十分积极的作用，这一现实本身就是改革开放后中国社会政治进步的重要表现。但是，从总体上说，它们的自主性、独立性和自愿性程度还不很高，还存在着许多问题。"[⑥]

3. 产权变化与民主发生

农村治理结构由"村支两委"共治向"多元分权治理"的转变是在

[①] 何兰萍、陈通：《农村社会控制弱化与农村非正式组织的兴起》，《改革与发展》2005年第5期。

[②] 俞可平：《中国农村民间组织与治理的变迁——以福建省漳浦县长桥镇东升村为例》，载《中国公民社会的兴起与治理的变迁》，社会科学文献出版社2002年版，第32—45页。

[③] 李熠煜：《当代农村民间组织生长成因研究》，《人文杂志》2004年第2期。

[④] 俞可平：《中国农村民间组织与治理的变迁——以福建省漳浦县长桥镇东升村为例》，载《中国公民社会的兴起与治理的变迁》，社会科学文献出版社2002年版，第54—55页。

[⑤] 沈海燕：《农村社会组织发展对中国法治化作用的思考》，《西北农林科技大学学报》（社会科学版）2011年第9期。

[⑥] 俞可平：《中国农村民间组织与治理的变迁——以福建省漳浦县长桥镇东升村为例》，载《中国公民社会的兴起与治理的变迁》，社会科学文献出版社2002年版，第66页。

经济发展、政府引导和社会发育的背景下发生的，经济发展是其他二者的基础。同时，在经济发展过程中，农村产权制度也发生了明显变化。鉴于此，有必要阐述财产权利与民主的关系。

理查德·派普斯对财产与政治之间的关系进行了历史梳理。他指出："正是古希腊那种对外不承担任何责任的私人土地所有权的出现才促成了世界上第一个民主政体。"① "财产，尤其是以作为生产性资产为主要来源的土地财产的广泛分布，使得人类历史上第一个民主政体在雅典产生成为可能。"② 同时，派氏以俄罗斯和英国财产制度的变迁来考察两个国家政治制度的变化，他认为俄罗斯对财产权利的不重视导致了专制，英国财产权的确立导致了民主制度。因此，他得出财产权决定民主的结论。国内也有学者对经济发展、财产权与民主的关联进行研究。刘军宁认为，财产权是一切政治权利的先导，宪政民主的基石。③ 唐贤兴认为，在西方社会，民主制起源于既有的政治权力对增长着的经济权力的妥协，在某种程度上是财产权结构变化的政治性结果，同时又是政治制度自身在某种程度上做出调整的产物。④ 两位学者都认为个人财产权利会产生民主。由此，学界似乎形成了一个较为一致的意见，即经济发展可能产生民主，个人财产权的产生也可能产生民主。二者结合起来，也就是私有财产及以私有财产为基础的经济发展容易导致民主政治。

这一观点是否能解释中国农村的政治发展实践呢？实际上，在当今中国农村，财产的个人化、经济的发展并不必然导致民主治理，而是导致分权治理。这些分权治理可能有民主因素，也可能没有民主因素，当然分权都有一定的制衡因素。以下要讨论的问题是：村庄分权式治理究竟是什么因素产生的？哪一种分权可能诱致村庄的民主治理？中国基层民主的路径为何不同于西方？

---

① ［美］理查德·埃德加·派普斯：《财产论》，经济科学出版社 2003 年版，第 40 页。
② 同上书，第 123 页。
③ 刘军宁等：《自由与社群》，生活·读书·新知三联书店 1998 年版，第 141 页。
④ 唐贤兴：《产权、国家与民主》，复旦大学出版社 2001 年版，第 103 页。

二 分权治理：六个案例

1. 广东顺德区的村庄：分权式民主治理

农村经济的快速发展，对土地制度提出了新的要求。1995年，顺德区委、区政府决定进行农村土地改革，将土地"分包制"改为"投包制"、将15年的"长包制"改为3年的"短包制"、将"分散承包"改为"集约承包"。根据这一改革，顺德的2000多个生产队被合并为197个村居股份社，60万亩农地通过土地经营权投包进行流转，租给农业专业户经营。概括起来，这一改革就是土地由集体占有、经营，农民以土地入股，占有股份。农民通过占有股份及建立股份社来决定、监督农地的使用和处分，进而影响村庄的治理。

"95改革"留下了一些问题，对此，2001年顺德再次进行改革，实施以"固化股份，量化资产"为核心的农地制度改革，即土地折价后把股份分为集体股和个人股，集体股占20%，个人股占80%。股份一次性配置到个人手中，生不增，死不减，可以转让和继承。2001年的改革使股权变成了财产权。

顺德的两轮农地改革是经济发展的内在要求。改革促进了顺德农村经济的发展，许多村居集体收入增长较快，农民分红也增多。改革也带来了村庄治理结构的变化。顺德在传统的"村支两委"的基础上，形成了新的组织——股份社、资产办。股份社的产生使村庄的治理权与财产权有了一定的分离，农民利用财产权（股权）影响村庄治理的能力有所增强，对"村支两委"有了一定的制衡能力，这体现了一定的民主。

随着经济的发展特别是政府财力的增加，政府决定以村庄为基础建立行政服务中心，履行政府的行政管理和服务的职能。由此，村庄治理结构变成了党支部、村委会、股份社、行政服务中心彼此合作又相互制衡的模式。行政服务中心的嵌入，使村庄的治理结构从形式上出现了分权，在职能上出现了分工，而执行仍由"村支两委"负责，支书或村主任兼任股份社理事长、行政服务中心主任。顺德村庄治理的分权使农民组织开始走向专业化，同时也产生了一定的民主制衡作用，这主要体现在农民利用股民身份对股份社进行经济监督和参与决策上，利用村民身份对村庄进行冲突式监督（即用反抗、怀疑或者责难方式进行监督）。顺德的分权产生了经济民主，经济民主在一定程度上又促进了政治民主。

2. 四川温江区的村庄：分权式威权治理

温江区永宁镇位于成都郊区，经济发展水平较高，苗木产业发达。为应对经济发展对村庄治理提出的挑战，温江区决定对传统的"村支两委"治理结构进行改造，建立以村党支部为核心，村委会、集体经济组织、社会及群团组织、村（社区）工作服务站为框架的组织架构。具体来说，村党支部是核心组织，其主要职能是决策和协调，统领其他组织，村委会是自治组织，主要承担村庄行政工作，集体经济组织负责村集体经济发展，社会及群团组织主要从事社会治理或者社会服务，村（社区）工作服务站主要承担政府应承担的行政性服务工作。由此，温江永宁镇的村庄治理结构从原来的两委"合作式治理"变成了五个组织的"分权式治理"，各个组织承担专业化工作，分权和专业化的趋势比较明显。

对农民的承包土地，温江区还通过还权赋能的方式赋予农民财产权，农民将土地流转给村庄，再由村庄统一租赁给外来企业，或由村庄统一经营发展集体经济，同时农民被纳入城市养老和医疗保险。在这里，承包地性质没有改变，但由于还权赋能，农民的土地承包权真正成为农民的财产权，即农民拥有承包地的处分权，可以通过出租土地获得租金收入，也可以出让土地承包权（即在承包期内的权限）。

总体来看，温江经济发展推动政府进行村庄治理结构改革和土地制度改革，这种改革反过来促进了经济的发展。与顺德农村相比，温江的集体经济没有股份化和量化到人，农民与自己的土地有直接的实物联系（顺德则是权利联系）。农民通过土地与租赁者、村庄、企业发生关系。因此，农民对集体的影响主要是凭借"村民身份"进行的，即通过传统的村民会议、村民代表会议、村民议事会等代议制方式影响村庄治理。显然，温江的民主程度没有顺德高。但是温江村庄治理结构从"两委共治"变成"多元分权治理"，在一定程度上实现了分权的目标，也实现了管理的专业化。只是温江的分权是一种行政分权，与顺德农村的经济分权有较大区别，前者威权成分多些；后者民主成分多些。

3. 湖北蔡甸区星光村：威权型治理

蔡甸区星光村是当地名村，在20世纪80年代曾拥有不少乡村企业，到20世纪90年代末和21世纪初这些企业逐渐衰落。于是，蔡甸区委决定为村庄选择一位能人带领村庄发展。2008年，村庄引进了一位企业家作为支书，该支书上任后进行土地改革，将村庄部分土地集中起来，建设工业园，招租工商企业，同时整治村庄，实行集中居住，建设新型农村社区。

星光村的土地统一由村庄经营管理，不属于"反租倒包"，也不像顺德那样采取股份制，而是农民采取信用方式将承包地交给村庄运营，即农民基于对村支书的信任，愿意将承包地交给村庄集中经营。承包地交给村庄后，农民对自己的土地拥有承包权、收益权但没有实物性的对应关系，村庄则拥有所有权、占有权、经营权、使用权、处置权。村庄利用这些土地建设工业园，发展工业经济。在新支书的带领下，村庄产业规模不断扩大，财产不断增多，这又进一步增强了农民对新支书、村干部的信任。

村庄经济规模的扩大并没有对村庄治理结构产生太多影响，该村依然是传统的"村支两委"共治方式，形成了以村支书为核心的能人治理模式。但是，村庄经济规模的快速扩大对企业管理和村庄治理提出了新的规范性要求：从企业层面看，逐渐以现代企业管理制度替代村干部管理制度势在必行；从村庄层面看，政府和组织部门要求对村庄集体经济进行股份制改造，使农民拥有集体经济的股份。

4. 广东云安县横洞村：分权式民主治理

云安县是一个经济比较落后的山区农业县。2008年，云安县委、县政府决定通过社会管理带动社会建设、经济建设。前锋镇横洞村成为改革试点村庄，具体的做法是：在机构设置上，在组、村、镇建立三级理事会，理事会被定性为社会组织，由威望高的老年人、老党员、外出发展的乡贤、村干部共同组成；在工作职能上，理事会作为"村支两委"的一个重要参谋、动员、管理组织，主要参与议政，"议政不干政，议事不决事"。理事会在当地社会建设和经济建设实践中发挥了重要作用，成为"村支两委"的重要助手，妥善处理了那些"村支两委"管不到、管不好、管不了的事。如在"以奖代补"项目建设中，理事会能够发现农民需求，凝聚农民共识。理事会中的乡贤能够提供不菲的捐助，带动农民出资出力。在基础设施建设和公益事业提供上，理事会既减轻了政府的财政和管理压力，又解决了农民的迫切需求。可以说，理事会承担了一些政府、村庄无法承担的社会管理事务。

横洞村在产权方面没有任何变化，土地分户承包，分散经营。农民与村庄之间因承包地而联系，因村民身份而关联。理事会的主要职能是社会治理，在经济层面暂时没有新的功能。基于此，横洞村理事会的建立是一种社会分权，这种社会分权源于政府的引导和带动，是为了更好地为农民提供农村公共产品，提高农村建设的效率和满意度。要达到这一目标，就要通过农民参与来发现农民需求，最大限度地达成共识，调动农村自身的各种资源。因此，理事会的具体操作特别强调农民的表达和参与，使农民通过理事会行使一定的民主权利。从实践运作来看，理事会对"村支两委"有较大影响，即社会分权起到了一定的制衡作用。但是，这种分权对横洞村的经济并没有什么影响，该村经济没有大的发展。这种分权是否必要、能否持久，有待时间检验。

5. 山东东平县后口头村：传统治理方式

山东东平县的后口头村是一个典型的农业村庄，大量农民外出务工经商。村干部组织22户农民建立土地股份合作社，村庄用自留土地、农民用承包土地入股建立股份合作社。农民通过土地入股而拥有合作社的股权，可以享受合作社的分红。土地股份合作社理事长由村支书兼任，村支书通过发展股份合作社增强了权威。他期望扩大土地股份合作社，使大部分农民加入进来。就此而言，该村股份合作社不是村庄层面的组织，也不能影响村庄治理。但是，合作社内部存在一定的民主机制，农民股东和集体股东权利相等、义务相同。这种民主只涉及部分农民，那些入社的农户与村集体之间存在一定程度的经济民主。显然，这种民主与顺德村庄的经济民主不同，暂时没有导致村庄治理结构的变化。

6. 湖南汉寿县湖村：传统治理方式

湖南汉寿县的湖村也是一个典型的农业村庄，大量农民外出务工经商，土地采取承包经营方式由农民分散经营。村庄没有集体经济，也没有工商业，更没有股份合作社。村庄的治理结构与全国各地农村一样，"村支两委"构成了村庄治理主体，同时在形式上也存在村民会议、村民代表大会，但是这些机构基本处于不运行状态，也不起作用。农民与政府、村庄联系不多，农民甚至可以长期不与村庄和政府打交道。相对于其他五类村庄，湖村治理结构没有任何变化，不存在分权，也不存在制衡。

三 进一步分析和讨论

上述六类村庄的分权状况（见表15—1）有较大的不同：有的村庄有分权，有的没有分权；分权可分为经济分权、行政分权和社会分权；在分权中，有些分权带有民主性质，有些则带有威权性质，导致这些村庄出现分权差异的因素主要有如下几点。

表15—1　六个村庄分权与治理变化情况表

	顺德区	温江区	蔡甸区星光村	云安县横洞村	东平县后口头村	汉寿县湖村
经济状况	发达	发达	发达	不发达	不发达	不发达
分权与否	分权	分权	准备分权	部分分权	没有分权	没有分权
分权性质	经济分权	行政分权		社会分权		
产权变化	变化	没有变化	变化	没有变化	没有变化	没有变化
民主程度	民主制衡能力强	一般	有民主需求	推进了民主治理	一般	一般
是否有农民参与	有	没有	暂时没有	有	参与不在村庄层面	没有
农民对村庄影响程度	影响大	有影响	有影响	影响较小	影响不大	有影响但没有意愿

1. 经济发展

经济发展状况是导致村庄分权与否的重要原因，经济越发达，就越趋向于分权。如顺德、温江的村庄经济比较发达，有分权的需求。顺德属于经济分权，即治理权与经济权分离，这是一种纵向分权。温江属于行政分权，行政权与治理权分离，这是一种横向分权。而经济欠发达村庄分权需求不大，如湖南湖村、山东后口头村就没有分权的内在需求。广东横洞村在"村支两委"外出现了理事会。这是一种社会分权，是政府引导、带动所产生的分权。可见，村庄分权式治理结构与经济发展程度有一定的关联，经济发展到一定程度后就会产生分权的内、外在需求。内在需求是农民和经济社会本身需要分权，外在需求主要是县乡政府为了更好地管理村庄、维持经济社会的发展而引导村庄分权。

2. 政府引导

经济发展会产生分权需求，但是经济发展并不必然导致分权的结果。如在上述六个村庄中，蔡甸星光村经济很发达，每年有几千万的集体收入，却依然实施传统型的治理。全国各地有很多此类村庄，例如山西的贾家庄、河南的刘庄等。在经济发展过程中，执掌村庄权力的村干部一般不会自动放弃权力，也不会主动通过分权约束自己。因此，分权的实现除了经济发展因素外，还需要外力的相关配合或者推动。从顺德来看，不管是股权量化、固化，还是行政服务中心的建立等，村庄分权都源于政府的推动。温江永宁镇村庄的分权是政府为发展经济、推动郊区城镇化而强力推动的结果。云安横洞村的分权也是政府为了解决社会管理的困境而进行的探索。蔡甸星光村在政府、组织部门的推动下，正在思考如何进行股份制改造，可以说，政府的引导、鼓励是乡村分权的重要推力。

政府引导、推动村庄分权主要来自三种动力：一是推动村庄发展的需求；二是理顺村庄关系的需求；三是改革创新或政绩的需求。在这些需求的推动下，村庄治理结构得以完善，分权式治理得以形成。显然，在社会管理日益复杂的情况下，单靠政府自身难以满足社会成员的需求，传统的"村支两委"共治也无法达成村庄善治。政府引导和推动村庄分权，在顺应社会发展形势的情况下，无疑保证了分权治理的有序性、稳妥性和有效性，有助于民主的成长。

3. 产权变化

按照传统的政治理论，产权变化必然推动政治变化。如前所述，村庄分权源于经济发展和政府引导。经济发展和政府引导决定分权，但是分权是否一定会导致民主则需要进一步分析。六类村庄存在三种分权：经济分权，即经济权与治理权的分离；行政分权，即行政服务权与治理权的分离；社会分权，即社会管理权与治理权分离。不同的分权对民主的影响程度不同。

顺德的经济分权基于产权的变化，农民个人获得了比较明晰的、固化的、量化的股权，具有股民身份，产权强度比较高。由于产权制度的变化，农民的个体利益与村庄经济发展息息相关，从而形成共同利益，增强了农民对村庄经济事务的参与意识。农民通过股民身份参与股份社的决策，通过村民身份参与其他公共事务。因此，顺德的经济分权必然带来一定的民主。

蔡甸星光村与顺德情况一样，属于经济发达村庄，也有产权变化。目前，这个村是一种威权治理，但是政府部门主张对该村的村庄集体经济进行股份制改造，以明晰个人产权。这一产权制度改革的思路与顺德颇为相似。可以说，这是政府借鉴珠三角等地区经验，为提前应对农民可能提出的要求所做的选择，星光村的案例从侧面佐证了产权变化对农村民主的促进作用。

温江村庄在产权制度上没有变化，村庄的不同组织向职能专业化发展，各种组织之间有一定的分工，但是农民的民主能力以及其对村庄的制衡作用却没有任何变化。这种分权是一种威权式的分权，村庄及其各个组成部分与农民依然是一种自上而下的行政关系，其服务也是如此。可见，行政性分权没有产生民主制衡。

云安的横洞村也没有产权变化。但是需要注意的是，这个村出现的社会分权特别强调农民参与。该村借助理事会的成立和运作，调动农民积极参与村庄公共事务，形成共谋、共建、共管、共享机制，体现了村庄治理中的民主成分。如村庄的"以奖代补"建设项目，从立项、决策、计划到执行都有农民全程参与。云安横洞村的社会分权与顺德的经济分权一样，都是以农民为参与主体的分权，这种有农民参与的分权会促进村庄民主的成长。

4. 治理结构与类型

由经济发展和政府引导而形成的分权，会因分权性质差异而具有不同的民主成长能力。如果将经济因素分为发达、欠发达两类，将分权因素分为经济分权、非经济分权和不分权三种，我们便可以将六类村庄的治理结构进行如下分类（见表15—2）：

表15—2　　　　　　　分权、经济因素与治理类型

	经济发达	经济欠发达
经济分权	民主—分权（顺德）	无民主—无分权（后口头村）
非经济分权	威权—分权（温江）	民主—分权（横洞村）
不分权	威权—治理（星光村）	无为—治理（湖村）

第一类指村庄经济发达，有农民参与的经济分权，如顺德的村庄。这导致"分权式民主"治理结构的产生。第二类指村庄经济发达，有横向的行政分权，但是没有农民参与，如温江永宁镇的村庄改革。这会形成"分权式威权"治理结构。第三类指村庄经济发达，没有任何分权，农民也没有太多的话语权、制衡权，如蔡甸的星光村，这会形成"威权型"治理结构。这类村庄如果逐渐引入农民参与的经济分权，如进行股份制改造，将会导致"威权型"治理结构发展成具有民主因素的"分权式"民主治理结构。第四类指有非村庄层次的经济分权，但是经济欠发达，如东平县的后口头村。这类村庄有农民之间的合作以及部分农民与村庄的经济分权，但是没有形成全村的经济分权，只能形成"无民主—无分权"的治理结构。第五类指有农民参与的社会分权，但是经济欠发达，如云安县的横洞村。这种社会分权会促进民主的成长，但民主是否能够持久还有待检验。这类村庄形成"分权式"民主治理结构。当然这类治理结构与顺德有着本质的区别。因为顺德是以经济分权为基础的民主分权，有着强劲的内生需求。第六类指经济欠发达，没有任何分权，如汉寿县的湖村。这类村庄的治理结构短期内不会有任何变化，只能是"无为治理"。

四　基本结论

从上述六类村庄的分析中，可以得出如下结论：

第一，中国最基层的治理单元——村庄开始出现了分权，包括经济分权、行政分权和社会分权，传统的"村支两委"共治、合治模式已经开始被打破，并向多元分权治理转变。经济发达地区一般是经济分权，欠发达地区也可能存在分权，但主要是社会分权。中国农村分权式治理结构的目的在于改善政府治理，推进经济发展，以达到善治效果。

第二，影响分权的因素比较多，经济发展是多元分权治理的必要条件。经济越发达，分权需求就越大。但是经济发展并非分权的唯一条件。村庄实践证明，仅有经济发展并不必然形成分权治理结构。因为经济发展可能使村干部掌握资源更丰富，谈判筹码更多，可使用的治理手段更多样，能够更灵活地满足农民的基本需要，取得对农民的控制。而农民缺少对抗强势集体的能量，从而形成强集体、弱个人的村庄权力关系和命令—

服从式的乡村秩序。

第三，政府是推动村庄治理分权的重要推动力。仅有经济发展，没有政府引导、推动，村庄多元分权治理格局难以实现。但是如果只有政府推动，即使可以形成分权，如社会分权，是否持久也有待检验。从村庄个案来看，政府引导的分权治理都是顺应当地经济、社会的发展和农民的需求，或者将原先集中的行政事务分散到相应的组织，或者调动民间丰富的资源来弥补政府的缺位。因此，只有政府引导与经济发展结合的分权才可以持久。经济发展是必要条件，政府引导是充分条件。

第四，产权变化，尤其是个人财产权的增加有利于分权，并激发农民的参与意愿。村庄经济条件是治理的基础和资源，但经济发展不会天然增加农民的个人财产权利。个人财产权利是农民最关心的经济利益。在农村集体产权制度下，产权明晰将增强农民个人利益，同时形成农民群体的共同利益。由此，作为集体经济组织成员的农民的参与意识被极大地激发出来。他们会及时提出个人对集体产权的占有、使用、分配等权利主张，参与到关系其切身利益的经济决策、监督、执行活动中，增加自身对村庄经济事务的话语权，以维护其自身利益。

第五，群众参与的分权能够促进民主的成长。对于没有农民参与的行政性分权来说，这类分权往往由政府自上而下发起，有助于行政制衡，但不具有民主制衡的功能。对于有农民参与的经济分权、社会分权来说，这类分权有助于民主的成长，但经济分权、社会分权二者的持久性有所不同。前者导致的分权式民主治理属于内生性需求，比较持久；后者导致的分权式民主治理的持久性有待检验。

总而言之，持久的、内生的分权式民主治理源于经济发展、政府引导和农民参与。首先，经济发展并不必然就导致分权，也不必然会促进民主的成长。这与李普塞特的理论相悖，因为李氏没注意到产权因素的影响。其次，相对于洛克、孟德斯鸠以警惕的眼光看待政府的分权理论来说，在中国，政府是推进分权的重要因素，也是分权式民主治理的塑造者，这或许是"强国家—弱社会"实现分权、民主制衡的基本要求，即在政府比较强势、社会比较弱势的国家，不管是分权还是分权式民主都离不开政府的推动、鼓励、宽容。最后，有农民参与的产权变革和分权会促进民主的成长和民主的制衡。

第十六章　走向善治之路：自治、法治与德治的选择与组合[*]

党的十九大报告指出，要"健全自治、法治、德治相结合的乡村治理体系"。为此，许多学者展开了讨论和研究，有人主张"法治是核心"，有人坚持"德治是基础""德法并重""重德轻法"，等等。这些建议对于丰富治理理论，健全自治、法治、德治相结合的乡村治理体系极具启迪。笔者的问题是：自治、法治、德治三种治理手段或治理方式是同一个层面的内容吗？三者是否都可以走向乡村善治？不同程度的三者有机结合是否会形成"更适宜的善治"？本章拟对上述问题进行探讨，寻找三者及其结合走向善治的途径和方法。

一　文献梳理与问题提出

古今中外，对于自治、法治、德治及其三者结合的研究已经有了相当多的研究成果。

（一）以自治为基础的法治与德治：国外的研究

以自治为基础的行政、法治和德治的实践与研究主要有三种类型：一是古希腊和古罗马的城邦自治。古希腊的城邦作为一个政治单元，主要的治理方式就是自治。在自治体制下制订法律、任命行政人员执行，参与制

---

[*] 本章作为独立论文发表于《社会科学研究》2018年第4期。

订法律和行政都需要参与者有一定的道德基础。① 二是中世纪的城市自治。中世纪城市的自治主要源于与领主的斗争，通过持续的斗争从领主那里获得特许状，建立自治城市。我们从《和平的建立》的特许状可以看到自治城市下的规则及规则的道德基础。② 三是在国家治理下的乡镇或者町村自治，主要有联邦制的美国和单一制的日本。在美国，按照托克维尔的研究，乡镇实施自治，但自治所依据的法律则源于联邦政府和州，乡镇主要是执行法律。当然，法律没有规定的事务，完全自治解决。乡镇自治能够运行得好源于"乡镇精神"，包括"激励人们进取""独立和有权"，认同"乡镇是一个自由而强大的集体"。③ 乡镇自治要与联邦和州的法律契合，"法律规定到事情的细枝末节；同一法律既规定原则，又规定原则的应用方法；上级单位的法律，还给下属单位及其官员加上了一大堆严格而细密的义务"。④ 在单一制的日本，町村就是一级基层政府，实施自治，町村议会制订相应的规则，町村行政则根据国家的法律来实施治理，根据町村议会相关决议来执行治理。町村自治的实施也依赖于当地的民情。⑤

从国外的研究及实践看，基层自治分为两种类型：一是无国家的基层自治，自治共同体本身就可以制订法则、实施行政，自治依赖于自治共同体公民的参与；二是在国家社会下的基层自治，自治共同体本身必须遵守国家及地方的法律。显然，法治是外生的，自治本身就是行政或者最基层的政府。在国家治理下的基层自治能够有效实施，依赖于当地的民情（道德状况）。可见，在国外，自治就是行政，属于行政性自治，它是治理的核心；法治是自治的一部分，可以由本地议会产生，也可以由国家从外部强制安排；民情内生于乡村社会，具有德治的内涵，它是自治、法治的基础。国外的法治、自治、德治与中国有相同的地方，也有不相同的地方，但可以肯定的是，国外的基层治理也是自治、法治和德治的组合。

---

① [德] 恩格斯：《家庭、私有制和国家的起源》，载《马克思恩格斯选集》第4卷，人民出版社1972年版，第100—103页；[美] 摩尔根：《古代社会》上册，杨志纯等译，商务印书馆1997年版，第303页。
② [法] 基佐：《法国文明史》第4卷，商务印书馆1988年版，第33—41页。
③ [美] 托克维尔：《论美国民主》上册，商务印书馆1987年版，第74—76页。
④ 同上书，第81页。
⑤ [日] 松村岐夫：《地方自治》，经济日报出版社1989年版。

(二) 以自治为基础的法治与德治：中国传统社会

传统中国以很少的官员就能够统治一个大规模的帝国，依靠的不是国家的行政力量，而是道德的力量和基层社会自治的力量，即依靠德治和自治。对于传统中国乡村治理的研究更是汗牛充栋，在此略加概述。

纵横治理组合。费孝通先生从纵横两个维度研究乡村治理，在横向层面，他将权力分为四类：横暴的权力、同意的权力、长老的权力和时势的权力。他认为，在乡村社会主要是"同意的权力"和"长老的权力"在治理。[①]"同意的权力"包括法治和自治，"长老的权力"则主要是以传统为基础的德治，以礼进行治理。从纵向层面看，分为"自上而下"的治理轨道和"自下而上"的治理轨道，前者是国家的治理，后者是村庄自我治理。[②] 根据费孝通先生的研究，乡土中国是"无诉"社会，由"长老"实施"礼治"，同时也存在国家的"自上而下"的权力治理。可以概括为，以传统道德为基础的乡村士绅治理为主，国家"自上而下"的权力、"横暴的权力"的治理为辅。

正式与非正式治理组合。瞿同祖在研究中国地方政府和法律时，涉及基层社会的治理。他认为传统社会由士绅和地方政府共同治理当地事务，后者是"正式的权力"，前者是"非正式的权力"。[③] 他认为，地方行政依靠一部行政法典进行调整，因太详细而难以实施，甚至很多根本就没有实施。[④] 瞿同祖认为，传统中国既有"礼法"，也有"德刑"，"律既与礼相应，互为表里"，而且经常"以礼入法"。[⑤] 其实，法与礼，前者是正式制度；后者是非正式制度，传统乡村社会就是两者组合进行治理。

上下分层治理组合。费正清认为，帝制中国是一个上层结构，并不直接进入村庄，上层由国家官员进行治理；下层以士绅为基础进行统治，士绅及其家族在当地具有领导地位和管理职能。[⑥] 费正清考察了帝制中国上

---

① 费孝通：《乡土重建》，上海人民出版社 2006 年版，第 62—63 页。
② 同上书，第 155—156 页。
③ 瞿同祖：《清代地方政府》，法律出版社 2003 年版，第 282—283 页。
④ 同上书，第 331—333 页。
⑤ 瞿同祖：《中国法律与中国社会》，中华书局 2003 年版，第 292—354 页。
⑥ [美] 费正清：《美国与中国》，世界知识出版社 2003 年版，第 37—38 页。

下结构及治理问题,但并没有探讨底层的中国如何治理。

村落与氏族治理组合。韦伯对传统中国的基层治理进行了研究,他认为,"皇权的统辖只施行于都市地区和次都市地区"。出了城墙,就会受到"村落有组织的自治体"和"强大的氏族"的抵抗。"'村落'则是准官员的自治地区。"① 中国没有如欧洲一样的形式法律,只有"家产制法律结构"。② 韦伯认为,中国乡村社会主要是以氏族和士绅为主的自治,法律只是一些"法典化的伦理规范"。其实,韦伯主张传统中国是以法典化的规则与非法典化村落、氏族规则共同治理基层社会,即法治、自治、德治组合进行治理。

(三) 自治、法治、德治与乡村治理体系:当前的现实

21世纪以来,各个学科对自治、法治和德治的探讨不断升温,开始考察三者之间的关系,考察三者结合建构乡村治理体系的原则、方法和路径的研究逐渐增多。

探讨自治、法治、德治的功能和作用。周天勇和卢跃东认为,首要的是推进德治建设,关键是加强法治保障,目标是提升自治水平。③ 向此德认为,"法治为要""德治为基""自治为本"。④ 德治是一种柔性约束、法治是一种刚性约束、自治是一种内生约束。⑤ 法治为纲、德治为基、自治为要,构筑维护社会和谐稳定的"三脚架"。⑥ 还有学者认为,自治是核心、法治是保障、德治是支撑。⑦ 德治创新风,法治扬正道,自治凝人心。⑧

---

① [德] 马克斯·韦伯:《儒教与道教》,江苏人民出版社2003年版,第77页。
② 同上书,第85页。
③ 周天勇、卢跃东:《构建"自治、法治、德治"的基层社会治理体系》,《光明日报》2014年8月31日。
④ 向此德:《"三治融合"创新优化基层治理》,《四川党的建设》2017年第20期。
⑤ 中共桐乡市委:《积极探索创新社会基层治理新模式》,《政策瞭望》2014年第9期。
⑥ 张潘丽、江帆:《三治合一:桐乡走出县域善治新路径》,《浙江日报》2015年7月8日。
⑦ 农民日报评论员:《健全自治、法治、德治相结合的乡村治理体系》,《农民日报》2017年11月10日。
⑧ 罗晓君等:《四牌楼社区推进"三治"建设构筑美好家园》,《嘉兴日报》2015年10月27日。

考察自治、法治、德治三者之间相互关系。郁建兴在研究浙江省花园村时强调，以自治为目标，以法治为保障，以德治为基础，整合多种资源，协同多方主体，创新多元形式，实现乡村"管理民主"向"治理有效"转变。① 杨开峰认为，法治是底线，德治是高线，自治是目标，也是手段，三者"不仅是互相促进，也是互相制约、互相冲突的，所以理想化的状态是达到一个平衡，三者缺一不可"②。吴昌勇等认为，自治、法治、德治既相互衔接，又相互补充，用自治方式激发治理活力，用法治手段维护公平正义，用道德力量纠正失德行为，增强了基层社会治理的正能量。③ 上述研究均认为，自治、法治和德治需要相互配合，共同建构乡村治理体系。

（四）已有研究的述评与研究目标

因为体制的差异，国外的研究没有太多关注德治问题，主要是考察自治与行政的关系，当然也会考察自治与政治之间关系。自治与行政的关系包括了法治的内容，国外是自治、行政、政治三者建构着乡村治理体系。虽然这三者的关系与自治、法治、德治无法一一对应，但其结合的经验和教训也值得我们借鉴。

国内外学者对自治、法治、德治及其在乡村治理体系中的地位和作用的研究很有价值，对笔者有很大启迪作用。但是，也必须看到已有研究的局限性。一是对于自治、法治、德治三者的作用和功能没有明确的学理研究，特别是没有回答三者是否是同一层面的治理方式和手段；二是自治、法治、德治的优势和不足在哪里，三者各自是否可以达致善治？如果达致善治，需要什么样的条件？这些都没有进行深入研究；三是自治、法治、德治三者如何组合形成低成本、持续、稳定的善治？特别是 21 世纪以来，大量的实践工作者对自治、法治、德治结合建构乡村治理体系进行了实践探索和应用研究，但是缺少学理性的思考。为此，本章拟从善治视角研究自治、法治、德治的作用与功能，以及三者各自或者组合走向善治的路径

---

① 郁建兴、黄红华等：《新时代乡村社会治理的花园探索》，浙江省委呈送件，未刊稿。
② 杨开峰：《桐乡"三治"实践的解读》，《党政视野》2016 年第 7 期。
③ 吴昌勇等：《党建引领"三治融合"创新乡村治理体系》，《安康日报》2017 年 11 月 1 日。

和方法。

本章主要有三个研究目标：

1. 自治、法治、德治的功能、优势和缺陷是什么，三者是否是同一层面的治理方式和手段？

2. 自治、法治、德治各自是否可以实现善治？这些善治的特点是什么？同时，对善治形成的基本要件及发展要件进行探讨。

3. 自治、法治、德治三者如何组合走向善治，各种善治类型的特点是什么？

二 自治、法治、德治的关系

（一）善治定义及其序列善治

对于什么是善治，已经有很多人做过研究。俞可平认为，善治就是使公共利益最大化的社会管理过程。其本质特征是政府与公民对公共生活的合作管理，是政治国家与公民社会的一种新颖关系，是两者的最佳状态。[1] 俞可平最初将善治定义为5个要素，后来又扩展为10个要素：合法性、法治、透明性、责任性、回应、有效、参与、稳定、廉洁、公正。[2]

俞可平先生使用列举法界定国家层面的"善治"，要素有点多，而且各个要素之间难以截然分开。本章拟从基层社会或者说乡村社会来界定善治：只要能够实现"和谐的秩序"就是善治。这种善治包括四个要素：秩序性、参与性、成本性和稳定性。所谓秩序性，就是善治首先要有良好的秩序，包括经济发展中的秩序；所谓参与性，就是良好的秩序是通过公民民主参与实现的；所谓成本性，就是能够以较低的成本实现公民民主参与下的良好秩序，即以低成本实现善治；所谓稳定性，就是在公民民主参与下以低成本实现的良好秩序是稳定的、可持续的。

实现乡村社会的善治需要四个要件，而四个要件又分为两个层次：第一个层次，善治达标；第二个层次，善治改进。

---

[1] 俞可平：《治理与善治》，社会科学文献出版社2000年版，第8—9页。
[2] 俞可平：《增量民主与善治》，社会科学文献出版社2005年版，第146—147页。

第一个层次的善治：达标型善治。满足第一个层次的善治需要两个要件：一是良好的秩序，这是最终的目标。但是，只有良好的秩序，而没有民主参与，还不算善治。二是民主参与，良好的秩序是在公民民主参与下实现的，是公民需求的良好秩序。只要满足了这两个条件达到的良好秩序，就是善治。这种善治是一种达标级善治，可称之为"参与型良序"或者"参与型善治"。

第二个层次的善治：改进型善治。改进型善治也包括两个要件：一是低成本性，在"达标型善治"的基础上考虑成本因素，即用较低的成本实现善治，这种改进型可以称为"低成本善治"，这种善治要优于"高成本善治"；二是持久性或者稳定性，虽然有些善治成本比较低，但是不稳定、不可持续，所以稳定性、持续性也是改进型善治的要件。

根据善治获得的条件和要求，在公民民主参与下实现的良好秩序，可以称为"参与型良序"。"参与型良序"就是善治，不过是达标水平或者低线水平的"善治"。如果将成本性和稳定性两个要件纳入进来，可以进一步改进善治的水平和质量，形成四种更高水平的善治，从低到高依次为：高成本非稳定性善治、低成本非稳定性善治、高成本稳定性善治、低成本稳定性善治（见表16—1）。

表16—1　　　　　　　成本与稳定双因素下的善治类型

成本性	稳定性	
	稳定性	非稳定
低成本	①低成本稳定性善治	③低成本非稳定性善治
高成本	②高成本稳定性善治	④高成本非稳定性善治

其实，这只是一种经典的善治类型，在"达标型善治"基础上，将成本和稳定两个因素纳入善治分析框架，则可以形成无数的善治类型。如图16—1，由成本性和稳定性构成的二维象限中的每一个点都是善治的不同类型。

（二）单一治理方式下的善治

自治、法治、德治作为一种治理方式、一种治理手段，在单一条件下

```
成
本
性  ④高成本非稳定性善治      ②高成本稳定性善治

         ③低成本非稳定性善治      ①低成本稳定性善治

        0                                      稳定性
```

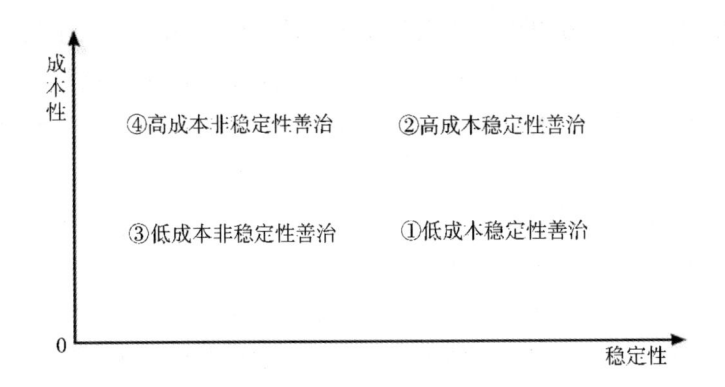

图 16—1　成本、稳定与善治类型

能否形成良好的治理，即能否实现善治呢？

1. 以德治为基础的善治

首先要讨论的是德治。如果只有道德，没有其他的组织支持，道德只能是一种意识，一种精神，不能成为一种治理方式。道德要发挥治理功能，必须与组织结合，即必须在一定的组织载体上才能够有效运行。在乡村社会，这个组织可以是家庭、宗族等血缘组织，也可以是会、社、庙等社会组织，还可以是乡村的自治组织，如村庄、村寨。道德规范与组织结合，按照一定的程序和规则管理和约束组织中的人和事，就是德治。可见，德治依赖于乡村诸种组织。

乡村组织以道德来约束、规范乡村社会，可以形成良好的乡村秩序。乡村组织在以道德进行治理的过程中，如果允许村民参与，则会在良好的秩序下形成"参与型善治"。以道德为基础的"参与型善治"还满足一个要件，即成本相当低。但是，德治约束力有限，没有强制性，因此有非稳定性的特点，遇到一些不讲道德或者极端的情况就会被中断。所以，以道德为基础的"参与型善治"，其实就是"低成本非稳定性善治"。从德治角度来看，这种善治也可以称为"德治型善治"。

2. 以法治为保障的善治

所谓法治就是依法进行治理。从事情发生的过程看，法治在事情发生后有承担载体和组织，即有法律机构进行司法判决和调整。可见，在事后法治是有组织、有载体的。在事情发生前和中，法律不会自动起作用，需要一定的组织和机构配合。在乡村社会，这些组织要么是延伸到乡村的国家公共服务组织，要么是乡村自治组织，或者履行相关公共服务、协商调解职能的社会组织。可见，事后法治可以单独进行，不依赖于其他组织，但是事前、事中的法治，则需要借助其他组织配合方可实施。

依法治理完全可以实现善治，在国外已经有很多先例。但是，要实施法治则必须有详细的、明确的法律规定，还必须有法律执行主体，否则无法实施法治。乡村事务多种多样，各种意想不到的事情层出不穷。如果要实施法治，则法律安排成本相当高；如果严格实施法律，也需要熟悉法律的专门机构、专门人才，事前和事中的组织和相关人员也得熟悉法律，因此法治实施成本高。但是，依法治理有国家强制力为后盾，而且规则、程序明确。所以，以法治为保障的善治具有高成本、高稳定性的特点，可以称之为"高成本高稳定性善治"，也可以称为"法治型善治"。

3. 以自治为核心的善治

自治是乡村社会最重要的治理方式，它是一种农民自我管理、自我约束和自我教育的治理方式。假定没有道德约束、没有外部的法律保障，人们也可以通过协商自定规则和程序，自治组织按照预定的程序、规则进行治理。与德治、法治相比，自治本身就能够进行单独治理，不依赖于其他组织，也不依赖于道德和法律。可见，自治具有独立性，也具有灵活性，能够根据需要协商建立规则和程序。

单纯的自治能否形成善治呢？如果人们能够自主定规则、自主定程序，而且按照规则、程序进行治理，人们也服从规则和程序，则可以形成善治。在国家产生以前，甚至在国家产生以后，很多乡村社会都曾经通过自治实现过善治。以自治为核心的善治，定规则、定程序需要一定的成本，但不是特别高。如果成本太高，自治就不可能实施，而且这种规则和程序在共同体内具有一定的强制性，从而也比较稳定。所以，以自治为核心的善治具有较低的成本，较大的强制性，而且善治状态较为稳定和持久。我们将这种善治称为"自治型善治"，或者称为"较低成本较高稳定性的善治"（见表16—2）。

表 16—2　　　　　单一治理方式下的善治及其特征

	以德治为基础的善治	以法治为保障的善治	以自治为核心的善治
独立性	非独立性	非独立性	独立
灵活性	不灵活	不灵活	灵活
成本性	低	高	较低
稳定性	低	高	较高
内生性	内生	外生	内生
强制性	低	高	较高
善治类型	低成本非稳定性善治	高成本高稳定性善治	较低成本较高稳定性善治

综上分析，可以得出如下结论：一是自治、法治、德治不是一个层面的治理方式，法治、德治需要依靠其他的组织才能够实施治理，自治则可以单独实施治理。可见，自治是核心，法治是保障，德治是基础。二是自治、法治、德治在一定的组织配合下均可以单独运行，达致善治。三是各种善治类型的特点不同。以德治为基础的善治，即"德治型善治"，成本比较低，稳定性也较低，无法经受"干扰因素"的破坏，可以称为"低成本非稳定性善治"。以法治为保障的善治，即"法治型善治"，成本很高，稳定性比较好，可以称为"高成本高稳定性善治"。以自治为核心的善治，成本较低、稳定性较高，属于"较低成本较高稳定性善治"。

三　走向善治的组合类型

自治、法治、德治在一定条件下可以单独达致善治，但存在一定的问题，要么成本较高，要么稳定性较差，或者灵活性较差。因此，单一治理方式下的善治，不是最优的选择，不是最优善治。因此，需要将三种治理方式组合起来实现善治，从而提高善治的水平和质量。

（一）两种治理方式组合下的善治

第一种组合方式：德治 + 自治 = 以德自治

德治和自治组合形成的以德自治方式，可以达致善治。因为，两者的组合可以在一定程度上取长补短。首先，以自治组合德治，可以解决单纯的道德没有组织载体的问题。自治有一定的强制性，可以抵制一些不按照传统、道德行事的人和行为，因此会有一定的稳定性；其次，以德治组合自治，很多事情可以通过内化于心的道德约束予以解决，不需要诉诸自治调解或者协商，因此可以降低成本。所以，以德自治可以降低成本，提高稳定性。

第二种组合方式：自治 + 法治 = 依法自治

自治与法治组合形成依法自治方式，也可以达致善治，而且还可以改善善治的质量，提高善治的水平。首先，以法治组合自治，规则性、程序性会更强，强制力会更大，这可以更好地规范自治无法处理的违规、违法等极端行为；另外，以自治组合法治，则会降低法治的成本，因为很多事情特别是法律没有规定的行为和事情，可以通过自治来完成，因此可以提高法治的效率，降低法治的成本。所以，依法自治可以降低成本，强化规范，提高执行效率，进而提高稳定性。

第三种组合方式：德治 + 法治 = 德法并重型善治

德治与法治的组合形成德法并重的治理，两者组合同样可以实现善治，提高善治的水平。首先，以德治组合法治，可以减少各种冲突，可以发挥道德的自我调节功能，这样就可以减少法治的实施频率，甚至不用法治也能够解决问题，降低法治的成本，而且可以使人们更自觉地遵守法律；另外，以法治组合德治，可以提高德治强制性，即加大违规等行为处理力度和强度，从而提高德治的稳定性。

(二) 三种治理方式组合下的善治

自治、法治、德治两种治理方式组合明显提高了善治的水平和质量，但每种善治类型并不是帕累托最优状态，还可以通过与其他的治理方式组合，即自治、法治、德治三者结合建构乡村治理体系，可以进一步提高善治的水平和质量。

第四种组合方式：自治 + 法治 + 德治 = 组合式善治

自治、法治、德治三种治理方式组合起来，就能够发挥各种治理方式的优势，弥补其他治理方式的短处。一是发挥法治的强制性、规范性功能，弥补德治、自治强制性不足的问题；二是发挥德治润物无声的无成本、低成本功能，弥补法治高成本、内生性不足的问题；三是发挥自治协商民主、灵活调整的功能，可以弥补法治刚性、弹性不足的问题，以及德治规则性不强的问题。

自治、法治、德治三种自治方式结合而形成"组合式善治"，这种组合式善治的质量和水平明显要高于单一治理方式达致的善治，也高于两种治理方式组合实现的善治。总体上可以发现：单一治理方式实现的善治的水平和质量要低于两两组合形成的善治；后者又低于三种治理方式形成的组合善治，即治理方式的组合可以提高善治的水平和质量。

(三) 自治、法治、德治不同力度组合的善治

根据成本、稳定性及其他条件，自治、法治、德治的结合也不是平均用力、同等重要，而是以某一种或者某两种治理方式为主，其他治理方式为辅且不同程度的组合实现善治。

第一种组合方式：重法+弱德+自治=重法弱德式善治

如果一个村庄，道德约束条件弱，但是法律意识强、法律机构也比较完善，则可以通过加强法治来弥补道德的不足。这样也会实现善治，这种善治成本有些高，不过稳定性好，但是没有达帕累托最优状态。如果提高该村的道德水平，降低法治成本，可以改进善治状态，向"最优善治"靠拢。这种善治可以称之为"重法弱德式善治"。

第二种组合方式：弱法+重德+自治=弱法重德式善治

如果一个村庄，人们都有较强的道德意识，遵循道德规范，则可以通过加大德治力度，减少法治规范、调整的范围、内容和强度，这样也可达致善治，而且是低成本的善治。虽然，法治较弱，但是依然起最终的保障作用，在德治、自治无法调节解决的情况下可由法治调整解决。因此，提高了善治的稳定性，这类善治可称之为"弱法重德式善治"。

第三种组合方式：弱法+弱德+强自治=强自治式善治

如果一个村庄，法治意识不强，道德水平不高，可以通过强化自治来实现善治，我们可以称之为"强自治式善治"。一是通过自治的规则和程序弥补法治规范的不足；二是通过自治进行共同体的规训来弥补德治的不足，以自治提高共同体的认同感和规则意识，进而提高道德水平。

以上只是列举了三种比较典型的组合式善治类型，其实自治、法治、德治三种治理方式各自按照强、中、弱的强度，可以组合成 27 种经典类型。各种治理方式的治理强度是一个从 0 到无限的一个射线。可见，三种治理方式可以组合成无数治理组合类型，也可以形成无数善治类型。全世界过去、现在和未来的村庄治理方式都可以在这里找到与自己对应的治理组合类型。

四　走向善治的多维路径

通过对自治、法治、德治治理方式及其组合方式实现善治的可能性研究，我们可以得出如下几个结论：

（一）善治是一个多类型的"组合筐"

善治是一种治理的良好状态。这种治理的良好状态主要体现在良好的秩序和公民的参与上，即在公民民主参与下形成的良好秩序。这种善治只是一种"达标"的、"底线"的善治。这种善治的治理成本可能相当高，可能稳定性不太好，或者不太灵活，因此可以通过降低成本、增加稳定性或灵活性来提高善治的质量和水平。可见，善治不是一种，也不是一类，而是不同治理方式形成的一个多类型"组合筐"。

根据"组合筐"理论，善治不是最终目标，在善治基础上追求高质量、高水平的善治，才是善治的目标。因此，高质量、高水平的善治是一个帕累托改进状态。

（二）自治、法治、德治可独自实现善治

根据独立性和依存性，自治、法治和德治并非同一层面的治理方式。自治能够在没有法律和道德水平较低的条件下单独运转。法治、德治则需要在其他组织和机构配合下才能实施治理，没有其他组织支持和配合，则难以实施治理。因此，三者的功能和作用不同，在乡村治理体系中，自治是核心、法治是保障、德治是基础。

虽然自治、法治、德治不是同一层面的治理方式，但只要给予一定的条件，道德、法律也能够发挥重要的治理作用和功能。从上面的分析可以

发现，自治、法治、德治都可以在外力的适当支持下实现善治，当然自治型善治独立性最强，法治型善治、德治型善治独立性相对较弱。

（三）自治、法治、德治的组合可提高善治水平

自治、法治、德治的功能不同、优势和劣势也有差异，三者之间两两组合或者三者组合可以提高善治的水平和质量。从图16—2可以看出，单一治理方式形成的善治质量和水平要低于两两组合形成的善治质量和水平，后者又低于三者组合形成的善治质量和水平。可见，增加不同功能的治理方式可以提高治理质量，改善治理水平和质量。

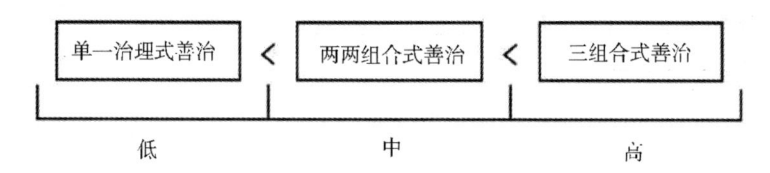

单一治理式善治 < 两两组合式善治 < 三组合式善治

低　　　　　　　　中　　　　　　　　高

图16—2　自治、法治、德治实现善治的质量与水平

自治、法治、德治有不同的治理强度，不同强度的自治、法治、德治可以组合成无数的组合式治理体系，也能够组合成无数的善治类型。总体来讲，有两种类型的强度组合：一是自治、法治、德治不同强度的两两组合，可以形成无数种组合治理体系，也可以形成无数种善治类型；二是自治、法治、德治不同强度的三者组合，也可以形成多种治理体系和多类型的善治类型。在不同的强度下，两两组合的善治类型并不必然就会比三者组合的善治类型的质量和水平要低。不过三者组合的善治类型的灵活性和可选择性要比两两组合更多、更灵活。

可见，自治、法治和德治的组合可以提高善治的质量和水平，而且还可以提高治理的可选择性和灵活性。总体而言，在各类组合中三者组合的质量和水平要大于两两组合的质量和水平。

（四）各地应根据条件选择最适宜善治组合方式

善治类型多样，实现途径多种。各地在健全自治、法治、德治相结合的乡村治理体系时，不必拘泥于某一种、某一类善治类型、善治途径，而是根据本地自治条件、德治基础及法治保障情况，因地制宜地选择不同的

治理组合，因地制宜地选择不同的治理强度，形成"最适宜的善治"、最适宜的组合方式及最适宜的治理体系。各地没有必要追求"最佳的治理组合"，也没有必要追求"最优的善治体系"，这样会提高治理成本，影响治理效率，而应选择最适宜、最适合的治理组合、治理体系和善治类型。

第十七章　治理的类型：从"良序"到"善治"*

党的十九大报告提出，要"健全自治、法治、德治相结合的乡村治理体系"，实现"有效治理"和"共建共治共享"。为此，许多地区提出通过自治、法治、德治结合，通过共建、共治、共享达到"有效治理"，实现"善治"。我们的问题是：在乡村社会中，什么是善治？善治有哪些类型？善治是由哪些因素决定的？为解答上述问题，本文将在回顾文献的基础上提出乡村善治的要件、定义及治理、善治的类型、层级，并对"基本型善治"及其决定因素进行探讨，进而研究"改进型善治"及其决定因素。

一　善治的定义及类型

在政治学上，善治又被称为"健全的治理""有效的治理""良好的治理"等，是治理的终极和理想目标。国内对善治的介绍和研究者首推俞可平，他列举了罗茨的六种治理定义，其中第一种就有善治的含义，即"作为最小国家的管理活动的治理，它指国家削减公共开支，以最小的成本取得最大的效益"；第四种则明确提到善治，即"作为善治的治理，它指的是强调效率、法治、责任的公共服务体系"。[1] 杨雪冬则介绍了荷兰学者对九种不同领域的善治的用法，其中作为政府的善治强调"合法性与效率"[2]。

---

* 本章作为独立论文发表于《社会科学战线》2018年第9期。
[1] 俞可平：《治理与善治》，社会科学文献出版社2000年版，第2—3页。
[2] 杨雪冬：《"治理"的九种用法》，《经济社会体制比较》2005年第2期。

在介绍国外善治理论的基础上，俞可平提出了自己的善治定义："善治就是使公共利益最大化的社会管理过程。善治的本质特征就在于它是政府与公众对生活的合作管理，是政治国家与公民社会的一种新颖关系，是两者的最佳状态。"在综合各类定义的基础上，俞可平提出善治有五个基本要素：合法性、透明性、责任性、法治、回应。[①] 此后，他又将善治的要素增加了五个：有效、参与、稳定、廉洁、公正。[②]

国内外学者对善治的研究已经非常深入，极具启迪作用。但必须看到，学者们大多是从国家层面来定义善治，他们所谓的"善治"至少是城邦、自治市等层面的善治，也有学者从企业的层面来定义善治，却很少有学者从乡村社会最基本的治理单元——村庄来定义善治。基层治理单元与国家、地区、企业的性质不同：一是治理规模比较小；二是治理单元直接面对农民；三是熟人社会；四是有自治的传统，大部分公共事务由自治体自我解决；五是共同拥有生产资料或生产设施，这是中国农村基层治理单元最重要的特点。在这些条件的约束下，乡村社会的善治与国家单元、地区单元及纯粹企业单元的善治有很大的区别。因此，不能套用国家、地区和企业的善治概念及其要素。

中国农村基层单元的治理有几大需求或者要件：第一，秩序性。良好的秩序，包括生产秩序、生活秩序及社会秩序，这是第一位的要件。第二，参与性。在建构这些秩序时，农民广泛的参与和协商至关重要，这种参与和协商可以满足农民的需求，体现民主及地域性的公平、正义等。第三，成本性。当农民参与、协商形成良好秩序时，协商、参与、维持秩序的成本就会较低。第四是稳定性。低成本形成的良好秩序具有稳定性、持续性。[③] 根据以上四种需求和要件，我们可以将乡村社会的治理划分为三大类型（见图17—1）：

第一类，良好的秩序。良好的秩序是一个治理单元的基本要求，但有良好的秩序只是有效的治理，并不一定就是善治，如监狱，秩序最好，但不是善治；再如专制国家或者极权国家，秩序相当好，但不是人们愿意接

---

① 俞可平：《治理与善治》，社会科学文献出版社2000年版，第8—11页。
② 俞可平：《增量民主与善治》，社会科学文献出版社2005年版，第146—147页。
③ 详见本书第十六章。

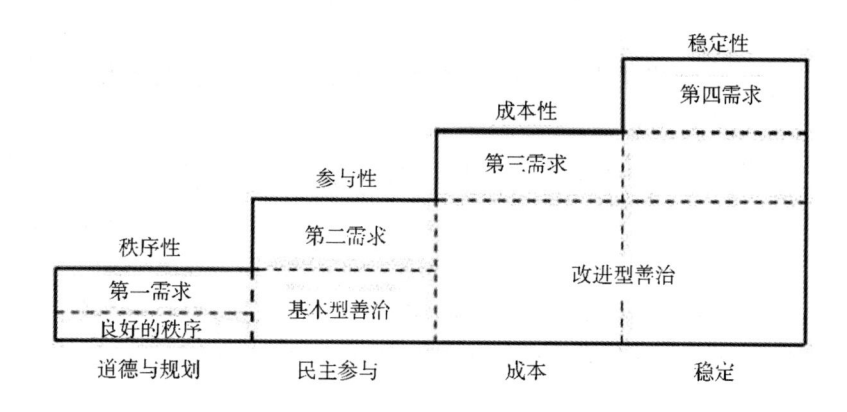

第十七章 治理的类型：从"良序"到"善治" 279

```
                                    稳定性
                              ┌─────────────┐
                              │   第四需求   │
                        成本性 │             │
                     ┌────────┤   第三需求   │
                     │        │             │
               参与性│        │             │
            ┌────────┤第二需求├─────────────┤
      秩序性│        │        │             │
     ┌──────┤        │        │  改进型善治 │
     │第一需求        │        │             │
     │良好的│        │基本型善治             │
     │秩序  │        │        │             │
     └──────┴────────┴────────┴─────────────┘
     道德与规划    民主参与    成本        稳定
```

图17—1 善治的需求层级及治理类型

受的治理，因此也不是善治。农村基层单元最基本的要求就是要保证良好的生产、生活及社会秩序。这是任何类型治理的基础，也是善治的起点。

第二类，基本型善治。在乡村社会，如果良好的秩序由农民参与、协商形成，就具有善治的特点。因为有农民的参与就有了民主性，有了参与的民主性，公正、廉洁等就会有一定的保障。因此，只要有参与，就有善治的特点。但是这种善治还没有考虑治理的成本，也没有考虑治理的稳定性。因此只能说是"基本型善治"，或者说"达标型善治""底线级善治"。所以，我们将良好的秩序加上农民参与形成的善治，称为"基本型善治"或"达标型善治"。

第三类，改进型善治。在农民参与、民主协商下形成的善治，如果考虑成本、稳定因素，则会形成低成本、高稳定的善治，这是一种增加了新的治理因素、治理手段或者治理要求后形成的治理类型，称之为"改进型善治"。

可见在乡村社会四种治理因素的影响下，可形成三大层级的治理类型（见图17—1），第一个层级属于一种有秩序的治理（良好的秩序，简称良序）；第二个层级属于"基本型善治"；第三个层级属于"改进型善治"。三种治理类型的治理水平和质量逐级提高，从"良序"走向"善治"，从低水平、低质量的"善治"走向高水平、高质量的"善治"。

二　"良好的秩序"：道德与规制建构的治理类型

"良好的秩序"是有效治理的关键，也是构成"基本型善治"的基础，没有"良序"就不可能迈向"善治"。"良好的秩序"不会自动形成，需要一定的治理方式或手段来保障。在乡村社会，保证"良好的秩序"的方式主要有两种——一种是道德的力量；另一种是规制的力量，两者共同建构和保障乡村社会拥有良好的秩序。

1. 道德力量与治理效应

不管是城市，还是乡村，只要有治理就需要依靠人们的自律，而自律又取决于道德水平。道德水平决定着治理水平，在其他因素不变的情况下，如果道德水平比较高，很多纠纷、冲突和问题都可以迎刃而解。因此道德水平与治理成效成正比（见图17—2）。

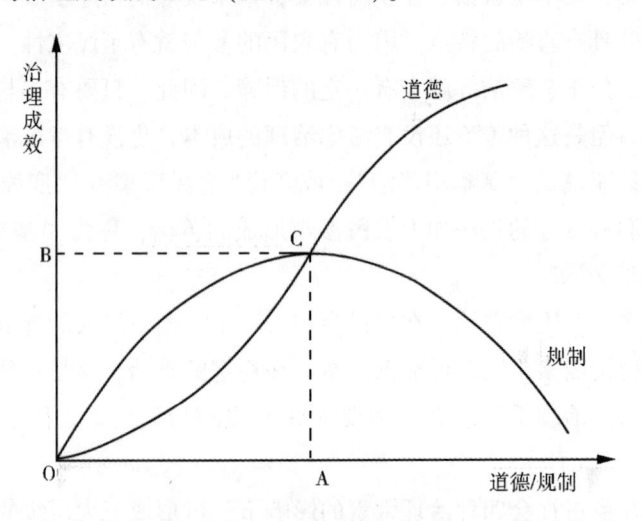

图17—2　道德、规制与治理成效

道德力量与规制力量（如自治的强度、法治的力度）具有一定的替代性。如果道德水平较高，规制力量（如自治强度、法治力度）稍弱，也能够取得同等的治理成效；如果道德水平较低，提高规制力量（如自治强度、法治力度）的强度，也可以获得同等的治理成效。

道德力量一旦形成，就可以自动发挥作用，依照习惯、习俗自主运转，不需要其他的力量也能够持续实施。可见，道德力量发挥治理作用的成本比较低。但是必须看到道德力量（德治）的规制性不强，如果遇到一些不讲道德、不讲规矩的人和行为，道德力量则难以维持。可见，道德力量参与治理具有低成本性、脆弱性和弱规制性的特点。

2. 规制力量与治理效应

对于一个良好的秩序而言，道德力量只是基础的、基本的力量，还需要规制力量配合，才能确定良好的秩序。

规制力量是一种以规则、程序、强制进行规范的力量。规制力量存在于德治、自治和法治之中。其实，德治也有一定的规制，即社会习俗、社会舆论的规制，这种规制是一种软性的规制力量，没有强制性。自治有较强的规制性，有大家协商、自主形成的规则，可以利用共同体的力量要求大家遵守，一旦违背，也可以用自治的力量进行惩罚。法治的规制力量最强，可以借助国家暴力机器进行规制和惩罚。

在其他因素不变的情况下，规制力量越弱，越不利于良好秩序的形成；规制力量越强，越有利于良好秩序的形成。但是，规制力量达到一定的水平后，再增强规制力量，就得不偿失，将会导致治理成效下降。如图17—2 的 C 点就是规制的治理成效的转折点，在 C 点以前，规制增强，治理成效会改善；在 C 点之后，规制增强，治理成效反而会下降。

规制力量需要有一定的规则和程序才能发挥作用，特别是对于具有强制力的自治、法治，必须预先制订规则，按照程序办事，规制力量才能起作用。可见，规制力量要发挥作用需要较高的规则安排成本，规则安排好了，还需要执行成本，所以规制力量参与治理的成本较高。一旦规制力量形成，则无须新增成本，而且也比较稳定。当然也必须看到规制力量要在有规则的地方才能够起作用。可是农村的事务相当多，范围很广，并非所有的地方、所有的事务、所有的活动都有预定的规则或临时协商规则。因此，规制力量也会受到限制，特别是法治的规则性限制最大。所以，规制力量的治理特点是高稳定性，成本相对较高。

3. 道德与规制组合的治理效应

道德、规制因素各自对治理成效有直接的影响，但是在现实中两者并非各自发挥作用，而是相互作用，共同影响着治理及其成效，形成治理秩序和建构治理类型。

良序与劣序。道德因素与规制因素的结合能够自动产生良序，如果组合不当也会产生劣序（见图17—3）。一定水平的道德和一定程度的规制形成良序，如A点，随着道德水平的降低，规制力度的增强，会形成与A点同等治理成效的D、B及ADB曲线，在这条曲线上，治理成效相等，所以这条曲线可以称为道德—规制替代曲线。这条曲线将整个象限分成两个部分：替代曲线之上的"良序区"，替代曲线之下的"劣序区"。

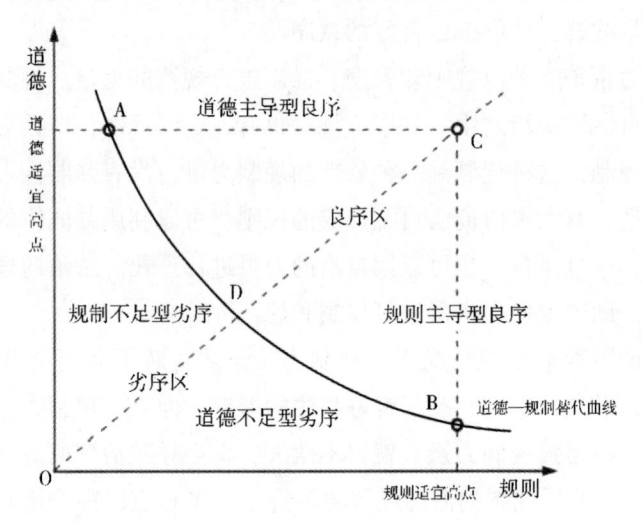

图17—3 道德、规制与治理类型

道德主导型良序和规制主导型良序。在道德—规制替代曲线以上以45度对角线将良序区分成两个部分，上半个部分ADC的道德的治理成效大于规制的治理成效，即道德作用大于规制作用，形成道德主导型良序。在对角线与道德—规制替代曲线围成的下半部分CDB，规制的治理成效大于道德的治理成效，即规制的作用大于道德的作用，形成规制主导型良序。

规制不足型劣序与道德不足型劣序。在道德—规制替代曲线以下部分，以45度的对角线将其分成两个部分，上半部分ADO的治理成效不好，主要是规制力度不足，形成"规制不足型劣序"；下半部分ODB，治理成效不彰主要源于道德水平较低，形成"道德不足型劣序"。

上述分析可以得出如下结论，道德因素与规制因素决定着治理的秩序和类型，两者的组合可以形成不同的秩序类型和治理类型，在这些组合中有良序，也有劣序。道德因素与规制因素有一定的替代性，同等程度的治理成效和治理秩序可以由不同水平的道德及不同力度的规制实现。

三 "基本型善治"：良序与参与建构的治理类型

良序并不一定就是善治，如监狱的秩序相当好，但并非善治；又如极权统治下的社会，秩序很好，也并非善治。善治一定要有公民的参与和民主协商。在乡村社会，善治需要农民的参与，农民与政府、社会组织等相关主体就村庄事务进行民主协商，形成具有公平、正义特点的选择。所以，良序只有与农民的参与组合，才有可能形成善治。

1. 善治区与劣治区

治理秩序可以分为良序和劣序，如果将两者与农民的参与构成一个三维象限，就形成两个区间，参与与良序构成了善治区，即在农民参与、协商下的良序就形成了善治。横轴以上的部分就是善治区（见图17—4）。

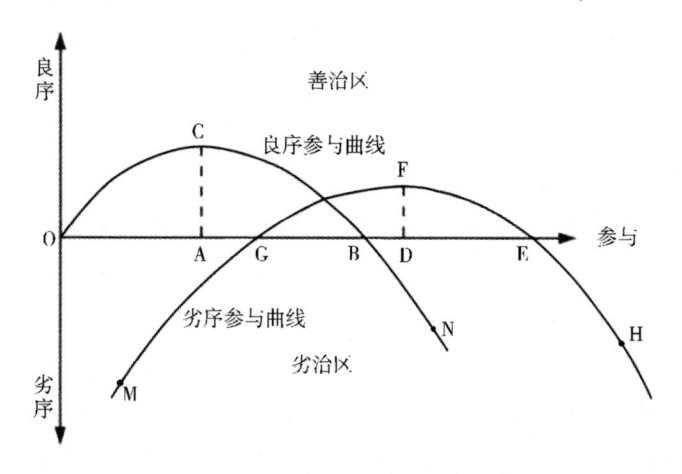

图17—4 良序、劣序与参与的治理组合

良序能够与参与组合，劣序也能够与参与组合形成一定的治理秩序和类型。劣序与参与的组合可以改进治理秩序，也可以提升治理质量和水平，但是横轴以下的部分，依然是劣治区，两者的组合只有超过横轴，才会进入善治区。

可见良序、劣序与参与的组合进一步将治理秩序分成良治区和劣治

2. 良序与参与下的治理类型

虽然横轴以上部分是善治区，但是良序与参与的具体组合则会产生不同的治理成效。从治理成效曲线来看，两者组合分为三个阶段（见图17—4）：

第一个阶段，善治改善阶段。随着参与水平的提高，治理成效会逐步改善，即善治的水平会逐渐提高。当参与水平从 0 增加 A 时，治理成效或者善治水平从 0 达到最高点 C。可见，良序与参与的组合提高了治理成效，改善了善治水平，提高了治理质量。

第二个阶段，善治下降阶段。在良序条件下，随着参与的进一步扩大，也许会出现过度参与，[①] 过度的参与会产生过度的需求，也会干扰正常的行政和服务工作。在其他条件不变的情况下，过度的政治参与会导致治理成效下降，即善治的水平和质量下降。在图 17—4 可以明确看到参与从 A 到 B，治理成效从 C 下降到了横轴，参与成效曲线是下降的。

第三个阶段，善治转换为劣治。当参与到达了 B 点后，如果继续扩大参与的水平，治理成效还会进一步下降，从善治区进入劣治区，即 BN 曲线已经进入到劣治区。

3. 劣序与参与下的治理类型

虽然参与横轴以下是劣治区，但是劣序与参与的组合并非都是劣治，在一定组合下也会产生善治效应。劣序与参与组合的治理类型可以分为"两个部分"和"四个阶段"。

治理成效的升与降"两个部分"。劣序与参与组合形成的"劣序参与曲线"可以分成两个部分：第一部分，随着参与的扩大，治理成效上升，即从 M 到 G，再到 F 点，达到治理的最优点；第二部分，在其他条件不变的情况下，如果再扩大参与，则治理成效会下降，即从 F 到 E，再由 E 到 H。可见，劣序与参与的组合，在第一部分导致治理成效上升，在第二部分导致治理成效下降。

善治与劣治"两个部分"。除了升和降两个部分外，在图中我们还可

[①] [美] 塞缪尔·P. 亨廷顿：《变化社会中的政治秩序》，王冠华等译，上海人民出版社 2008 年版，第 42 页。

以看到，劣序与参与的组合曲线被参与横轴分成了两个部分，GFE位于善治区，MG、EH部分位于劣治区。可见劣序与参与的组合也能够实现善治，即参与可以大大改善治理成效，从"劣序"转向"善治"。当然，我们也要看到参与的扩大不是越大越好，而是要有一定的度，只有在度的范围内，才会改善治理成效，形成善治。

治理成效的"四个阶段"。劣治与参与组合可以形成四个阶段：第一阶段，在劣治区，随着参与的扩大，治理成效从M上升到G，依然处于劣治区，但是治理成效有所改善；第二个阶段，随着参与的继续扩大，治理成效从劣治区进入到了善治区，而且成效继续上升，从G上升到最高点F；第三个阶段，在F点后，如果继续扩大参与，就可能会产生过度参与问题，反而影响治理成效，使治理成效从最高点F下降到E点，虽然如此，但是治理成效依然处于善治区；第四阶段，如果继续扩大参与，治理成效将会回到劣治区，并继续下降，从E下降到H。

4. 参与建构的治理类型：基本型善治

农民参与、协商下形成的良序具有善治的基本特点：一是参与；二是协商与民主；三是在参与和协商条件下蕴含了规则、程序及公平正义的特点。因此，农民参与、协商下的良序就是一种善治。

农民参与下的善治具有一定的局限性，一是没有考虑成本因素，参与下的善治也许成本相当高，如果降低成本，可以进一步改善善治的水平和质量；二是没有考虑稳定因素，参与下的善治，也许不稳定，不可持续，即使在低成本下的善治也可能不稳定。在这种情况下，如果进一步提高善治的稳定性，也会改善善治的水平和质量。

综上所述，我们可以得出结论，在参与因素加入到治理模型中后，治理成效从"良序"迈向了"善治"，但是这种善治并没有考虑成本因素，也没有考虑稳定因素，只是一种"基本型善治"，或者说是一种"达标型善治"。

四 "改进型善治"：成本与稳定性建构的治理类型

"基本型善治"只是一种底线的、达标级别的善治类型，如果再将成本因素和稳定因素纳入分析框架，则会进一步改善治理成效，提升善治的水平和质量。

1. 成本与基本型善治的组合

基本型善治如果将成本因素纳入分析框架，将会影响善治的效率、效益。因为基本型善治只考虑了道德、规制和参与因素，没有考虑成本因素，也许这种善治的成本比较高。可见，基本型善治有改进和提升的空间。

降低基本型善治的治理成本有多种途径，一是强化德治，即强化道德的规范作用；二是在保证民主的前提下，使自治行使更有效率，减少磋商、冲突的成本；三是提高人们的法治意识，降低治理成本；四是通过明确自治的规则、程序来降低协商成本、一事一议的成本，等等。

随着成本的降低，基本型善治的成效会进一步提高。这种通过降低成本提高治理成效而形成的一系列善治，可以称为"改进型善治"。同时也必须看到，降低成本有一定的限度，只能降低到治理的边际成本等于零，如果再进一步降低成本，将会降低治理成效。

2. 稳定与基本型善治的组合

如果在基本型善治的基础上将治理的稳定性、可持续性加入到治理框架中来，也将改善善治类型，提高治理成效，特别是提高善治的水平和质量。

提高基本型善治的稳定性主要有三种途径：一是建立稳定的规则，一切治理按照规则办理；二是形成稳定的程序，所有的治理活动都要按照规定的程序进行，不违背程序治理；三是以自治的强制力、法治的规范性来保证规则、程序、法律的执行。当然如果提高人们的道德水平、法律意识也可以间接提高治理的稳定性。

从基本型善治与成本和稳定组合的顺序来看，稳定可以与基本型善治组合，提高善治的水平和质量，也可以在低成本善治的基础上改善善治，形成低成本的稳定型善治。不管是哪一种方式，都会改善善治的水平和质量，这种善治同样可以称为"改进型善治"。

3. 成本、稳定与基本型善治的组合

成本和稳定与基本型善治都具有相关性，现在将两者组合在一起来考察对治理的影响。从图17—5可以发现，在基本型善治基础上，成本和稳定形成一个二维象限，在这个象限内，都属于善治区间，但是善治的水平和质量不同,善治的类型也不同。

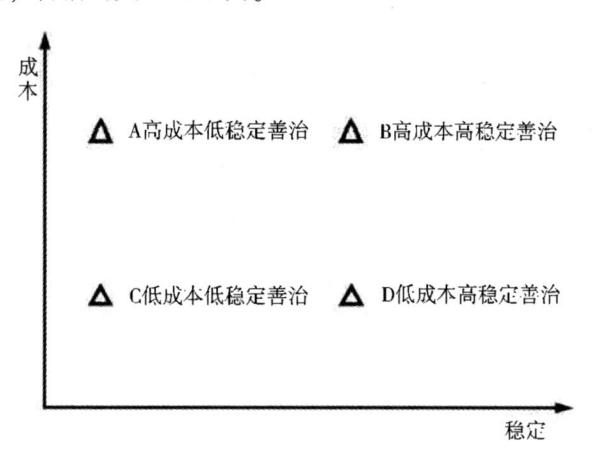

```
成
本
^
    △ A高成本低稳定善治    △ B高成本高稳定善治


    △ C低成本低稳定善治    △ D低成本高稳定善治

                                            →
                                            稳定
```

图 17—5　成本、稳定与基本型善治的组合

成本和稳定组合可以形成四种经典的"改进型善治"类型:

第一种类型,高成本低稳定型善治,即成本高、稳定性低的一种善治类型 A。这种治理方式会出现在道德水平较低且矛盾和纠纷比较多的地区,要确保善治需要高成本协调、磋商、调解,但是这种协调、磋商和调解并不是制度化的、程序化的,也可能没有自治强度和法治力度的规范,所以成本高,稳定性较差。

第二种类型:低成本低稳定型善治,即成本较低、稳定性也较低的善治类型 C。如在以德治为治理基础的村庄,农民有较强的道德约束,但是缺少自治的强度和法治的力度,这种治理经常会被一些不讲道德、不讲规矩和不守法的人中断,中断后也缺少矫治和规制力量。这种善治的成本比较低,但是稳定性较差。

第三种类型:高成本高稳定型善治,即成本比较高、稳定性也比较高的治理类型 B。这类治理主要出现在自治、法治水平高但道德水平不太高的村庄,前者可以提高稳定性;后者导致了高成本性。

第四种类型:低成本高稳定型善治,即成本比较低、稳定性比较高的治理类型 D。这类治理主要出现在自治、法治、德治都比较好的村庄。道德水平高,人们的道德自律力强,可以降低治理成本。自治、法治能力强,水平高,治理的稳定性高,善治具有可持续性。

由成本和稳定与基本型善治组合而成的善治有无数种，但是在象限不同的区域，其善治的水平和质量不同，图17—5 的 A、B、C、D 四个区域形成四种经典的"改进型善治"类型。从治理成效或者善治质量来看，从低到高分别为 A、B 或 C、D。其中，在 D 类型区域的善治，其水平和质量最高。在 A 类型区域所形成的善治，其水平和质量较低，属于"基本型善治"类型。在 B、C 类型区域的善治，相对于 A 类型，治理成效比较好；相对于 D 类，治理成效有待改进，可以通过改善某个因素而迈向"更优善治"。

五　几个基本的结论

通过上述分析，我们可以得出如下结论：

1. 不同层级的善治既有共性也有各自的特性

国家、地区、企业的善治与乡村的善治，既有共性，也有各自的特性。共性主要体现在治理有效、民主参与、公平正义、廉洁高效等方面。但是位于基层的乡村社会，其善治也有自己的特定要求，主要关注秩序性、参与性、成本性和稳定性。因此，乡村社会的善治与国家、地方和企业的善治有较大的区别。

2. 道德与规制因素决定治理类型

道德与规制作为治理的最基本要素和手段，决定着治理的基本类型。一是道德与治理成效成正比。规制与治理成效较为复杂，前一阶段两者正相关，但是达到了治理效应的最优点后，两者负相关。二是道德力量与规制力量具有替换性，降低道德水平可以通过增强规制力度得到弥补。因此两者形成道德—规制替代曲线，曲线以上形成良序区，曲线以下形成劣序区。两个区域又可以形成以道德、规制为主的良序治理类型和劣序治理类型。三是道德和规制形成的治理类型根据其治理成效，从低到高分别为无序、劣序、良序、善治。

3. 参与、成本和稳定决定善治类型

道德和规制决定着"治理类型"，参与、成本和稳定则决定着"善治类型"。一是参与与良序组合可以形成"基本型善治"。参与与劣序组合在一定条件下也可以形成"基本型善治"。参与既能够改善良序治理成效，也能够提升劣序治理成效。当然也要注意过度的参与会降低善治水平，甚至将善治变成劣治，劣治变成无序治理。二是成本和稳定组合形成"改进型善治"，而"改进型善治"又可以分为四大经典类型：高成本低稳定型善治、低成本低稳定型善治、高成本高稳定型善治、低成本高稳定型善治。三是善治类型根据水平和质量的高低，依次为基本型善治、改进型善治、最优型善治。所以，将治理类型一起考察，将会发现治理的基本类型是一个按照治理成效从低到高的序列类型，依次为无序、劣序、良序、基本型善治、改进型善治、最优型善治。

结　　语

经过上述若干个专题的研究，在此可以对本研究做一个简单的总结。本研究有一个核心的问题意识：村民自治如何才能够有效实现？为此本文以"条件—形式"为分析框架，考察村民自治有效实现的若干方面。

一　几个基本的结论

第一，村民自治需要一定的条件。村民自治是一项复杂的集体行动，而集体行动是人类几千年以来都在思考和探索的问题。不可能出台一部法律，颁布一个文件就能够有效实现。村民自治需要一定的主客观条件，条件不具备，强行推行，自治无法运转，更无法有效实现。村民自治需要适宜的单元，单元不能太大，也不能太小。单元内的人们应有共同的利益，最好是爱好、习俗等文化相同，地域很相近，而且人们自愿参与、积极自治。具备这些条件后就为村民自治的有效实现提供了基础。

第二，村民自治需要规则和程序。主客观条件为村民自治的有效实现提供了基础，但是还需要完备的规则和清晰的程序。首先，村民自治需要法律赋权；其次，村民自治还需要地方和村庄详细的规则，这些规则规定着村民自治的运转；最后，村民自治还需要有清晰明确的程序。村民自治有关的法律、规则、程序为村民自治的运行提供了框架、路线图和运行方法。

第三，村民自治与政府类型相关。村民自治有了条件、有了规则和程序，但是能否有效实现，与政府类型及治理方式紧密相关。政府不执行法律，不允许村民按照自定规则和程序运行，或者阻碍运行，也很难有效实现村民自治。因此，政府的强势程度、政府的治理方式的选择、政府给村庄和村民留出的自治空间就直接决定着村民自治的水平，制约着村民自治的有效实现。至少"体制内的自治"，或者"法律规定的自治"会受影响。当然在此之外的其他自治还是能够生存和运转。

可见，作为一项难度极大的集体行动——村民自治要有效运转，需要满足一系列的条件：主客观条件、规则和程序、政府行为及选择等。上述条件如果有一个不满足都会给村民自治的有效实现制造障碍，或者会影响村民自治的有效性。

二 解释力度与基本限度

中国农村村民自治曾经是显学，大量的学者进行过研究，但是在2005年后绝大部分学者转移到了基层治理领域，或者将村民自治放在基层治理领域下进行研究。前辈们的研究将村民自治的研究推向深入，也为后辈的研究提供了很多启示。前期的研究主要是集中在村民自治制度的完善，其价值性、制度性特点突出。还有很多学者直接将国外的民主理论运用于村民自治。笔者将这种研究称为"价值—制度"分析框架，因为研究具有很强的价值性和制度性目标导向。

很少有学者从中国实际出发来考察，在中国这片土地上，中国这一批农民，应该怎样让他们实施自治，应该如何引导他们自愿自治。因此，我们在学习国外自治经验、民主理论的同时，要回归本中国土地，充分考察中国农村村民自治有效实现的基础和条件。本研究就是为了克服上述不足的一种尝试和探索。虽然本研究按照条件—形式、规则—程序、空间—执行三个方面展开研究，但这是为了分类和行文的方便。总体来看，三个方面均可以概括为条件—形式研究框架，即村民自治有效实现的条件是什么，在这些条件下如何选择自治形式。

根据本研究提出的条件—形式分析框架，的确可以解释一些地方的村民自治能够有效实现的现象，也能够解释一些地方的村民自治失效和失败的现象。与价值—制度分析框架相比，条件—形式分析框架具有较强的解释力。但是条件—形式分析框架也遇到了很多无法解释的现象，有些地方具备了条件，但是无法实现有效自治，还有很多其他因素影响村民自治的有效实现。可见，条件—形式分析框架有一定的限度。

三 有待深入研究的几个问题

第一，条件—形式分析框架的检验问题。一个分析框架是否具有生命力，不仅取决于其解释力，还取决于学界同人的认可和使用程度。所以条件—形式分析框架还需要三个方面的完善和检验，一是在学术争论中进一步完善；二是需要在自治实践的不断检验；三是需要学术同仁的使用和认可。

第二，村民自治深层次的决定因素。在条件—形式分析框架下可以在一定程度上解释村民自治的有效性及其实现程度，但是无法解释村民自治最终决定因素，即村民自治有效实现最终究竟由什么因素决定的？在不同性质的国家是否会有不同？在同一国家的不同地区是否会有差异？这些都需要学术界进一步探索和研究，也许可以在条件—形式分析框架下展开研究，也许需要提出新的分析框架取代条件—形式分析框架。

第三，村民自治新发展的解释问题。中国农村村民自治经过了30多年的发展，经济社会结构发生了深刻的变化，人口流动化、村庄空心化、村民分化、地区差异化，加上国家通过公共服务、公共建设不断地介入乡村社会。村民自治如何适应这些变化，以及如何解释村民自治适应性的变化，都值得学界深入探索研究。

附　录

附录一　下移、回归、拓展：村民自治的转型发展[*]

《村委会组织法（试行）》颁布30年来，推动村民自治从基层的草根实践逐渐发展为中国四项基本政治制度之一，取得了丰硕的成果。近年来，有些地方的村民自治不仅做得很好，而且通过下移、回归、拓展三个路径，以新的方式、新的内容、新的载体进一步发展，村民自治的思路更加广泛。这充分彰显了源自基层创举的村民自治制度具有强劲的生命力，能够在新的环境中找到新的出路，真可谓是实践不止，创新常在。

一是自治重心的下移，探索适合的基本自治单元。在广东省清远市的调查中发现，当地把村民自治单元下移到村民小组和自然村，此外还有广西宜州的屯自治，湖北秭归的村落自治，湖北恩施的院坝自治，四川都江堰的院落自治，以及云南的山寨自治，湖北的湾、冲自治，自治单元的下移实践可谓是在南方大地遍地开花，从中看到了村民自治的生命力和新的实践突破。多个地方不约而同地探索自治单元的缩小，绝非偶然，而是有其深刻的背景和原因。原有的以行政村为基本单元，规模过大、距离过远、利益不相关导致村民参与的意愿不强，这在南方地区表现尤甚。北方因为地形因素以集中居住为主，几千甚至上万人的大村并不鲜见。而南方则不同，往往是三五十户住在一起的小单元，大散居、小聚居的特征较为明显，对自治单元的下移有内生需求。下移后的小单元一是规模适度，人数适中，多在两三百人左右。此外，利益相关，因为土地承包权是以村民小组或者自然村为单元承包到户，群众意愿更能够聚合。湖北秭归、广东清远、四川都江堰的单元下移，真正实现了规模适度、利益相关、群众自

---

[*] 本文发表于《中国社会报》2017年12月18日。

愿、文化相近的要素融合。这四大要素也为2016年中办、国办《关于以村民小组或自然村为基本单元的村民自治试点方案》所吸收。

二是自治功能的回归，聚焦村务和经济领域。20世纪80年代推行村民自治时，中央的精神是村民委员会既可以生产大队为基础组建，也可以是生产小队，还可以是几个生产小队的联合。但在实际推行中，村民委员会统一设置在行政村，也就是原生产大队一级。因为黄河以北基本是行政村，黄河以南多是自然村和村民小组，这就出现了南北方的不同。广东省的村民自治实践出现了一种回归，即把行政事务和自治事务分离，属于行政的交给公共服务中心，党务的归到党支部，自治的交给村民委员会。特别是在广东的东莞和顺德这些经济发达地区，村内有经济社、经济联社，完全是自治模式，村务自治和经济自治清晰明了。在四川和安徽等地农村，经济自治不具备条件，把村务和行政分离从成本上也不具有可行性，当地在传统的村"两委"的基础上建立理事会、议事会、评议会，作为自治的组织载体、参与载体，对国家政策、公共服务、公共事务、村庄建设进行商议、表决、监督。总的来说，村民自治回归表现为回归经济领域、村务领域。

三是自治内容的拓展，赋予村民自治更加丰富的内涵。首先是产权改革，包括承包地确权、三权分治、集体资产股份权能改革，吸引了农民广泛参与，在政策框架内由农民自己说了算，干部进行规范和引导，可以说，产权改革极大带动了村民自治，这在部分改革试验区尤为显著；其次是在公共服务和公共保障的政策实施过程中，如低保政策、危房改造政策、环保政策，以及精准扶贫、殡葬改革等一系列政策的推行都离不开群众的参与，在此过程中村民自治内容和形式得到极大拓展；最后是新农村建设中的农民参与。广东清远在美丽乡村建设过程中，动员农民到自治体系，推动了村民自治新的拓展。上述三个方面不仅拓展了村民自治的内容、范围，也让农民的知情权、表达权、监督权、决策权得到更好的保障和体现。

村民自治下移、回归、拓展的三个路径，充分表明村民自治以新的方式、新的内容、新的载体在发展，从这个意义上来看，中国农村的村民自治才刚刚开始，具有广阔的发展前景。当务之急是自治的实践、自治的政策、自治的研究都需要转型，基层实践要求我们以新的标准解释自治、以新的实践来开展自治、以新的框架来研究自治。

附录二　巨变乡村该如何治理[*]

改革开放40年以来，中国农村社会发生了翻天覆地的变化，这些变化无疑对乡村治理提出了新的挑战。乡村治理作为国家治理体系的重要组成部分，也是实现乡村振兴战略的基石。如何认识变化中的乡村治理？巨变下的乡村治理又该何去何从？为解答这些问题，日前，本报记者专访了华中师范大学中国农村研究院院长邓大才。

记者：改革开放40年，特别是21世纪以来，中国农村社会发生了怎样的变化？这些变化对乡村治理有什么影响？

邓大才：改革开放40年来，中国农村的经济、社会、治理结构发生了深刻变化。中国农村已经从一个同质社会转变成一个异质社会、差异社会、分化社会，从一个静态社会变成了一个流动社会。而且分化还在加剧、流动还在加速，这些变化都会深刻影响着乡村治理。

从经济层面来看，经济结构发生深刻变化。一方面，农业从"主业"变成了"副业"；另一方面，农业从"致富产业"变成了"生存产业"，农民收入的78%来自于非农产业。农村结构的巨变深深地影响着乡村治理基础，分化社会则增加了治理的复杂性。

从社会层面来看，社会经济发生巨大变化。一是大部分的农民在外部打工，特别是年轻人不想务农，不会务农，也不想待在农村，农村只是流动社会的一个终点；二是农民的教育程度大幅提高，法律意识、权利意识、自主意识大大增强。农民的流动性使中国成为一个流动的大国，劳动力和人口净流出使农村逐渐空心化、衰败化。流动的农民和空心化、衰败化的农村增加了乡村治理的困难性。而农民教育程度的提高，法律意识、

---

[*] 本文发表于《农民日报》2019年1月3日05版。

权利意识、自主意识的增强则给乡村治理提出了巨大的挑战。

从国家层面来看,治理结构发生广泛变化。随着国家治理能力的增强,国家提供了越来越多公共服务,支持农业和农村发展的投入也越来越多。一是农村公共服务逐年增多;二是大量的农村基础设施建设和村庄整治的投入;三是国家重大改革政策的实施,如土地确权、三权分置、集体产权股份权能改革等;四是国家重大的攻坚政策,如精准扶贫、乡村振兴等。国家与乡村的权力结构、治理结构发生了深刻的变化。国家越来越多地通过直接、间接的方式介入乡村社会,增加了乡村治理的资源,推动了乡村治理的改革。

显然,农村经济结构、社会结构、治理结构的变化改变了乡村治理的基础,结构的巨变也给乡村治理带来了挑战,使乡村治理更加困难、复杂、多变。面对这些变化,需要前瞻性地从整体上对中国乡村治理体系进行战略性重构。

记者:据您了解,在乡村结构巨变的背景下,各地有哪些比较好的探索?

邓大才:当前一些经济发达的地区,他们在治理体系、治理架构、治理方式等方面进行了可喜的探索。

治理体系的调整探索。广东是中国改革的排头兵,珠三角地区是发展的领头羊,在发展中最先遇到、也经常遇到其他地区尚没有遇到的问题。如何应对农村快速的经济发展,如何管理庞大的集体资产,如何分配巨大的集体收益等治理难题等都需要探索和创新;农民权利意识、法律意识、自主意识增强,也需要在治理中予以满足。因此当地政府根据这些特点,推动经济自治和村务自治。地方政府加大了农村的公共服务力度,每个村都成立了公共服务站。因此形成了党支部、村委会、股份合作社、服务中心的乡村治理架构,基本满足了治理的需求,但是各治理主体之间的关系并没有完全理顺。四川成都、福建厦门也在治理体系方面进行了类似的调整探索。

治理方式的调整探索。随着经济社会的发展,农村社会的分化,形成不同的利益群体和不同的阶层,这些利益群体有不同的诉求,不能简单运用行政方式,也不能简单使用自治手段。因此,广东东莞和佛山、浙江温岭和侗乡、四川成都等地开始在村庄法定治理架构的基础上设立理事会、董事会、恳谈会、议事会、协商会、老人会、慈善会等社会组织，允许这些组织自主组织、自主管理、自我服务，协助村"两委"治理乡村。在不同的地区，这些社会组织的权利和功能不同，有些具有决策功能，有些只有议事功能，有些只有建议功能，有些仅仅协商而已。无论如何，这些体制外的社会组织都起到了重要的治理作用，发挥了决策、协商、调解、动员、凝聚、监督等功能，满足群众自主治理的需求，满足了不同群体的治理需求。

治理手段的调整探索。在浙江和广东等经济发达地区探索德治、自治、法治手段的进行组合式治理。弘扬农民的传统美德、培育农民公共精神，通过德治降低自治、法治的成本。在多种治理手段中，以自治为体，德治和法为用，能够自治解决的自治解决，不能自治解决的通过法治解决，探索德治、自治、法治手段结合的治理新体系。

治理层级的调整探索。经济的复杂性、社会的多元性，传统"乡政村治"，特别是以村庄为单元的治理可能无法适应地方的需求。广东的清远、湖北的秭归、广西的宜州等地，开始探索选择适应的自治单元，寻找同质性群体、利益相似的区域，鼓励小单位自治。特别广东清远将自治下移与层级整合结合起来，即将自治下移到利益相似、同质性强的自然村，在原有村庄层面整合自治、行政、经济资源建立公共服务中心，前者保证自治的有效性，后者保证行政与服务的规模性。

治理理念的调整探索。传统的治理主要有两个特点，一是被动解决；二是外部解决，即农民很少参与，依赖村"两委"解决治理问题。随着经济社会的发展，这种外部被动式治理已经无法适应农村治理的需求。因此，广东的云浮、福建的海沧推进共同缔造，实施共谋、共建、共管、共享、共评的治理方式，即村庄的发展、建设和治理不仅仅是村"两委"的事，也不仅仅是政府的事，而是农民自己的事，创新了乡村治理模式，从管理转向治理，从行政转向自治。

记者：巨变乡村的治理，应该注意哪些问题？

*邓大才：*乡村治理应尊重农民权利、尊重农民自治、提供多元参与平台、机制，同时保证国家行政和服务应有的调节力度，以法治为本，自治、行政、服务护航。鉴于此，我认为，中国乡村治理要处理好以下几对关系：

行政与自治。随着国家对农村行政治理力度增强，公共服务增多，基础设施投入增多，国家对乡村治理的介入越来越多，越来越频繁，因此逐渐打破了改革初期的"乡政村治"格局。处理好行政与自治、服务与治理的关系，要坚持两个原则：一是直接进入原则，国家能够直接与个人和家庭发生关联的，可以依法直接关联；二是行政自治化的原则，如果需要村庄参与、协助、协调的，可以将行政或者服务自治化，通过村民自治完成行政或者服务。

单一与多元。为了应对差异社会、分化社会、异质社会，需要建立多中心治理体系，能够社会自治就自治，能够村庄自治的就村庄自治，能够项目自治的就项目自治。通过分权、授权、创设权来建立多个自主的治理中心，鼓励多元主体参与治理，鼓励多种手段并用，发挥多元治理的"乘数效应"。从而解决人们对治理的需求，解决单一中心治理成本过高、人们的治理诉求无法满足的根本问题。

权力与权利。国家、地方、村庄在乡村治理过程中，要注意权力与权利的关系。虽然运用权力力度大，速度快，效率高，但是弊端也很多，造成权力对权利的侵犯。因此国家、地方、村庄在乡村治理过程中，要合理划分权力和权利的边界，根据辅助原则，能够权利解决的就用权利解决。权力只能是最后的手段，保障的手段，而不应代替权利，更不应取消权利、侵蚀权利。

权利与责任。对于参与的农民而言，也应该处理好权利与责任的关系。在治理过程中，我们也发现，农民重权利，但是轻义务，重利益，轻责任。其实权利与义务、利益与责任是相对的，如果只偏向一方，同样无法进行有效治理。有效的治理和善治需要良好的民情条件，即人们的公共精神、参与精神、责任精神、规则与法治精神。所以，在乡村治理过程中一方面要尊重、保障农民的权利；另一方面也要培养人们的公共品格和规则意识。

政治与多治。最近几年我们党加强了基层组织建设，成效显著，尤其必要。其实加强党的领导是最大的政治，是最需要的政治，我们要在保障党的核心领导下，处理好政治与自治，即政治与村民自治、村务自治、经济自治、社会自治等"多治"关系，处理好政治与行政和服务的关系。

记者：在现实情况下，您认为比较理想的乡村治理应该是什么样的？

邓大才：我认为，要实现乡村社会的有效治理，必须超越"乡政村治"的治理原则，实施"多维互动"。所谓多维互动治理，就是打破"乡政村治"的分层治理、分类治理的格局，根据治理的基础和条件，整合与利用多元治理主体、多种治理方式、多样治理手段、多类治理资源，建构上下、左右互动的治理格局。多维互动治理的核心理念是：民主、参与、责任、合作与权利。根据结构巨变后的治理条件、治理基础和治理需求，多维互动治理可以分为四类治理方式：

集成式治理。对于一些涉及利益比较多、人口比较多、矛盾比较多且复杂的问题，可以采取集成式治理方式，即将行政的、法治的、德治的、自治的力量，各个层级的力量组织成一个治理中心，运用多种治理手段、多种治理资源进行集成式治理。

差异化治理。针对不同的区域，不同的人群，不同的事情，可以采取不同的治理方式，制订不同的治理原则，如经济发达地区，鼓励经济自治与村务自治分离；在经济欠发达地区，则鼓励经济自治与村务自治合二为一。在经济发达地区，鼓励社会自治；在欠发达地区，鼓励村民自治，在基础设施建设过程中鼓励实施项目自治。

自主性治理。在乡村社会，不管国家力量、地方力量多么强大，也不管村庄治理能力多强，都得以农民为治理主体，实施自主性治理。农民自主治理是乡村治理的核心、主体、主导，任何力量都不可替代。

多中心治理。分化社会主体多元，多元社会需求多样，差异社会类型多样，因此需要针对不同的主体、群体、事件进行多中心治理。各个治理中心以农民为服务对象，以农民为治理主体，各治理中心之间权利相同、地位平等。

参考文献

著作类：

[1]《马克思恩格斯全集》(第1卷)，人民出版社1974年版。

[2]《马克思恩格斯全集》(第2卷)，人民出版社1957年版。

[3]《马克思恩格斯全集》(第4卷)，人民出版社1974年版。

[4]《马克思恩格斯全集》(第2卷)，人民出版社1995年版。

[5]《马克思恩格斯选集》(第2卷)，人民出版社1972年版。

[6]《马克思恩格斯选集》(第3卷)，人民出版社2012年版。

[7]《马克思恩格斯选集》(第4卷)，人民出版社2012年版。

[8] [美] 理查德·派普斯：《财产论》，蒋琳琦译，经济科学出版社2003年版。

[9] [英] 詹姆士·哈林顿：《大洋国》，何新译，商务印书馆1996年版。

[10] 唐贤兴：《产权、国家与民主》，复旦大学出版社2001年版。

[11] 金雁、秦晖：《农村公社、改革与革命》，东方出版社2013年版。

[12] [英] 沃尔夫：《乡民社会》，张恭启译，(台北) 巨流图书公司1983年版。

[13] [德] 滕尼斯：《共同体与社会》，林荣远译，商务印书馆1999年版。

[14] 徐勇：《中国农村村民自治》，华中师范大学出版社1997年版。

[15] 刘创楚、杨庆堃：《中国社会：从不变到巨变》，香港中文大学出版社1989年版。

[16] 费正清：《美国与中国》，张理京译，世界知识出版社2003

年版。

[17] 马克斯·韦伯：《儒教与道教》，洪天富译，江苏人民出版社1993年版。

[18] [美] 黄宗智：《华北的小农经济与社会变迁》，中华书局2000年版。

[19] 杨懋春：《一个中国村庄：山东台头》，江苏人民出版社2001年版。

[20] 陈锡文、赵阳、陈剑波、罗丹：《中国农村制度变迁60年》，人民出版社2009年版。

[21] [美] 施坚雅：《中国农村的市场和社会结构》，史建云、徐秀丽译，中国社会科学出版社1998年版。

[22] 白钢、赵寿星：《选举与治理：中国村民自治研究》，中国社会科学出版社2001年版。

[23] [英] 安东尼·吉登斯：《民族—国家与暴力》，胡宗泽、赵力涛译，生活·读书·新知三联书店1998年版。

[24] 费孝通：《乡土中国》，上海人民出版社2006年版。

[25] [古希腊] 亚里士多德：《政治学》，吴寿彭译，商务印书馆1965年版。

[26] [英] 霍布斯：《利维坦》，黎思复、黎廷弼译，商务印书馆1985年版。

[27] [法] 卢梭：《社会契约论》，何兆武译，商务印书馆1980年版。

[28] [德] 马克思：《摩尔根〈古代社会〉一书摘要》，中国科学院历史研究所翻译组译，人民出版社1965年版。

[29] 孙中山：《三民主义》，九州出版社2011年版。

[30] [英] 约翰·洛克：《政府论》（下），叶启芳、瞿菊农译，商务印书馆1996年版。

[31] [德] 亚历克西·德·托克维尔：《论美国的民主》（上），商务印书馆2006年版。

[32] [美] 卡尔·科恩：《论民主》，聂崇信、朱秀贤译，商务印书馆1998年版。

［33］［英］艾伦·麦克法兰：《英国个人主义的起源》，管可秾译，商务印书馆2008年版。

［34］［美］杜赞奇：《文化、权力与国家》，王福明译，江苏人民出版社2004年版。

［35］［法］莫里斯·迪韦尔热：《政治社会学：政治学要素》，杨祖功、王大东译，东方出版社2007年版。

［36］［德］马克斯·韦伯：《新教伦理与资本主义精神》，阎克文译，上海人民出版社2010年版。

［37］［美］加布里埃尔·阿尔蒙德、西德尼·维巴：《公民文化——五国的政治态度和民主》，徐湘林等译，东方出版社2008年版。

［38］［美］罗伯特.D.帕特南：《使民主运转起来》，王列、赖海榕译，江西人民出版社2001年版。

［39］［美］亚历山大·汉密尔顿、约翰·杰伊、詹姆斯·麦迪逊：《联邦党人文集》，程逢如、在汉、舒逊译，商务印书馆1980年版。

［40］［美］罗伯特·A.达尔、爱德华.R.塔夫特：《规模与民主》，唐皇凤、刘晔译，上海人民出版社2013年版。

［41］徐勇、吴毅：《乡土中国的民主选举》，华中师范大学出版社2001年版。

［42］李连江：《村委会选举观察》，天津人民出版社2001年版。

［43］肖唐镖等：《多维视角下的村民直选》，中国社会科学出版社2001年版。

［44］《中共中央关于全面深化改革若干重大问题的决定》，人民出版社2013年版。

［45］［美］李普塞特：《政治人：政治的社会基础》，张绍宗译，上海人民出版社1997年版。

［46］王浦劬：《政治学基础》，北京大学出版社2006年版。

［47］王沪宁：《当代中国村落家族文化》，上海人民出版社1991年版。

［48］肖唐镖等：《村治中的宗族：对九个村的调查与研究》，上海书店出版社2001年版。

［49］［美］奥斯特罗姆等：《规则、博弈与公共池塘资源》，王巧玲、

任睿译,陕西人民出版社 2011 年版。

[50][美]巴特:《斯瓦特巴坦人的政治过程》黄建生译,上海人民出版社 2005 年版。

[51]萧公权:《中国乡村:论 19 世纪的帝国控制》,张皓、张升译,(台)联经出版公司 2014 年版。

[52]罗平汉:《天堂实验:人民公社化运动始末》,中共中央党校出版社 2006 年版。

[53][美]摩尔根:《古代社会》,杨东莼、马雍、马巨译,江苏教育出版社 2005 年版。

[54][英]迈克尔·曼:《社会权力的来源》(第一卷),刘北成、李少军译,上海人民出版社 2002 年版。

[55]中共中央文献研究室、国务院发展研究中心:《新时期农业和农村工作重要文献选编》,中央文献出版社 1992 年版。

[56]上官莉娜:《走出治理破碎化困境:法国地方政府改革研究》,人民出版社 2012 年版。

[57][澳]多莱里:《重塑澳大利亚地方政府》,刘杰、余琦景、张国玉译,北京大学出版社 2008 年版。

[58][日]金井利之等:《日本地方自治》,张青松译,社会科学文献出版社 2010 年版。

[59]俞可平:《治理与善治》,社会科学文献出版社 2000 年版。

文章类:

[1]沈延生:《村政的兴衰与重建》,《战略与管理机》1998 年第 6 期。

[2]党国印:《"村民自治"是乡村民主政治的起点吗?》,《战略与管理》1999 年第 1 期。

[3]党国印:《中国乡村民主政治能走多远》,《中国国情国力》1999 年第 3 期

[4]冯仁:《村民自治走进了死胡同》,《理论与改革》2011 年第 1 期。

[5]胡平江:《地域相近:村民自治有效实现形式的空间基础》,《华

中师范大学学报》（人文社会科学版）2014年第4期。

［6］任路：《文化相连：村民自治有效实现形式的文化基础》，《华中师范大学学报圳人文社会科学版）2014年第4期。

［7］白雪娇：《规模适度：居民自治有效实现形式的组织基础》，《东南学术》2014年第5期。

［8］徐勇：《实践创设并转换范式：村民自治研究回顾与反思》，《中国社会科学评价》2015年第3期。

［9］袁达毅：《中国农村基层民主建设刍议》，《北京行政学院学报》1999年第2期。

［10］詹成付、范瑜：《对农村村委会选举十年实践的思考》，《社会主义研究》1998年第1期。

［11］郭正林：《国外学者视野中的村民选举与中国民主发展：研究述评》，《中国农村观察》2003年第5期。

［12］汤晋苏：《村民会议与村民代表会议》，《政治与法律》1995年第2期。

［13］郎友兴、何包钢：《村民会议和村民代表会议——村级民主完善之尝试》，《政治学研究》2000年第3期。

［14］何包钢：《中国协商民主制度》，《浙江大学学报》（人文社会科学版）2005年第3期。

［15］徐勇、沈乾飞：《村民议事会：破解"形式有权，实际无权"的基层民主难题》，《探索》2015年第1期。

［16］项继权、王明为：《村民理事会：性质及其限度》，《福建论坛》（人文社会科学版）2017年第9期。

［17］李学举：《村民自治中的民主监督问题》，《乡镇论坛》1993年第5期。

［18］马宝成：《民主监督：农村基层民主的新生长点》，《国家行政学院学报》2011年第6期。

［19］卢福营、孙琼欢：《村务监督的制度创新及其绩效——浙江省武义县后陈村村务监督委员会制度调查》，《社会科学》2006年第2期。

［20］党国英：《试论建立村民监督委员会的重要意义——基于对陕西农村建立村民监督委员会制度的调查》，《毛泽东邓小平理论研究》

2011 年第 5 期。

[21] 黄延信等:《对农村集体资产制度改革若干问题的思考》,《农业经济问题》2014 年第 4 期。

[22] 李勇华:《农村集体资产制度改革对村民自治的价值》,《中州学刊》2016 年第 5 期。

[23] 赵家如:《集体资产股权的形成、内涵及产权建设——以北京市农村社区股份合作制改革为例》,《农业经济问题》2014 年第 4 期。

[24] 徐勇:《"组为基础,三级联动":村民自治运行的长效机制》,《河北学刊》2011 年第 9 期。

[25] 徐勇:《找回自治:对村民自治有效实现形式的探索》,《华中师范大学学报》2014 年第 7 期。

[26] 李松有:《群众参与视角下中国农村村民自治单元的选择》,《东南学术》2016 年第 6 期。

[27] 徐勇:《民主与治理:村民自治伟大创造与深化探索》,《当代世界与社会主义》2018 年第 4 期。

[28] 王久高:《撤乡并镇合村对村级党组织建设的影响及对策》,《北京行政学院学报》2009 年第 2 期。

[29] 韩庆龄:《合村并组后的村庄》,《中国老区建设》2013 年第 1 期。

[30] 唐皇凤、冷笑非:《村庄合并的政治、社会后果分析:以湖南省 H 县为个案》,《社会主义研究》2010 年第 6 期。

[31] 罗义云:《"合村并组"应慎行》,《调研世界》2006 年第 7 期。

[32] 阎向阳、李伟:《村组合并后的村庄治理:苏北 Y 村个案研究》,《理论月刊》2005 年第 11 期。

[33] 党国英:《不可盲目推行"大村庄制"》,《村委会主任》2009 年第 12 期。

[34] 陈前金:《扩乡并村:农村机构改革的必然选择》,《地方政府管理》2000 年第 3 期。

[35] 王习明:《税费改革与合村并组》,《荆门职业技术学院学报》2003 年第 2 期。

[36] 高秉雄:《西方基层政府合并浪潮及对我国的启示》,《社会主

义研究》2006 年第 2 期。

[37] 杨雪冬:《"治理"的九种用法》,《经济社会体制比较》2005 年第 2 期。

其他类:

[1] 唐忠新:《关于社区居民自治》,《中国社会报》2003 年 4 月 9 日。

[2] 关信平:《关于社区居民自治》,《中国社会报》2003 年 4 月 9 日。

[3] 周天勇、卢跃东:《构建"自治、法治、德治"的基层社会治理体系》,光明日报 2014 年 8 月 31 日 007 版。